2024年度贵州省教育厅高校人文社会科学研究课题"贵州积极对接融入粤港澳大湾区建设的战略定位、优势及实现路径研究"(2024RW68)

中国物流与制造业深度融合发展研究
——以贵州省为例

赵光辉 杨 余 ◎著
游 丽 廖承红

A Study on the Deep Integration and
Co-development of China's Logistics Industry and
Manufacturing Industry:
Taking Guizhou as a Case Study

中国社会科学出版社

图书在版编目（CIP）数据

中国物流与制造业深度融合发展研究：以贵州省为例 / 赵光辉等著. -- 北京：中国社会科学出版社，2024. 8. -- ISBN 978-7-5227-4087-4

Ⅰ．F259.22；F426.4

中国国家版本馆 CIP 数据核字第 202429P9N0 号

出 版 人	赵剑英	
责任编辑	刘晓红	
责任校对	周晓东	
责任印制	戴　宽	
出　　版	中国社会科学出版社	
社　　址	北京鼓楼西大街甲 158 号	
邮　　编	100720	
网　　址	http://www.csspw.cn	
发 行 部	010-84083685	
门 市 部	010-84029450	
经　　销	新华书店及其他书店	
印　　刷	北京君升印刷有限公司	
装　　订	廊坊市广阳区广增装订厂	
版　　次	2024 年 8 月第 1 版	
印　　次	2024 年 8 月第 1 次印刷	
开　　本	710×1000　1/16	
印　　张	16	
字　　数	248 千字	
定　　价	89.00 元	

凡购买中国社会科学出版社图书，如有质量问题请与本社营销中心联系调换
电话：010-84083683
版权所有　侵权必究

目 录

第一章 绪论 ··· 1

    第一节 研究背景及意义 ·· 2

    第二节 研究内容及方法 ·· 27

    第三节 研究的创新点 ·· 31

第二章 中国物流与制造业发展现状研究 ······················ 34

    第一节 中国物流业发展现状 ··· 35

    第二节 中国制造业发展现状 ··· 49

    第三节 中国物流业与制造业联动发展现状 ·················· 79

    第四节 中国制造业的物流服务需求分析 ····················· 88

第三章 中国物流与制造业发展问题研究 ······················ 99

    第一节 中国物流业发展问题分析 ································· 100

    第二节 中国制造业发展问题分析 ································· 110

    第三节 中国物流业与制造业联动发展问题分析 ·········· 136

第四章 制造业与物流业联动发展对策研究 ·················· 140

    第一节 中国制造业与物流业联动发展目标 ················· 142

    第二节 中国制造业与物流业联动发展规划 ················· 148

    第三节 中国制造业与物流业联动发展重点 ················· 167

第五章　中国制造业与物流业的发展趋势研究……190
　　第一节　中国制造业与物流业发展的主要趋势……190
　　第二节　中国制造业与物流业发展中的全球化战略……197
　　第三节　中国制造业与物流业发展展望……200

第六章　中国物流业与制造业联动发展案例经验……206
　　第一节　马钢物流与宝武钢铁生态圈建设融合创新……206
　　第二节　振石集团多模式物流与供应链一体化创新……210
　　第三节　云铝物流氧化铝绿色运输模式创新……213
　　第四节　杭州市物流业与制造业联动创新模式……217

附录……221

参考文献……245

第一章

绪　论

　　制造业是国家经济命脉所系，是立国之本、强国之基。自党的十八大以来，以习近平同志为核心的党中央作出建设制造强国的重大战略决策，推动制造业发展取得历史性成就、发生历史性变革。《习近平总书记关于制造强国的重要论述学习读本》，是习近平新时代中国特色社会主义思想的重要组成部分，是新时代新征程建设制造强国的行动指南和根本遵循。

　　作为全球最大的制造业国家，中国已建立起完整的工业体系，具备强大的生产能力。据统计数据显示，中国在500多种主要工业产品中，有220多种产品的产量位居世界第一，这充分展现了中国制造业的雄厚实力与巨大潜力。

　　然而，在全球竞争日趋激烈和国内经济发展压力增大的背景下，中国制造业面临着来自低劳动力成本国家的竞争压力，以及发达国家再制造业化战略的影响。因此，中国制造业的转型升级势在必行，以适应新的发展需求。具体来说，需要通过去产能、降成本、补短板等措施，提高生产效率、降低生产成本、增强创新能力，从而提升中国制造业的国际竞争力。

　　与此同时，中国制造业还需要积极应对发达国家再制造业化战略所带来的挑战，并寻求新的发展机遇。在此过程中，物流业作为制造业的重要支撑，其作用日益凸显。物流业与制造业的深度融合已经成为一种趋势，这种趋势的背后是服务业与制造业的融合日益加强，两者之间的界限也变得越来越模糊。这一现象的出现，源于高新技术日新月异的进步，改变了传统工业经济体系下固有的分工格局，使得产业融合现象越发引人注目。

物流业与制造业的深度融合，对于推动中国制造业的转型升级具有举足轻重的意义。首先，物流服务的高效、精准、可靠，可以显著提升制造业的生产效率和质量水平。其次，通过物流服务的优化，可以有效降低制造业的成本，减少库存，增强企业的市场竞争力。最后，物流业能够为制造业提供全面的供应链管理服务，强化企业间的战略协同，提升市场反应速度。

实现物流业与制造业的融合发展，有多种有效途径。技术创新的推动作用不可忽视，例如利用物联网、大数据、人工智能等先进技术，可以促进物流与制造业的深度融合，进一步优化生产流程、降低成本。此外，通过业务流程的再造工程，将物流与生产流程进行有机整合，可以实现更高效的协同运作，达到降本增效的目的。同时，不断探索和创新服务模式也是推动融合发展的重要手段，例如开发适应制造业个性化、多元化需求的物流服务模式，能够更好地满足市场需求，提升企业的市场竞争力。

综上所述，物流业与制造业的融合发展是中国制造业转型升级的关键路径之一。通过多维度的创新和优化，实现二者的深度融合，将有力地推动中国制造业的竞争力提升和经济的持续发展。

第一节　研究背景及意义

自改革开放以来，中国制造业的演进历程充满挑战与机遇，而物流产业在这一过程中起到了至关重要的作用。作为制造业的支撑要素，物流环节在推动制造业发展方面具有显著影响。在整个产业链中，物流成本占据了相当大的比重，因此，降低物流成本、提升物流效率成为制造业降低总体成本、增强竞争力的关键手段。同时，物流业也从制造业的发展中获得了显著的经济效益。

另外，中国制造业所产生的物流需求构成了当前物流市场的主要业务来源。作为全球领先的制造业大国，中国制造业的持续发展为物流业提供了广阔的市场空间和丰富的机会。制造业在满足社会各类物质需求的同时，也为国民经济的增长贡献了巨大的力量。因此，推动物流业与制造业的深度融合，不仅能提升物流业的服务质量和盈利能力，更能促进整个产业链的优化和升级，实现双方的互利共赢。

然而，尽管中国制造业和物流业取得了显著的进步，但仍面临一些挑战。其中最突出的问题是"大而不强"。尽管中国制造业规模庞大，但在品牌、技术和质量等方面与国际先进水平还存在明显差距，导致整个制造产业链的附加值有限。因此，我们迫切需要深化物流业与制造业的融合研究与实践，通过优化物流运作模式、提高物流服务水平等方式，推动制造业向高端化、智能化方向发展，从而提升整个制造产业链的价值和国际竞争力。

物流业与制造业的融合发展，是实现两业共赢、推动中国制造业升级转型的关键路径。随着中国制造业的持续壮大和产业结构的优化升级，物流业与制造业的深度融合将成为未来发展的必然趋势，共同为中国经济的持续健康发展注入强大动力。

一 研究背景综述

在中国经济高质量发展的进程中，两业融合的研究背景，主要表现为产业融合联动、共同发展的必然趋势。

(一) 两业联动的发展阶段划分

现代物流业应围绕制造业，着力解决两大行业面临的主要问题，进一步满足双方融合进程中所释放的需求。两大行业的融合（以下简称两业融合），不仅能有效提升制造业竞争力，而且能实现物流业的高效升级。对此，中国从中央到地方各级政府不断出台多项政策鼓励和推动两业融合发展。

2007年至今，中国制造业和物流业的融合发展，总体上经历了以下阶段。

1. 初始阶段（2007—2014年）

2007年，《国务院关于加快发展服务业的若干意见》文件正式出台，提出应促进现代制造业与服务业的有机融合和互动发展，通过对两业融合的探索，实现包括物流业在内服务业结构优化目标。当年，9月25日，国家发改委在上海组织召开首届"全国制造业与物流业联动发展大会"，会议提出应推动制造业和物流业之间需求的融合、功能的影响，以引导相互整合进程，提升服务能力，营造良好环境。

2009年2月25日，国务院通过《物流业调整和振兴规划》（以下简称《振兴规划》）。在此前后，中国政府先后发布了包括钢铁、汽车、船舶、纺织、石化、有色金属、电子信息、装备制造、轻工九大产业的振兴规划，《振兴规划》是其中唯一面向服务业提出的。

《振兴规划》共提出了九大重点工程，用于提升物流业发展质量，其中第五项重点工程即制造业与物流业的联动发展。该重点工程要求制造业能加强对物流业务外包的管理，积极升级业务流程，同时也要求物流业培育出符合现代制造业需求的第三方物流企业，以提升服务能力和水平。

同时《振兴规划》指出，物流业应对其他产业的调整提供服务和支撑价值，通过发展第三方物流，有效促进制造业内部分工的优化，确保行业对核心业务加以专注，并有效降低物流环节的各项成本费用，以提高制造行业的整体竞争力。《振兴规划》发布后，中国的广东、江苏、山东等多个省份，都将其作为物流业发展规划的指导文件，营造出良好融合氛围。

2009年10月29日，第二届全国制造业与物流业联动大会在昆明举行。大会对两业融合中出现的问题进行了总结，针对其中出现的问题、获得的经验等进行充分深入讨论，形成了行业之间的多项共识。

2010年，全国现代物流工作部际联席会议办公室先后发布《关于促进制造业与物流业联动发展的意见》（以下简称《意见》）和《关于开展制造业与物流业联动发展示范工作的通知》（以下简称《通知》）。《意见》指出，现代物流能有效提升制造业核心竞争力，制造业则是现代物流发展的基础。制造业和物流业的融合发展，能实现成本的共同降低、需求的一致释放，也能有效整合资源，提高质量，从而优化社会经济结构，促进发展方式积极转变，进一步提升国民经济稳定较快发展的水平。

根据《通知》要求，中央有关企业组织、各地物流业管理部门纷纷申报了两业联动示范企业。2011年，经过培训和评选，全国共有131家企业列入制造业与物流业联动示范企业名单。2011年、2013年分别在南京、北京召开了第三届、第四届全国制造业与物流业联动发展大会，标志着制造业与物流业联动发展的理念已深入人心，达成产业共识。

2. 推进阶段（2014—2017 年）

2014 年，国务院发布《物流业发展中长期规划（2014—2020 年）》要求各地进一步推进物流业和各产业的互动协同、融合发展，其中制造业、供应链管理工程等被列为重点名单，两业融合开始步入推进阶段。同年，国务院发布《关于加快发展生产性服务业促进产业结构调整升级的指导意见》明确指出，应进一步推动制造业与物流业的联动发展，这意味着两业融合的实践进入专业细分领域。

2015 年，国务院办公厅印发《关于推进农村一二三产业融合发展的指导意见》，着眼于推动农村农业相关制造业与物流业的融合发展，进一步突出了政策的针对指导性。

2016 年，工业和信息化部、国家发展改革委、工程院共同制定了《发展服务型制造专项行动指南》，要求各地应促进产业供应链内资金、信息与物流能力的相互融合，推动制造业与专业物流服务的融合发展。同年，国务院办公厅转发国家发展改革委《物流业降本增效专项行动方案（2016—2018 年）》时提出，应构建制造业与物流业共赢新格局，面向企业建立智慧一体化管理服务体系，从而有效降低物流成本。

3. 发展阶段（2017 年至今）

2017 年，党的十九大报告指出，应加快建设制造强国、发展先进制造业，要在现代供应链等领域培育新的增长点、形成新的动能。此后，国务院办公厅就供应链的创新与应用提出意见，将供应链的创新和应用作为推进两业融合发展的新重点。

2019 年，国家发展改革委联合共 15 个部门，印发《关于推动先进制造业和现代服务业深度融合发展的实施意见》，指出将通过两业融合，寻求重点行业、重点领域互动融合发展的新方式。

2020 年，面对复杂的国际、国内环境，为保持经济社会的发展，中央提出要加快建设以国内大循环为主体、国内国际双循环相互促进的新发展格局，并强调了确保产业链供应链安全的重要性。同年 9 月，国家发改委会同 13 个部门和单位，发布《推动物流业制造业深度融合创新发展实施方案》。该方案密切联系产业实际，促进制造业升级，推动物流业增效，突出了大宗商品、生产、消费、国际、应急、绿色六方面物流，促进两业协同发展融合。方案进一步提出，到2025年，物流业在中国促进实体经济发展、供应链协同、制造业高质量发展等方面的作用，应有显著增加。

2022年10月16—22日，党的二十大胜利召开。在党的二十大报告中，两次提到产业链供应链。其中，第四章"加快构建新发展格局，着力推动高质量发展"明确提出"我们要坚持以推动高质量发展为主题，把实施扩大内需战略同深化供给侧结构性改革有机结合起来，增强国内大循环内生动力和可靠性，提升国际循环质量和水平，加快建设现代化经济体系，着力提高全要素生产率，着力提升产业链供应链韧性和安全水平，着力推进城乡融合和区域协调发展，推动经济实现质的有效提升和量的合理增长"（习近平，2022）。这一要求包含了对物流产业的关注，为中国现代物流发展方向树立了满足经济社会发展需要的新目标。

（二）两业联动的进程和问题

现代物流业，是制造业、服务业的重要支撑力量，能有效保证制造业竞争力的提升，积极促进制造业的转型升级。制造业同样也能为物流业的发展提供充沛需求，并为现代物流业发展带来基础保障。

在2009年推出的《振兴规划》中，两业联动被定义为参加十大产业振兴的"九大工程"之一。这说明物流业不仅被定义为国民经济的重要新兴产业，还被看作能影响行业乃至国家综合竞争力的重要影响因素，也被从规模、质量上看成具有极大潜力的新兴市场。这一市场需求，来自中国制造业发展目标指导下的企业内部物流需求，也来源于整体供应链提升的需求。因此，两业联动从其诞生之初，这就被赋予了帮助中国转变传统经济增长方式的重要使命。

10余年，通过不断召开的"全国制造业与物流业联动发展大会"，出台扶持引导政策，国家层面为两业联动搭建了交流平台，积极带动双方渗透发展，并取得了相当成果。

2021年，中国物流业呈现复苏态势，实体制造经济持续稳定恢复的过程，也成为物流业需求恢复并增长的过程。这保证了物流服务体系的有效完善，也提升了供应链的韧性，有力促进了国民经济的降本增效。

2021年，中国社会物流总额3352万亿元，超过"十三五"初期即2016年的1.5倍。按可比价格计算，物流总额同比增长9.2%。从物流总额结构分析，物流需求结构的变化与经济结构调整同步，工业制造物流需求有着较快增长。2021年，工业品物流总额同比增长达到9.6%，增速相比2020年增加了6.8个百分点。

随着中国经济的快速发展，社会物流总额持续增长，其中，制造物流总额占比的提升是一个显著的特点。这表明，随着中国经济建设的不断推进，物流企业的服务水平也在逐步提高。尤其在制造产业内的一些特定领域，物流企业已经具备了提供现代化整体服务的能力。

越来越多的制造企业开始选择与专业的物流企业合作，将物流业务整体外包。这种合作模式为双方带来了更多的机会和效益，使两业联动的道路越走越宽。例如，一些在供应链内密切相关的企业，经过各自的选择，将物流业务外包给同一家物流服务企业。这种合作模式显著提高了整条供应链的生产运行效率，优化了企业资源配置，并实现了市场主体的多赢局面。

然而，我们也应看到制造业与物流业之间存在的固有问题。根据相关调查数据，中国普通商品从原材料到产成品的总时长中，仅有10%的时间用于商品加工制造，而其余90%的时间则用于各类物流环节，如运输、装卸、搬运、储存、包装和配送等。尽管制造业与物流业的联动不断紧密，但由于中国国土面积大、行业分布广泛、交通运输基础建设发展不平衡等因素的影响，物流业目前仍处于制造产业服务链条中的薄弱环节。

具体而言，一方面，由于制造产业的物流需求总量大且较为分散，需求主要集中在不同企业和不同部门，未能直接形成系统化、社会化的产业整体需求。这导致了物流服务成本高、服务水平差、效率不足等问题。另一方面，由于制造业物流需求的社会化不足，第三方物流企业的发展也受到了制约。相对于制造业转型升级的迫切需求而言，物流行业的适应能力和竞争能力仍有待提升。这些问题在一定程度上影响了中国向制造业强国的转变进程。

因此，为了提升物流行业的整体服务水平和竞争力，进一步推动制造业与物流业的深度融合，有必要采取一系列措施。首先，应加强政策引导和支持，促进制造业与物流业的协同发展。政府可以出台相关政策，鼓励制造业企业将物流业务外包给专业的物流企业，同时为物流企业的发展提供必要的资金和政策支持。

其次，还应加强物流基础设施建设，提高物流服务的效率和水平。加大对物流基础设施的投入，完善交通运输网络、仓储设施和信息平台等，有助于提高物流服务的准确性和及时性，降低运输成本和损耗，进一步提升制造业与物流业的联动效应。

再次，推动制造业与物流业的信息化融合也是关键举措之一。通过加强信息交流和共享，促进两者之间的数据流动和业务协同，可以提高生产制造和物流服务的协同效率。例如，利用物联网、大数据和人工智能等技术手段，实现供应链的实时监控和智能调度，优化库存管理和运输路径等。

最后，培养和引进高素质的物流人才也是至关重要的。加强物流专业教育和培训，提高从业人员的专业素质和服务意识，同时引进国际先进的物流管理理念和技术，有助于提升中国物流行业的整体竞争力。

综上所述，为了促进制造业与物流业的深度融合和协同发展，需要从政策引导、基础设施建设、信息化融合和人才培养等方面入手，全面提升物流行业的服务水平和竞争力。只有这样，才能更好地适应制造业转型升级的需求，推动中国向制造业强国的转变进程。

除以上行业发展举措之外，两业融合过程中还有一种不可忽视的力量，这就是中国的商业资本。多年来，商业资本在制造业与物流业深度融合的过程中起到了重要的推动作用。商业资本的流向直接影响了这两个行业的发展方向和速度。随着全球经济一体化和市场竞争的加剧，商业资本开始寻求新的增长点，而制造业与物流业的结合正成为一个新的投资热点。商业资本通过直接投资、并购、合作等方式，为两行业的融合提供了必要的财务支持，加速了技术创新和业务模式的升级。商业资本的介入还促进了两行业间的战略重组。许多制造企业通过兼并收购物流企业，或与物流企业建立战略合作伙伴关系，以优化供应链管理，提高运作效率。同时，物流企业也通过引入资本，加大对先进技术的投入，如物联网、大数据、云计算等，以提高服务的效率和质量，满足制造业的需求。

总体而言，商业资本不仅为制造业与物流业的融合提供了财务支持，还加速了行业重组和技术创新，对两行业的发展产生了深远的影响。在未来，随着资本市场的进一步发展，其在制造业与物流业融合过程中的作用将会更加凸显。

就中国制造业市场所处的客观环境而言，国内各区域经济发展基础不一，经济发展模式有所不同，导致不同区域发展并不均衡，尤其在经济发展水平、基础建设、市场内需、市场成熟度等方面，都存在客观差异。例如，中国东部沿海地区等省份经济相对发达，而受到自然因素限制的中西部地区，由于承载资源不足，开发历程较短，经济发展水平相对于东部沿海等发达地区依然相对较为落后。

在这些经济发达地区，由于市场需求旺盛，政府和企业具备了吸引物流资本的优势条件，能够激发物流企业的集聚效应，推动产业融合发展。这些地区往往具备了完善的物流基础设施，能够有效地降低物流成本，提高物流效率，进一步地促进当地经济的发展。

相比之下，中西部地区的物流业发展受到多种因素的制约，如地理、气候、经济发展水平、政策扶持力度和基础设施建设等。这些因素都限制了中西部地区物流业的发展规模和速度。

随着中国工业化进程的加速，制造业产业结构也在逐步调整，从轻工业向重工业转变，从依赖劳动力转向依赖资本。这种转变对物流业的发展也产生了影响。在东部沿海地区，资本密集型的制造企业占据了较大的比重，如电子零件、汽车生产和工业装备等，这为物流业提供了更多的发展机遇。而在中西部地区，依赖资源的行业如钢铁、石化、有色金属等占据了较大的比重，这也影响了中西部地区物流业的发展环境。

总的来说，中国物流业的发展呈现出区域性特征，不同地区的物流业发展状况存在差异。政府和企业需要因地制宜，制定符合当地实际情况的物流发展策略，促进当地经济的快速发展。

由此可见，中国各地的地理区域差异和经济发展水平参差不齐，这导致了两业融合在不同地区的进展程度不一。在江苏、浙江、山东、广东等省份，两业融合的进展相对较好。这些地区经济发展水平较高，人才储备丰富，物流需求稳定且旺盛，市场机制运转成熟，为物流企业的发展提供了有利的环境和基础。

然而，中西部地区的物流行业发展相对滞后，技术含量不足，装备条件不佳，服务范围较为狭窄，主要集中在传统的运输和仓储领域等。同时，这些地区的物流企业规模相对较小，缺乏能够成为行业代表的大型现代物流企业。

此外，近年来受突发事件的影响，部分制造企业对两业联动的意义和价值仍缺乏深入理解，导致在实际操作中暴露出诸多问题和不足之处。

尽管存在诸多挑战和阻碍，但制造业与物流业之间的潜在发展空间仍然巨大。两业联动是建立在产业关联基础上的必然协作关系，其动力来源于供应链环境的改变，目标是实现产业共赢。随着产业分工的细化和竞争环境的复杂化，两业联动已成为一种必然趋势，无论企业是否意识到并积极参与其中。

（三）两业联动的内外环境

近年来，中国制造业在取得显著发展的同时，也面临着国际、国内复杂形势带来的种种挑战。为了将压力转化为动力，提升制造业的整体水平和产品质量，降低制造成本，我们必须积极寻求有效的解决方案。在此背景下，促进物流业与制造业的深度融合，成为推动制造业转型升级、提升竞争力的重要途径。物流业如何实现降本增效，适应中国双循环发展新格局的需求，是当前内外环境变化下亟待解决的重大问题。对此，中国政府已经进行了深入的谋划和部署，以推动制造业和物流业的协同发展，为实现高质量发展提供有力支撑。

2009年3月，国务院印发的《振兴规划》明确提出要"促进现代化物流业和制造业有机融合、联动发展"。2014年10月，国务院印发的《物流业发展中长期规划（2014—2020年）》中作出要"形成物流业与制造业、商贸业、金融业协同发展的新优势"的规划。2019年2月，国家发展改革委等发布《关于推动物流高质量发展促进形成强大国内市场的意见》，文件中明确要"促进现代物流业与制造业深度融合"。2020年9月，国家发展改革委等14个部门联合发文，明确要进一步推动物流业与制造业的深度融合与创新发展，进一步实现物流业降本增效，促进制造业转型升级，即"推动物流业制造业深度融合创新发展"。

第一章 绪 论

制造业作为国民经济的核心支柱,不仅是国家繁荣的基石,更是推动国家经济高质量发展的重要驱动力。它为国际市场提供强大竞争力的产品,支撑着国民经济的稳健发展。与此同时,物流业作为国民经济发展的基础性和战略性产业,其发展离不开制造业的有力支撑。

制造业是全社会物流总需求的主要来源,物流业的优化发展对提升制造业的运行效率具有不可或缺的作用。正是这种紧密的内在联系,促使中国制造业与物流业的融合趋势日益增强,两业之间的产业链不断延伸,形成无缝衔接的供应链和消费链,共同承担风险、分享利益的联动融合发展格局正在形成。

就目前发展形势而言,中国制造业与物流业的融合发展正处于一个充满活力和变革的阶段,这一过程中商业资本又加快了整体融合速度。在运作模式方面,商业资本通过促进合作与整合,改变了传统的业务模式。随着大量资本的介入,不少制造企业开始与物流公司建立更紧密的合作关系,甚至直接投资或控股物流公司,实现了资源共享和优化配置。这种模式不仅优化了供应链管理,还增强了整个系统的灵活性和响应速度。

商业资本的注入使制造业和物流业能够采用更高效的技术和管理方法。例如,资本支持下的自动化、信息化建设,如智能制造、无人仓库、自动化物流系统等,大幅度地提升了生产和物流的效率,降低了成本,提高了市场竞争力。

商业资本还能转变为两业融合的创新能力,尤其对于研发新技术、新产品、新服务,商业资本不仅提供了研发的资金保障,还带来了管理经验和市场洞察,帮助企业捕捉市场趋势,快速响应市场需求,从而推动两行业的持续创新和升级。

总体而言,在新发展格局的框架下,为了加快制造业的转型升级、实现高质量发展,深入实施制造强国战略,我们需要促进物流业与制造业的深度融合和相互促进。这不仅是构建现代化产业体系的必然要求,更是推动中国经济高质量发展的关键举措。

与此同时,促进两业联动也是中国在国际社会和经济环境变化下,实现经济持续发展的必然选择。早在两业联动初期,2007年3月13日,美国次级抵押贷款危机迅速演变为国际金融危机,对全球经济造成了巨大冲击。当时，中国实体经济对外依存度较高，制造业以代工模式为主，因此制造业成为受国际金融危机冲击最大的行业之一。国际贸易各项指数在2008年下半年仍处于低迷状态，中国对外出口指数大幅放缓，制造业产能过剩问题凸显，波及物流行业。港口、航运、国际货代等行业面临着物流需求萎缩和成本上升的双重压力，这种压力逐渐从外贸物流行业传导至国内物流行业，从沿海地区传导至内陆地区。大量物流企业收入下降，利润率降低，许多提供传统服务项目的中小物流企业陷入经营困境。此外，国际金融危机也对其他产业造成了伤害。

为了应对这一挑战，国家及时提出了加速制造业与物流业联动的战略。通过促进先进技术与理念的交流融合，深化双方合作，提高应对国际经济环境变化的能力。经过十余年的发展，两业联动在中国得到了广泛推广和深入实施。

然而，当前世界政治、经济环境正在发生剧烈变化。国际事件频发、国内经济发展模式结构性调整、人口增长速度减缓等因素对中国经济增长产生了一定影响。部分制造企业效益下滑，物流行业增速放缓，行业投资增速回落，物流产业层次水平问题日益突出，成为两业联动发展的阻碍。

面对新的内外环境，制造业必须率先转型以确定新的增长方向，这要求物流需求的满足方式应有所变化。目前，两业联动正呈现出如下趋势。

（1）高端合作形态。中国两业联动的形态将逐渐摆脱原有的简单外包形式，向物流系统剥离、战略联盟、完全分离等高层次合作形态发展。从资本运作角度看，合作形式将更为复杂，包括合资、参股、独立公司等多种形态。

（2）融合创新形态。随着两业联动发展，制造企业积极引入创新物流技术，不仅提升了企业物流品质，还提高了对外服务质量。随着两业联动进程中创新理念的增强，产业双方将加快融合步伐，扩大联动规模，提高联动效率。

（3）多业联动趋势。随着物流业的专业分工细化，与供应链上下游产业的联系更加紧密。物流业为加快与制造业的融合，利用先进技术和管理手段促进服务方式和流程的转变。同时，一些规模型制造企业也成功地利用物流领域的创新,加强与其他产业的融合发展,改造市场营销渠道,通过流通方式转变促进多业态联动。

(四) 两业联动的已有研究成果

近年来,在推动中国向制造业强国转型的过程中,我们深入研究了制造业与物流业联动发展的机制,旨在实现更广泛的合作与互利共赢。借鉴西方学者的研究成果,我们进行了更为专业的探索,为本书的编写提供了重要的理论支持。

早在20世纪末,西方经济学者便开始关注服务业的崛起与制造业需求之间的关系。朴世赫(1994)对太平洋地区国家的投入产出表进行分析后发现,物流等服务业的发展水平在很大程度上取决于制造业的需求状况。丹尼尔·迪亚兹·夫恩特斯(1999)的研究则表明,在西班牙,制造业对物流服务业的需求增长迅速,为服务行业的增长提供了有力支撑。

胡百定和麦卡利尔·迈克尔(2004)利用中国产业的投入产出表进行详细分析,进一步证实了制造业对物流业发展的推动作用。瓜里耶里和梅里西亚尼(2005)针对主要西方国家的制造业投入产出表数据展开研究,探讨了现代产业融合中不同产业需求的作用。研究结果显示,制造业作为生产性服务最重要的需求提供者,对于国家物流服务体系的专业化建设具有至关重要的作用。在制造业专业化程度较高的国家,更需要投入更多资源以发展专业化的物流服务体系。

在中国,随着首届"全国制造业与物流业联动发展大会"的召开,学术界和专业人士深入探讨了制造业与物流业联动发展的内在机制。这次大会引起了广泛的关注和讨论,也进一步推动了学术界对这一领域的研究热潮。

在研究初期,国内学者主要关注如何建立制造和物流企业之间新型的合作关系,打造合作联盟等议题。他们还深入探讨了如何解决制造企业在物流外包中面临的微观层面决策问题。随着制造业与物流业的联动发展被提升到国家战略层面,研究者的视角也逐渐扩大到产业层面,对相关问题进行了更为全面和深入的分析。

目前,中国学术界已经对影响制造业与物流行业相互作用的众多因素进行了广泛的研究。这些研究主要从物流外包、物流产业水平、联动发展环境等方面，对两业联动发展的影响进行了深入探讨。这些研究不仅有助于我们更好地理解制造业与物流业之间的互动关系，也为政策制定者和企业提供了宝贵的参考和启示。

总体来说，国内就两业联动的已有研究，目前主要分为两大类。

（1）是以产业经济学为理论依据，采用产业关联性分析的方法和模型，运用"投入—输出法"作为主要的研究手段，在一定时间内对某一地区的制造业和物流行业之间的关系进行静态的描述。

（2）是对中国两业联动现状、联动方式、联动方式等进行定性和政策研究。

上述两种研究，其理论基础都在于产业关系并非一成不变，而是会随着经济发展阶段、市场化程度和行业本身演进发生改变。由此形成的研究成果有：唐强荣（2008）从工业共生的观点出发，指出产业关系所受影响因素包括其共生体和环境。随后，中国学者施剑辉（2008）首次将制造业和生产性服务业的关系发展，划分为三个阶段，包括形成阶段、融合阶段和国家阶段。

张晓涛（2012）利用实证分析方法，将2004年作为分界线，将生产服务业与制造业的关系分为两个阶段。王珍珍（2012）运用灰色关联度模型，分析了物流协同调度与各经济区域的协同调度存在时间、空间上的巨大差异，需要分区域、分时段动态地进行协调。不同的地区，由于基础设施的差异、市场环境、信用机制等方面的原因，造成了不同的区域经济发展水平和能力的差异（张沛东，2010）。

为明晰制造业和物流业的联动关系，国内外研究者已进行了大量基于实证的有效分析，但限于研究时间、范围和对象的区别，导致结果不尽相同，有些研究甚至出现完全相反的结果。

具体来看，中国学术界对两业联动具体实施途径的研究中，主要有了以下研究成果。

（1）主要从双方相互影响进行的研究。丁俊发（2008）通过运用产业梯度的发展视角进行分析后认为，在中国，第三产业必须在第二产业基础上才能发展。研究者从产业发展演进的角度，来研究中国的制造业与物流业之间的联系，并得出结论，认为物流业的发展水平取决于制造业的发展水平。这意味着中国物流业想要获得更深入发展，就要抓住制造业提供的契机，只有两业联动发展，物流业才能获得发展机会。

陈婷（2009）研究认为，产业的中间需求对于现代物流业的升级，有充分推升作用。同时，他们发现制造业自身的结构，也会对物流业的发展变化有所影响。王晓艳和李道芳（2009）则从经济学、管理学角度，对两业联动的现状加以分析，并研究了两业联动发展的合作模式。

上述研究，主要是从物流成本、产业核心竞争力、联动关联度等角度，分析了制造业和物流业之间的密切联系。通过研究，明确制造业成本如何受到物流业发展的影响，而物流业的发展又怎样为制造业提供了更好的服务质量。这一系列研究也证明了制造业和物流业两大产业在当今经济发展中相互成就的时代渊源。

（2）主要从制造业角度出发进行的研究。制造业、物流业之间的合作关系，是促成两个行业稳定协调发展的基础。地域间实际存在的经济环境差异，导致了企业的规模和行业的结构均存在差异。在不同的制造行业内，由于生产环节和流程特点均存在不同，使企业对物流的需求有很大差异。同样地，制造业对物流业的需求程度，也会因地域经济发展阶段、市场化程度和产业发展趋势而呈现出阶段性的变化。因此，此类研究将视角放在制造业向外界进行物流外包的理论和实证上。刘艳锐等（2010）认为，在供应链升级的趋势下，企业需要选择将业务外包，但外包的显然不是核心业务，而是包括物流业务在内的服务环节。因此，企业有必要在追求降低成本的目标指导下，寻求市场竞争力的提升，而将物流外包则能提供更多回报，并为制造企业的迅速发展提供了可行性。

（3）主要从物流业角度出发进行研究。中国现代物流业起步相对国外较晚，一段时间内物流企业提供的服务供给，从数量上无法满足制造业将物流服务全部外包的需求，导致局部的供不应求。江小娟和李辉（2004）研究认为，中国的物流业发展滞后、效率不足，已成为制约中国经济发展的重要因素。经过调查研究，他们认为，物流业是影响制造业提升综合竞争力的重要因素，也在一定程度上影响了跨国企业在中国所投资企业竞争力的提升。白平和陈菊红（2010）对第三方物流发展进行综合分析，分别从单向、双向和网络层次对两业联动发展方向进行总结。

（4）主要从两业互动角度进行研究。这类研究着眼于制造业和物流业之间的相互作用和依赖，探讨其互动关系。其主要研究成果认为，制造业规模扩大、产品数量增加，对物流业的需求会迅速增加，而物流业的发展，会直接刺激制造业的相关投入，提高生产效率。此外，由于物流业属于生产性服务业的范畴，生产性服务业的整体发展，也会提高物流业的专业化，提高其规模水平，降低其交易和服务成本。这一趋势会推动制造企业增加物流外包的数量、种类，并提高服务要求，进而促进物流业的升级迭代。为此应重点研究如何促进两业迅速协调发展，即推动两业建立合作共赢发展模式。李肖钢和赵莉（2010）选取宁波市相关行业作为研究对象，设想了该市制造业与物流业联动发展的有效方式，并将之认可为两业迅速成长的必然途径。郭淑娟和董千里（2010）则在两业联动发展的基础上，对具体联动发展的基本合作模式加以归纳，整理出一次性合作模式、短期合作模式、实际合作模式、管理合作模式和物流战略联盟合作模式，并分别对五种不同的合作模式进行分析评价，描述其具体内容、特点和范围。

随着时代发展，两业联动发展越来越受到重视。赵英霞（2012）在分析中国制造业和物流业联动现状基础上，着重从制造企业、物流企业相互融合的基础体制重复，分析了两业联动发展过程中存在的阻碍，提出如何加快两者联动发展的基本思路，即制造企业应加快将物流业务外包给专业企业，以对物流管理加以优化。物流企业则应主动和制造企业进行联动发展，充分提升服务质量水平，在共同努力下，对两者联动的发展体制加以规范和完善。

张蕾蕾（2016）通过研究，梳理了制造业与物流业在建立联动发展过程中的重点作用机制、研究方法、发展模式，并对两业联动发展研究成果进行了评述。随着"互联网+"经济的影响逐步扩大，相关研究也有所深入，张欢欢（2017）在研究中认为，互联网时代为两业联动提供了新的可能。通过对"互联网+"内涵加以分析，研究者对两业联动现状进行描述，对问题进行分析，从物流服务能力、制造业因素、两业融合关系和外部环境等不同方面，强调了"互联网+"驱动两业联动的基本原理。

刘雷丽（2019）针对智能制造、智慧物流之间的联动所存在问题，从政策引导、配套设备、人才培养等角度进行研究分析，并以东莞城市制造业和物流业联动发展过程中出现的智能化、移动化、透明化、精益化等需求，进行了分析。

刘宁（2022）在其研究中认为，未来制造业将由传统特点，转向数量小、批次多、个性化的生产特点，并引入数字化、智能化的柔性生产方式。物流企业作为生产行业的服务支撑方，也需要提升服务水平，协同保障制造业的各环节物流服务水平。这需要物流企业能对制造业物流的订单进行优化组合，并围绕订单进行资源和能力的准备。

实际上，行业联系是行业互动的根本，而行业合作的目的是达到双赢。从这一层面来看，对行业之间关系的描述与分析还远远不够。当前，有关两业联动互动的研究，大部分是定性的，而缺少量化和模拟的研究。不少研究者围绕地域特征进行了两业联动的分析，但互动关系所呈现特征与其所处地域经济特点之间的关系，尚未引起研究界的足够重视。

二　研究意义

制造业作为国民经济的重要支柱，不仅代表着国家的经济实力，更是技术进步和市场竞争力的重要体现。经过多年的发展，中国的制造业已经形成了较为完整的体系，具备了相当的技术水平和市场规模。然而，要想在全球竞争中占据领先地位，仅有这些还远远不够。在关键的制造环节，尤其是涉及全球营销的关键原材料、零部件和产品设备的物流和供应链管理方面，中国制造企业面临着更高的要求。

长期以来，由于受到传统发展环境的制约，中国制造企业对于生产服务领域的开发重视不足，尤其是对制造业参与国际化运营所需的物流服务能力缺乏足够的认识和投入。这导致企业自营物流环节缺乏专业能力和资源支持，物流管理长期处于较低水平，难以满足企业开发技术、拓展市场和快速扩大规模的实际需求。具体表现为库存积压、物流运作成本高、管理效率低下、供应链运转周期长以及厂内外物流运作不协调等问题，对企业结构调整和转型升级造成了不利影响。

与此相对应的是，物流作为生产性服务领域的重要组成部分，与制造业的发展紧密相连。尽管中国的物流产业发展迅速，但仍存在不少问题和挑战。例如，片面追求规模或种类的物流运输方式较为普遍，导致物流社会化需求不足；物流企业规模偏小、运力有限、管理薄弱、经营方式单一、经营效率低下，大部分企业的业务只能覆盖传统业务领域的低价竞争状态，缺乏提供专业化的供应链服务能力，无法满足制造业的高端物流服务需求。

物流业作为支撑国民经济的重要行业，其精准支持对于传统制造产业的转型至关重要。若缺乏这种支持，新型乃至智能制造业的转型将面临挑战。同时，为了应对更高层面、更大规模的国际化竞争，中国物流业需要充分释放新型制造业对其的需求。通过深入研究与实践，两大行业应探索出融合互动的正确路径，实现良性循环，并增强彼此的竞争力。

对于两业联动的系统性研究，其意义和价值是多维度的。从制造业角度看，与物流业的协同联动有助于降低制造企业的物流成本，进而提升其市场竞争力。而对物流业而言，与制造业的协同发展是其释放物流需求和提升服务水平的重要条件。随着制造业的发展，对物流服务的需求也在不断升级。因此，推动物流业与制造业的协同发展，是实现物流业向精益化、高端化发展的关键。

传统物流业主要聚焦于运输和仓储等经营业务，但随着新型制造业的发展，其对物流服务的需求已超越了这些基础业务。为此，我们需要深入研究专业物流与新型制造业之间的紧密联系，并对比分析其与传统产业的关联，以进行理论探索和创新。

首先，对于制造业和物流业联动的研究，目前主要集中在某一方的视角或某一地域的发展实践上。从宏观和多边视角来看，我们还需要进一步构想和分析联动运营的整体机制，并进行更深入的理论研究和基础分析。这有助于产业人士更好地理解产业互动的创新可能，包括物流企业如何影响制造业，以及制造业对物流企业的需求等。

其次，政府管理策略在两业联动中起着重要的作用。我们可以研究各类阻力和推力因素，比较现有物流业和制造业的改革情况，并提出加快整合的方法步骤。此外，从产业发展的角度出发，我们还应深入分析两业联动协同的困难原因，提出具体的促进协同方案举措。通过这些研究，我们可以为中国物流和制造企业寻找新的双边或多边合作方式，促进产业的协同发展。

具体而言，围绕两业联动的研究具有以下意义。

（1）推动制造业转型升级。中国想要从制造业大国向制造业强国转变，物流产业能在其中发挥着举足轻重的推动作用。在世界范围内的制造业竞争中，物流的作用已深入供应链运输、仓储、生产、营销的各方面。加强两业联动，对推动制造业转型提升能产生重要意义。例如，通过物流技术应用和管理体系的创新，实现低成本高效率的优势，能保证整个国家制造产业的核心竞争力。通过个性化、敏捷化、柔性化的物流服务，同样能支撑制造企业适应国际的激烈比拼，谋求自己的市场地位。

（2）推动物流业全面发展。全球制造业面临激烈竞争，为满足消费者对商品个性化、多样化、准时化的需求，精益生产方式凭借小批量、快速响应和拉动式生产风靡全球。与此对应的是，传统式的简单物流服务无法满足制造业在这些层面开展的全面变革。为了能继续有效地满足物流需求，原本规模较小的物流企业，也开始向综合化、集成化的方向转型。

在物流业全面发展浪潮中，国际大型物流企业如荷兰 TNT（天地快运）、德国 DHL（敦豪快运）、美国 FedEX（联邦快递）、美国 UPS（联合包裹）等一度领先转型风向，给中国原有的中小物流企业带来显著压力。为了能在世界范围内参与竞争并获得发展，中国必须研究物流企业如何通过自身的兼并重组、规模经营，走上与制造业联动发展的康庄大道。

（3）研究两业联动的收益预期。在全球经济一体化进程受阻的环境中，无论是制造业还是物流业，都面对生存发展的压力，必须注重发展自身的核心竞争力。在通常情况下，制造型企业的核心竞争力来自研发和生产，而物流业的竞争力则来自配送、运输、仓储等环节的效率、个性化。尽管制造型企业也可以通过建立自有物流完成对应环节。但制造型企业可以选择两业联动的高效方式，如签订合同、委托代理、战略联盟等方式，更好地提高产品销量、提升服务体验以维持市场关系，形成品牌口碑。

具体而言，在有效研究下实现制造企业和物流企业的联动，能带来如下收益。

（1）确定信息共享的科学方式。当制造企业与物流企业在联动理论指导下，建立起充分信息共享，双方就能在第一时间了解到服务价格、市场偏好等重要信息并加以利用。

（2）降低供应成本。例如，通过建立物流外包体系，制造企业就不再需要保留自身原有的仓储、运输设施，以此降低自身参与市场竞争的成本，并带动整体供应链成本的降低，并减少对应风险。

（3）降低产品成本。例如，通过物流企业业务的规模优势，降低仓储和运输成本，帮助企业降低产品成本，提高品牌竞争力。

（4）提升服务体验，即通过研究如何将物流业务委托给专业、高效的企业，能大幅度缩短从生产到交付的时间，从而提升客户的满意度。

在全球经济一体化的进程中，由于各种因素的阻碍，制造业和物流业都面临着巨大的生存和发展压力。为了应对这种压力，企业必须专注于发展其核心竞争力。通常，制造型企业的核心竞争力主要来自研发和生产，而物流业的核心竞争力则主要来自配送、运输和仓储等环节的效率及个性化服务。

尽管制造型企业可以选择建立自己的物流体系来覆盖这些环节，但它们也可以采用更高效的两业联动方式，如签订合同、委托代理或战略联盟等，以更好地提高产品销量、提升服务体验并维持市场关系，从而形成良好的品牌口碑。

具体来说，通过有效的研究实现制造企业和物流企业的联动，将带来以下好处。

（1）确定信息共享的科学方式。当制造企业与物流企业在联动理论的指导下实现充分的信息共享时，双方就能在第一时间获取并利用如服务价格、市场偏好等重要信息。

（2）降低供应成本。例如，通过建立物流外包体系，制造企业可以不再需要保留原有的仓储和运输设施，从而降低自身参与市场竞争的成本，并进一步降低整体供应链的成本和风险。

（3）降低产品成本。通过利用物流企业的规模优势，降低仓储和运输成本，可以帮助企业降低产品成本，从而提高品牌的市场竞争力。

（4）提升服务体验。通过研究如何将物流业务委托给专业、高效的企业，可以大幅度缩短从生产到交付的时间，从而提高客户的满意度。

三 研究背景存在的问题

制造业是国家生存之基,也是国家兴旺之力,并因此在国民经济中占有重要地位。尤其是随着"中国制造2025"战略的推出和实施,中国正从举世皆知的制造业大国,走向梦想中的制造业强国。这构成了本书对两业联动研究的大背景,其中也必然存在相应需要解决的问题。

(一)《中国制造2025》背景下凸显的问题

《中国制造2025》是国务院于2015年发布的战略性文件,作为中国迈向制造强国战略的首个十年行动纲领,它在推出时面临着复杂的国际环境。一方面,国际金融危机的影响仍在持续,各国经济复苏步伐缓慢,前景不明朗。另一方面,新一轮科技革命和工业变革正在孕育中,智能技术与制造业的深度融合,以及新技术、新能源、新材料的突破,预示着未来工业领域的深刻变革。

在此背景下,各国纷纷推行"再工业化"战略,以提升其制造业的国际竞争力。中国企业必须认识到这一点,遵循《中国制造2025》的战略布局,主动应对变化,以保持竞争优势。

为实现《中国制造2025》的战略目标,中国制造业需完成艰巨的转型升级任务。尽管规模仍居全球领先地位,但必须正视并解决一些问题。例如,部分领域和行业对有效物流需求的不足导致了物流产能过剩;而其他领域的物流发展水平尚不能满足其高质量发展的需求。

对于两业联动的相关研究,也应在此战略指导下深入进行,以确保与政策同步并为其提供有力支持。只有深入理解和贯彻《中国制造2025》,才能应对挑战,把握机遇,推动中国制造业的高质量发展。

具体而言,在《中国制造2025》推出大背景的两业联动,面临着如下重要问题。

(1)如何提高物流生产效率。即整合新型的物流资源,建立和优化良好的物流体系,构造和调整新型的物流流程等,都是时代背景所提出的问题。研究者和研究机构必须加快步伐,制定对应的研究策略。

(2)如何降低制造业成本。研究两业联动的目的之一在于降低制造业成本费用。为此,必须研究如何建立和利用良好的环境,来推动两业联动的可能性，并通过能源、税费、培训、保障等制度性的保障，进一步降低联动成本。同时，还要研究制造业和生产业内部管理方式的创新，有效减少联动转型的成本。

（3）如何宏观研究。在产业整体方面，研究者要致力于宏观研究，通过调查分析，了解产业联动过程中暴露的不足并加以弥补。

（二）联动的宏观问题

物流作为制造业服务环节的核心，借助供应链管理、信息技术和个性化服务，为制造业创造更大的价值。同时，制造业作为国民经济的支柱产业，正面临着从规模扩张向质量提升的转变。因此，对物流与制造业联动发展的宏观过程进行研究，提出有效的策略，具有非常重要的现实意义。

根据近年来的实践数据，中国物流与制造业的联动发展已经取得了显著的成果。这主要得益于中国各级政府、行业协会和各大企业的重视与参与，以及互联网技术的广泛应用，推动了物流服务的创新与发展。这些因素共同优化了物流与制造业的联动环境，实现了行业的结构性调整，并为制造业提供了具有创新价值的高端物流服务。

与此同时，研究者发现了以下宏观问题。

1. 缺乏全面认知

制造业对物流行业的全面认知不足，导致中高端物流服务的发展滞后。尽管中国政府、学术界和部分企业已经意识到物流行业发展的重要性，但多数制造企业在这方面的认识仍有待提高。在地方政府和学术界的关注下，物流行业的整体规划和传统仓储布局等方面得到了重视，然而制造业与物流业之间的互动关系仍需深入探讨。

作为联动主体，物流企业需要改变传统的竞争策略，推动行业创新。然而，目前大多数物流企业仍采用价格战等传统方式进行竞争，缺乏对高端、现代化物流服务体系的建设、调整、优化和应用的重视。这导致市场上的中高端物流服务供给不足，难以满足制造业的需求。

由于物流企业提供的服务同质化严重，缺乏针对特定制造行业的个性化服务，导致物流企业在与制造企业合作时缺乏平等谈判的地位。他们无法主动地为制造企业提供改进物流和供应链的建议，影响了整个供应链的优化和升级。

为了解决这一问题，需要推动物流行业的创新发展，提高中高端物流服务的供给能力。政府、行业协会和物流企业应加强合作，制定有利于创新的政策措施，鼓励企业加大技术研发投入，推动物流行业的数字化、智能化转型。同时，制造业也需要加强对现代物流的认知，了解其在供应链优化中的重要性，以便更好地与物流企业进行合作。

只有当制造业和物流业真正实现深度融合，才能推动整个行业的健康发展，提高中国制造业的国际竞争力。

2. 寻求动力不足

物流企业在寻求高端发展空间方面显得动力不足。尽管政府对物流行业给予了高度关注，并制定了相关政策以引导其发展，同时国内工商界和研究界也为此提出了有益的建议，但物流行业的现状并未发生根本性的改变。

物流企业规模小、布局分散、管理混乱、服务质量差的问题仍然普遍存在。例如，传统物流企业的市场集中度不够，导致市场竞争激烈、服务水平低下、市场乱象频发、不公平竞争现象严重。

此外，高端物流服务的发展速度也相对较慢，供应能力不足。高端物流服务旨在将制造企业的物流业务外包给专业领域的企业，这些企业需要具备专业化的物流资源和管理技术，提供包括运输、仓储等传统业务在内的计划和管理等增值服务。

高端物流服务企业需要与制造企业建立战略同盟，共同承担风险和分享收益，为此，它们需要具备专业化的物流资源和管理技术，提供基于信息和知识的附加服务，同时满足不同客户的特定需求，不断进行服务创新。

然而，目前高端物流服务的供应量不足，与制造业的协同配合也不够充分，未能充分发挥其推动制造业转型的潜力。因此，需要加强政策引导和支持，推动物流企业提高自身能力，以更好地满足高端市场需求。

上述问题的出现和存在，与物流企业本身经营理念有关，同样与物流企业所处的营商环境有很大关系。为促成高端物流产业的发展，必须注重营造环境，在政府管理引导、市场化、金融保障和信用制度等方面都有所改进。

3. 行业融合不紧密

在两业联动过程中，最具代表性的问题是两业融合程度不足，协同调度之间能力不足。但这并非只是传统物流与制造业融合本身的问题，更深层次的问题在于传统物流服务已经不足以与制造业形成紧密融合；相反，其为制造业所做的贡献越来越局限于短期成本的下降，而在如何创造附加价值、如何带动整条供应链竞争力提升上，才是传统物流在革新过程中必须回答的问题。

4. 未能充分释放服务需要

从长远的角度来看，中国物流业的发展一直存在不平衡的问题，这导致了市场供需的矛盾。在制造业领域，企业往往更倾向于追求全面的经营模式，对于物流外包的意愿相对较低。这导致制造业内部的物流需求大部分被满足，而与社会化物流能力未能形成有效对接。这种情况限制了物流业的资源整合和良性竞争。

对于制造业来说，他们不愿将物流业务外包的原因是多方面的。物流是一项长期的服务需求，一旦选择外包，制造企业很难建立有效的监督机制和信息分享机制，这使企业难以充分信任物流企业，从而不愿释放社会化服务的需要。

（三）联动的微观问题

通过研究者对国内外已有研究成果的回顾发现，国内对两业联动的研究，更多倾向于在宏观层面上进行，而国外对相关课题的研究，则更多集中于具体事项，即物流企业和制造企业的联系和合作，如何产生价值。在微观层面上分析制造和物流企业如何结成长期战略联盟并良性互动。

从微观上看，制造业和物流业联动的问题，主要体现在以下几方面。

1. 合作不够紧密

物流业与制造业之间的双边合作亟待加强。当前，中国两业联动的合作目标主要集中在降低直接成本，而在创新和赋能方面，尚未形成统一、可执行、可实现的战略目标。以国内制造企业和物流企业的合作关系为例，大部分合作仍以短期协议和贸易方式进行，双方合作关系相对松散。中小型企业往往与多家物流公司合作，并根据价格因素不断调整物流服务商。这种合作关系导致双方缺乏长期战略伙伴关系的建立，无法共同关注市场和客户的利益，更谈不上深入融合和联动。

与此同时，大多数物流企业在为制造企业提供服务时处于被动状态，仅根据制造企业的短期需求提供基础服务，而未能主动提供个性化的服务方案。这种状况限制了物流企业主动、深入、系统地研究市场需求，以及准确衡量其对供应链改善的价值，进而阻碍了持续的创新和优化。除客观环境因素外，国内物流企业的技术水平和发展理念在前期设计、运作流程、绩效指标和经营管理等方面都存在问题。

由于双方都存在问题，中国物流和制造企业在合作中主要关注价格而非客户价值。实际上，为客户创造价值是企业获得长远竞争优势的关键。通过合作，物流企业与制造企业可以共同获取专业经验，并通过创造客户价值为双方带来更大的竞争优势。同时，制造企业可以利用物流企业的深度参与优化自身资源和能力的分配，将重点逐步转向培育核心业务能力。

2. 联动关系不足

在行业上下游企业与两业联动的合作中，同样存在一定的不足。在物流企业与制造企业的合作研究中，我们往往只关注了与某一家制造企业的联动关系，而忽视了其在整个供应链上下游中的多边协作关系。然而，在当今的市场竞争中，提升整体竞争能力已不再局限于两家企业的双向合作，而是应涉及物流企业、生产企业及其上下游各参与者的多边关系。这需要我们将两业联动从单方面的合作提升为双方乃至多方资源的整合，从个体关系上升到供应链层面的战略关系。

然而，中国物流企业在与制造企业的协同过程中，仍停留在满足直接客户的阶段，未能积极了解和整合制造企业上下游的需求。对于制造企业的上游需求，物流企业缺乏深入了解；而对于制造企业的客户即终端客户，物流企业也并不熟悉，对其价值追求的重点把握不够。在执行过程中，物流企业需要通过制造企业来明确服务标准、业绩评价体系等。因此，我们需要加强物流企业与制造企业之间的沟通与合作，深入了解供应链成员的需求和价值追求，以实现更高层次的战略合作和资源整合。

3. 服务模式落后

由于物流和制造业之间的合作运营，牵涉不同行业，不同行业又有各自特点，因此仅仅依靠某一方带动创新是不够的。

目前，中国物流服务的模式创新，更多地发生在物流企业内部，或由制造企业在其合作关系内倡导创新。这导致双方在联动融合过程中，未能实现协同创新，从而导致物流服务模式的落后。

（四）行业定位问题

两业联动不仅是产业或经济领域的议题，更是国民经济发展中的重要课题。在现代社会，物流业已发展为覆盖全国社会需求的综合性服务业，融合了运输、仓储、货代和信息等多个细分领域。物流业涉及多个领域，为大量劳动者提供了就业机会，在促进制造业生产量的同时，也有效拉动了消费市场。因此，物流业在优化产业结构、推动经济发展和提高国民经济竞争力等方面扮演着重要角色。

随着信息技术的不断普及，制造业与服务业之间的界限逐渐变得模糊。制造业成为物流业发展的主要驱动力，而物流业则成为制造业提升服务竞争力的关键因素。两者紧密相连，形成了典型的共生关系。因此，为了更好地理解这种共生机制，我们需要对物流业进行更准确的定性分析。

近年来，一些国内学者运用投入产出法等，对其他产业与物流业的融合共生运行机制进行定量分析，但其中相当多的研究都是从企业的投入产出角度出发，对物流和其他产业之间的关系加以衡量。而对物流业与制造业之间的互动关系缺乏动态分析。这也反映了尽管物流业发展迅速，但有关其行业定位的深层次矛盾和问题，并未被充分重视和加以解决。

有关物流业定位的问题，早在2014年8月的国务院《关于加快发展生产性服务业促进产业结构调整升级的指导意见》（以下简称《意见》）就给出了答案。《意见》指出，由于中国制造业发展程度相对落后于社会需求，总体发展水平不高，结构存在问题，需要进一步加大发展的支持力度，尤其离不开生产性服务业的支持。

《意见》中所称的生产性服务业，既跨越农业、工业等不同行业，又应具备高创新特征，能形成高融合联动。通过发展生产性服务业，尤其是第三方物流业，可以提升制造业相关联的信息化、精准化和智能化水平，从而促进经济结构调整，参与制造企业的价值链全面升级。

第二节 研究内容及方法

结合对研究背景的分析，对研究意义的认知，根据研究背景中存在的问题，本书明确如下研究内容。

本书基于对中国制造业与物流业现状的深入调查，对两者之间围绕物流服务供需的关系进行了严谨的调查分析。我们通过一系列指标，对不同制造业与物流业联动的现状进行了全面评估。通过横向和纵向比较不同生产制造行业的企业，并以贵州省为例进行了深入研究，揭示了制造业与物流业之间供需关系如何随着行业、区域、环境的变化而动态调整。

我们深入探索了联动主体特征、联动关系内容、联动环境构成和联动影响机制在不同行业中的表现。本书从产业和区域的不同维度进行深入分析，重点探讨了区域和行业对主体的影响，以及这些因素如何作用于联动关系。我们将制造业的细分行业环境纳入研究框架中，构建了行业系统模型，并研究了不同行业的企业如何相互影响，深入挖掘了影响系统发展的主要因素。

基于这些研究，我们通过实地调研和仿真模拟，提出了具体的政策方案建议，旨在促进特定区域、行业环境下制造业与物流业的深度联动。这些建议旨在推动产业融合、优化资源配置和提高整体经济效益，为政策制定者和企业决策者提供有价值的参考。

一 研究内容

（一）本书重点分析行业和区域环境影响物流与制造业联动的作用机制

制造业在中国经济发展中占据着举足轻重的地位，是推动物流社会化的关键因素。作为制造业的主要服务提供者，物流业与制造业的关系紧密相连，相互依存。通过物流企业的协助，制造企业得以有效降低生产成本、提升生产效率，进一步发掘潜在的利益来源。

在当今世界政治经济格局日益紧张、市场竞争日益激烈的背景下，推动制造业与物流业的协同发展，对于提升中国制造业的整体水平、增强物流业的服务质量具有重要意义。同时，这种协同发展也是提高地区竞争力、行业竞争力的关键手段。

然而，由于地域资源的差异性、地区经济发展的不平衡以及行业特性等因素的影响，制造业与物流业之间的联动在区域间、行业间存在显著的差异。不同地区、不同行业在需求、投资、人才储备、资源现状、市场机制和政策引导等方面面临不同的环境条件，这导致了制造业和物流业联动机制在不同地区和行业的执行和实施过程中存在差异。

因此，本书将重点分析中国不同行业地区间制造业和物流产业联动关系的差异，并横向对比贵州、陕西、山东、浙江、江苏等省份的联动实践，旨在揭示其动态演化规律。这对于全面了解中国制造业与物流业联动关系的总体态势、准确预测不同区域、不同行业的两业联动关系发展趋势具有重要意义。

本书在已有研究成果的基础上，将两业联动的综合环境融入研究体系，建立联动体系模型，并运用多种模型，对物流体系内不同环节的具体影响路径和程度加以量化，从而为相关政策的制定和推行，提供新的思路和方法。

（二）本书从理论上探讨了区域和行业环境对两业联动的作用机制

目前，国内外针对制造业联动关系的研究，大多集中在产业之间的静态关系描述上，即分析主从关系、行业影响等。而中国研究者对两业联动过程中出现的问题分析和讨论，也往往或采用地域视角，或采用行业视角的普通论述，以从中归纳共性问题与解决方法，缺乏综合性的关注研究。但事实上，由于中国经济发展水平的复杂性、地区环境的特异性、行业发展的变动性，不同背景下的两业联动关系，必然存在特异性。因此，本书的研究结果对综合区域和行业，对两业联动机制进行制定和执行，具有一定的参考和借鉴意义。

本书共分五章，内容架构如下所述。

绪论。本章是对本书研究的理论和现实背景的分析，对当前中国两业联动的发展状况和问题进行了综述，对本书的研究内容、研究框架进行了探讨。此外，也归纳了现有研究的不足，并对本书研究意义进行了展望。

第一章中国物流与制造业发展现状研究。本章对中国物流业发展现状、制造业发展现状以及物流业与制造业联动发展的现状进行了阐释和剖析，通过对现状的剖析，为后文奠定研究基础。本章还分析了中国制造业的物流服务需求。

第二章中国物流与制造业发展问题研究。本章对中国物流业发展问题、制造业发展问题进行了分析，进而对中国物流业与制造业联动发展的问题进行了分析。

第三章制造业与物流业联动发展对策研究。本章对制造业与物流业联动发展的目标、规划、重点进行了分析和研究。

第四章中国制造业与物流业的发展趋势研究。本章从两业联动的趋势、两业发展的全球化战略和未来发展愿望的建构表述出发，运用经济学和投入产出理论，描述了制造和物流系统通过联动而可能产出的结果，随后运用系统自动方法推测未来发展趋势的实现路径，最后对两业联动发展进行了展望。

第五章中国物流业与制造业联动发展案例经验。本章选取具有代表性、典型性的案例，通过剖析其联动发展的成效、经验、问题等，为中国两业联动发展展现了可供借鉴参考的样本。

二　研究方法

本书研究方法如下所述。

1. 明确本书所涉及的实际问题

本书主要涉及传统与现代物流、制造业与物流业之间联动关系的内容、性质，以及两业联动受到环境的影响等问题。对该部分内容，主要采用实际走访、座谈、问卷调查等方式，以多个行业的相关企业和政府管理部门作为调研对象。

2. 确定研究问题的基础

本书主要包括宏观环境提供的具体条件、宏观产业的合作可能性、宏观层面双边联动的表现、微观层面双边联动的表现、制造业和物流业的共享创新等。其中的研究领域主要包括制造业对物流业的需求、物流业能向制造业做出的服务以及相关的创新等。

3. 产业层面的研究

产业层面的相关研究内容包括以下几个方面。

一是对制造业和物流业进行有效细分。二是对两业联动的联系机制加以构建。三是细分制造业物流服务的分析。四是对中国物流业的营商环境和服务内容进行分析。五是具体企业经营和产业联动之间的关系。本书围绕上述问题的调研分析所使用到的相关资料和方法包括国内制造业工业统计资料、企业主动公开资料、研究或咨询机构的公开资料，访谈资料、调研表、实证分析的结构方程式等。

4. 企业微观层面的双边联动研究

企业微观层面的双边联动主要研究内容包括以下几个方面。

一是不同细分产业之间的典型协作关系。二是不同具体企业的协作关系。三是制造企业和物流企业如何相互融合并共同创造价值。具体采用的研究资料和方法包括理论和机制的研究、概念的推导、调查表、实证分析等。

5. 企业微观层面的多边联动研究

企业微观层面的多边联动主要研究包括以下几个方面。

一是不同因素影响下的多边联动关系。二是多边联动关系对供应链价值的影响机制。三是多边联动关系对供应链价值的综合影响效应及其机制。所采用的研究资料和方法包括理论和机制的研究、概念推导研究、调查表、实证分析等。

6. 物流企业的创新服务模式

物流企业的创新服务模式主要包括以下几个方面。

一是不同类型的两业联动模式。二是两业联动模式对服务创新和客户价值增值的影响。三是在联动模式中服务创新的角色。使用的研究资料和方法包括理论和机制的研究、概念推导、问卷调查、实证分析等。

三 研究思路与技术

相关文献的整理，可以发现具体的研究方向存在不同。中国研究者侧重于对宏观行业联动的分析研究，而国外则侧重于对微观企业联动的分析研究。具体而言，国内对制造业与物流业之间的关联性研究，主要从宏观角度研究国家、地区范围内制造业与物流业如何互动协同，但在一定程度上忽视了现代物流业的高端部分和创新空间。

本书在上述研究实践问题的基础上，结合对相关文献的整理、分析和论述，提出了所要研究和解决的如下问题。

（1）宏观角度。物流业如何划分、传统和高端物流服务与制造业之间的互动机制、营商环境对两个行业互动的影响。

（2）企业层面。即两业联动合作在企业层面如何开展的具体问题，包括双方如何建立密切的伙伴关系、怎样相互协作与结合、怎样才能提升共同的客户价值。

（3）实践层面。即两业联动的实践基础，其主要问题包括供应链价值创造的多种因素和机制，两业联动如何影响服务创新和绩效提升，如何对两业联动进行分类以及其对应的分类方法或依据，不同类型的两业联动在作用路径是否存在显著差异，联动创新如何推动制造企业与物流企业的协同和绩效关系等。

针对上述问题，本书将其分成四个部分进行研究，即制造业与国内物流业的现状（包括传统和高端）、两业联动实践（包括双边联动和多边联动）的调查结果。后两部分则依据理论和机制的分析，提出对政策的建议，并通过发放问卷，收集资料，以进行实证研究。

第三节　研究的创新点

本书从以往的研究经验出发，积极运用定性和定量相结合的方法，对物流业和制造业的联动关系进行研究，并对其相关的细分行业、所在的具体地域，进行了横向和纵向相结合的深入分析。

一　主要创新点

本书创新之处可以概括为七个方面。

（一）研究传统向高端的物流转变

从统计学角度分析，国内的不少研究更多地体现运输、仓储方面的物流数据，并未体现出新型物流真正能为制造业提供的所有价值。这导致相关研究虽然表明了两业联动的必然性，但研究结果也存在局限性。本书研究者认为，对两业联动的研究，有必要将研究结果延伸到高端物流为制造业提供的价值上，并分析其对制造业进步所做出的贡献。

（二）从单方、双方角度向多方延伸

目前，围绕两业联动的单方和双方关系研究，已经具备一定成果。笔者认为，后续应围绕两业联动所涉及的政府部门、其他产业、地域特征等多方因素深入研究，以探寻联动项目的创新和扩展空间。

(三) 探讨联动过程所创造的价值

在制造业与物流业的相互关系中，从制造业企业的角度出发，物流企业更多地被视为降低成本的焦点。然而，这种关注点可能对两业联动价值的公正评估产生负面影响。因此，本书主张制造企业应重新审视物流成本和服务水平的观念，从以价格为导向的成本差异转向关注联动过程本身为供应链整体创造的客户价值。对于制造企业而言，成本和价值是同等重要的问题，企业应利用联动机制，权衡二者的利弊，以实现其最大效用。

(四) 封闭式创新到开放式创新

目前，尽管少数大规模物流企业能主动提供创新服务，但中国物流产业整体创新能力尚有不足，其创新往往是由制造企业来带动主导。而物流服务的本质决定其跨企业、行业和地域，因此其创新过程中，必须将制造业和物流业的信息充分共享，从封闭式创新走向开放式创新。

(五) 多维度研究的创新

本书的研究思路创新，在于将两业联动参与企业的所处环境，划分为不同维度，并采用实证分析方式对其中产业、地域因素进行分析。通过对制造企业和物流企业的互动研究，建立了概念模型，并对其现状、发展、环境、内部进行深入研究。

(六) 对联动关系的立体研究

对两业联动的传统研究角度，主要从静态着手分析其中互动关系。本书针对中国不同制造企业，结合细分行业、地域的特征，从纵向和横向、水平和垂直等方面，进行对比，从而揭示了不同阶段、不同层次的两业联动关系研究，并在此过程中展望了从平衡走向非平衡的变化前景。

(七) 从行业与地区的视角来看

本书重点提出了两业联动环境对联动价值的影响可能途径，并在此基础上探讨了联动主体的产业分类属性，以便从行业与地区两个不同的环境角度，通过实证分析两业联动参与主体属性对联动的作用。

本书研究发现，影响产业联动需求和价值的主要因素是制造业本身所处环境。同时，各行业对应的物流资源和能力也具有中介效应，使得联动过程中各指标的作用效果会产生明显差别。同样，各地域不同的物流资源能力，对供应链关系的作用，也会表现出明显的区域性特点。

二 可能的创新点

物流外包是制造业和物流业协同发展的主要方式之一，而物流外包则是一柄"双刃剑"，一方面可以让制造企业集中精力在核心竞争力的建设上，另一方面也会导致商业机密泄露、对终端客户的服务和影响力降低。鉴于此，本书从产业细分领域的实际出发，对物流供应商进行了筛选，并对其进行了成本与效益分析。

本书在前人的研究成果的基础上，对以往的分析方法、产业层面和企业层面进行了一些改进，以使整个物流系统的利益最大化。

本书旨在探讨中国物流与制造业的互动关系，在分析方法、产业层面、企业层面等方面存在一些创新之处。

（一）重点创新分析法

在制造业和物流业协同发展过程中，由于信息的不对称性，使整个物流系统的整体绩效得到最大限度的发挥，因此必须对其进行有效的激励。但的确，当前对于单任务（通常只注重自身业务的成本或利润）、单物流供应商的激励契约，而对于多任务（包括自身业务、协同业务）、多物流供应商的激励契约，则很少有相关的研究。

（二）行业水平的显著特点

在工业层次的研究中，具有以下特点。

一是对国内物流业的相关数据和数据进行了较为系统的挖掘，对国内各大金属制造业的"传统物流"（以社会物流成本表示）、"高端物流"（以第三方物流收入表示）的市场规模和效率进行了系统的对比，并对一些数据进行了系统的对比。二是对中国传统物流、高端物流、"两业联动""两业联动""营商环境"的发展状况进行了研究。

（三）企业层次研究的鲜明特点

在企业层次的研究中，具有以下显著的特点。

一是系统地指出，互动研究要从单方面的、双向的、多边的扩展。二是对企业层面的双边、多边和物流服务的创新进行了理论分析，建立了概念模式，找到了潜在的变量和调查标准，用结构方程等定量的方法对其进行了定量的分析。

第二章

中国物流与制造业发展现状研究

在新时代十年的伟大变革中,中国制造业取得了斐然成绩。党的二十大报告中提出的加快建设制造强国、优化重大生产力布局、加快建设贸易强国、加快实施创新驱动发展战略、实施重大文化产业项目带动战略、加快建设体育强国、发展绿色低碳产业等思想内容与制造业的未来命运息息相关,为制造业的高质量发展提供了充沛的能量。

制造业是现代工业的基础,是一个国家综合国力的支撑,直接体现了国家的生产力发展水平。纵观当今世界,凡是发达国家,必定拥有发达的制造业体系,其在国民经济中占据比重也是非常大的。而为了保证社会生产、生活的供给,物流业就成了国民经济中必不可少的行业,物流业的功能就好比遍布人身体的"血管",为国民经济的发展输送养分。从实践中来看,物流效率的提升,为制造业的发展提供了基础性、先导性的重要作用;反之,制造业的发展又为物流业的进步奠定了物质基础和技术改造的可能。

经过数十年的发展之后,特别是中华人民共和国成立以来,中国的制造业成为国家的战略重点,经历了从无到有、从弱到强的巨大飞跃。近十几年来,中国的制造业产值连续位居世界前列,早已成为名副其实的"世界工厂"和制造业大国。

制造业的发展也呼唤物流效率和质量的提升,建设"物流强国"也已成为中国的国家建设目标之一,各项重磅扶持政策接连出台。制造业和物流业之间泾渭分明的界限早已模糊,"两业融合"的趋势越来越明显,带动了大批相关产业的发展,形成了新的发展方向。

第一节　中国物流业发展现状

工业生产和国民经济现代化的主要标志是生产力的极大发展，生产的产品极大地满足人民生活和生产的需要。在社会再生产过程中，物流业起到连接生产与消费的桥梁作用，工业生产和国民经济现代化的水平越高，对现代物流业的要求也就越高；反之，现代化的物流业支撑着工业生产和国民经济的现代化。现代物流业作为生产性服务业的重要门类，在支撑国民经济的现代化发展中发挥着无法替代的重要作用。

一　中国物流业发展初显成效

由于国际形势变化以及突发事件冲击，中国的宏观经济遭受了空前的严峻考验。但物流业坚持高质量发展理念，持续深化供给侧结构性改革，取得了喜人的成绩。据中国物流与采购联合会会长何黎明初步统计，2023年中国物流市场实现恢复增长，2023年全年社会物流总额预计超350万亿元。全年快递业务量可达1320亿件以上，连续十年稳居世界第1位。这一数据代表中国物流行业的良好发展正在为支持经济、保证民生等方面工作起到重要支撑作用。

（一）中国物流业发展现状

中国现代物流业经过多年的持续快速发展之后，产业规模持续扩大，吸纳的就业人数越来越多，对经济发展的贡献度越来越高。

1. 物流业规模创新高

主要体现在社会物流总额、社会物流总费用和社会物流总收入的数字增长上。

社会物流总额，是指首次进入国内需求领域，从供应地向接受地进行实体流动的物品的价值总额。据统计数据显示，2020年，中国社会物流总额达300.1万亿元，延续了多年来的增长态势。2022年，全国社会物流总额达347.6万亿元，按照可比价格计算，同比增长3.4%，如图2-1所示。

社会物流总费用，指在报告期内国民经济各行业内投入社会物流活动的费用支出总和。2017—2022年，中国社会物流总费用基本保持了连年增长的趋势。2022年，社会物流总费用17.8万亿元，同比增长

（万亿元）

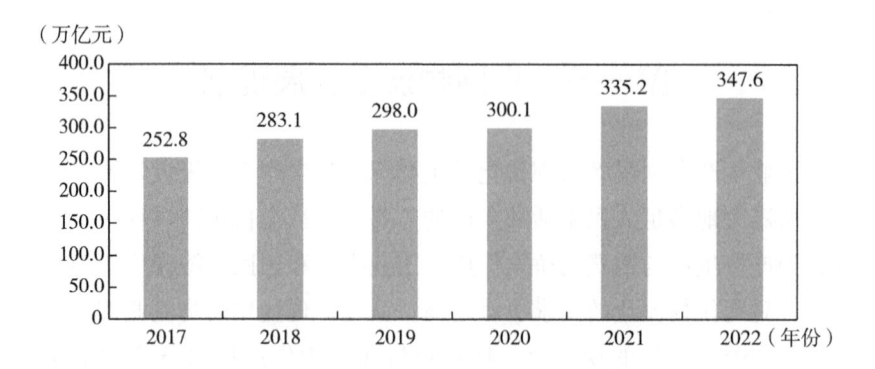

图 2-1　2017—2022 年中国社会物流总额情况统计

4.4%，如图 2-2 所示。

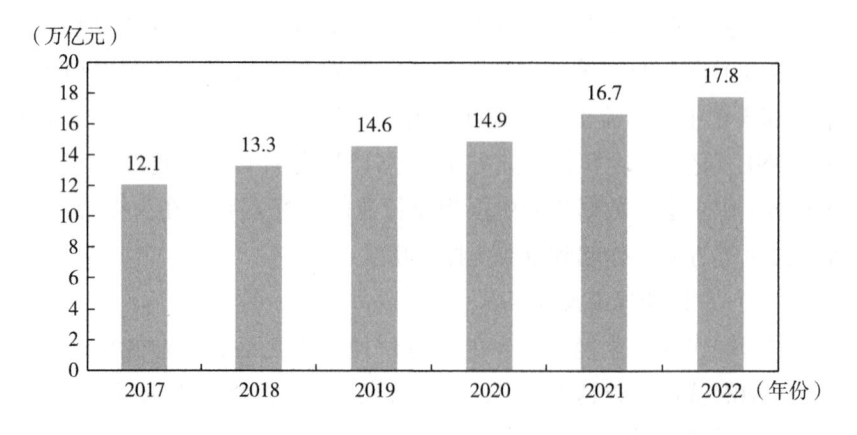

（万亿元）

图 2-2　2017—2022 年中国社会物流总费用与 GDP 的比率统计

与此同时，中国社会物流业总收入也保持增长趋势。社会物流业总收入，是指报告期内国民经济各行业中凭借广义物流服务所获得的收入。在经历了前几年的爆发式增长之后，增长速率趋缓。2022 年，中国物流业总收入 12.7 万亿元，同比增长 4.7%，如图 2-3 所示。

2. 行业景气度高

物流业作为国民经济发展不可或缺的行业，一直维持着比较高的景气度水平。在克服了突发事件的影响之后，企业加快了复工复产的步伐，物流企业的订单和业务量随之快速回升，供需两旺，物流市场的活力持续增强。

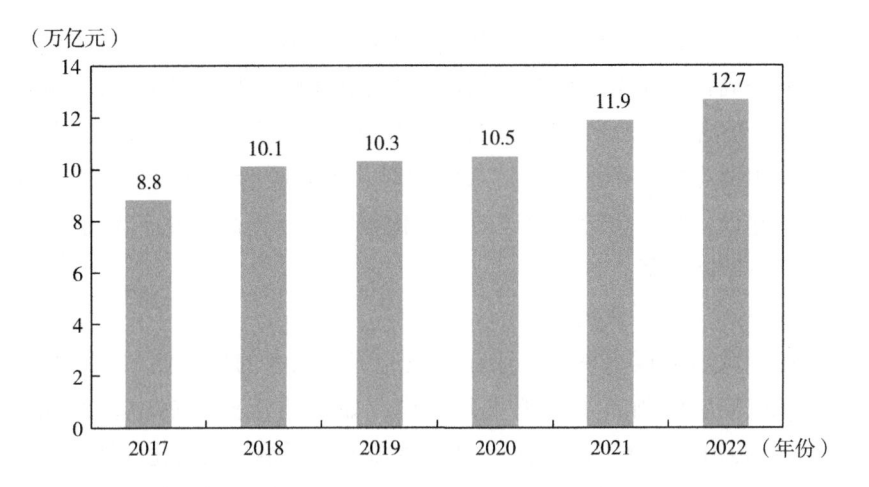

图 2-3　2017—2022 年中国社会物流业总收入统计

3. 就业形势向好

物流业需要大量的从业人员，其对就业的吸纳能力非常强。2016 年中国物流业相关岗位从业人员就突破了 5000 万人的大关，达到了 5014 万人，此后保持着缓慢增长的态势，2019 年年末，相关岗位从业人员人数为 5191 万人，年均增长约 0.9%。

中国物流业的就业结构表现出以下几个特点。一是物流人员的专业化水平不断提高，相关物流专业人才的培养呈体系化发展趋势。二是货物的运输物流仍然是物流业吸纳就业的主体力量，特别是道路运输吸纳了大量的物流业新增就业人员。三是电商快递、多式联运等新兴行业的快速发展创造了大量的新增就业需求，2016—2020 年，快递行业吸纳了超过 100 万人的新增就业人口，多式联运吸纳的新增就业超过 15 万人，两者的年平均增长都在 8% 以上，高于行业平均水平。

(二) 中国物流业发展的特点

基础设施的不断完善，政策环境的不断改良以及创新驱动的大力支持，促进了中国社会物流业的快速发展。

1. 物流业基础设施不断完善

中国不断加大对物流业的固定资产投资，物流业的基础设施条件不断得到完善，特别是高铁里程的持续增加，为物流业的发展带来翻天覆地的变化。据官方数据显示，2021年年末全国铁路营业里程达15万千米，其中高铁营业里程超4万千米，铁路电气化率为73.3%、复线率为59.5%，稳居世界前列。全国农村公路总里程已超过446万千米，快递服务乡镇网点覆盖率达98%。与此同时，各地政府积极重视综合物流园区的建设，物流仓储、配送的自动化程度不断提高，效率大为提升，物流成本不断下降。

2. 政策环境不断优化

中国政府高度重视物流业在国民经济发展中的先导性和基础性作用，从战略层面颁布了多项重磅举措，如《物流业发展中长期规划（2014—2020年）》就明确提出要将物流业发展纳入法治化的轨道，通过健全相关法律法规体系，规范物流业的仓储、安全监管等方面的管理措施。加强对物流业发展的市场管理，整治市场垄断和不正当竞争行为。加大土地、财政、税收等政策支持力度，降低物流成本，为物流业的发展提供制度保证。

3. 高新技术应用广泛

信息技术、数字技术在物流业得到广泛运用，大大地提高了物流的效率。信息技术与物流业相结合，催生了物流信息技术，如条码技术、射频识别技术等。先进的物联网技术被各大物流企业所采用，应用于物流的各个环节，通过对信息流、商品流的集中高效处理，提升了物流的集约化、智能化、自动化水平。

（三）中国物流业发展缩影——以电商之都杭州市为例

1. 电子商务与物流业的深度融合

杭州作为中国电商之都，其现代物流业的发展与电子商务紧密相连。阿里巴巴集团总部设在杭州，带动了整个城市物流业的创新和升级。以菜鸟网络为例，该公司通过高效的数据驱动和智能技术，促进了物流配送速度和精度的大幅提升。此外，杭州的跨境电商也在迅速发展，增加了物流业对国际运输和海关清关的需求。

2. 基础设施和物流园区的快速发展

杭州市政府积极推进物流基础设施建设，包括大型物流园区和运输网络。例如，杭州国际物流中心和杭州西溪国际物流园区的建设，为物流企业提供了优质的落地和运营环境。同时，杭州的交通网络也在不断完善，包括高速公路、城市快速路和高铁网络的拓展，有效提升了物流运输的效率。

3. 政策支持和行业环境的优化

杭州市政府出台了一系列政策，支持物流业的高质量发展。这些政策包括税收优惠、资金支持、创新激励等，旨在促进物流企业的技术创新和服务升级。同时，杭州也积极参与国家物流枢纽的建设，如被纳入长江经济带物流枢纽城市之一，进一步提升了其在全国物流网络中的地位。

4. 充分发挥行业优势及引领作用

杭州拥有多家物流业的领军企业，如菜鸟网络、浙江省物流集团等，它们在提高物流效率、降低运输成本等方面发挥着重要作用。这些企业通过采用先进技术，如大数据、云计算、人工智能等，推动了中国整个物流业的技术革新和服务优化。

5. 交通路网和高效物流的协同发展

杭州的交通路网持续优化升级，如杭州绕城高速的完善，以及城市地铁网络的快速发展，这些都为物流业提供了强有力的交通支撑。同时，城市物流配送系统越发高效，如无人驾驶配送车、智能仓储系统的应用，极大地提高了城市配送的效率和准确性。

二 中国物流业发展布局

无论是从社会物流总额还是从业人员或者基础设施建设的方面来看，中国都能称得上是物流大国。物流业的发展，离不开各项措施和政策的支持，其中合理的物流业发展布局对于物流效率和质量的提升，起着重要的作用。

物流园区，是在物流企业集中的地区，通过将不同的物流设施和物流企业在空间上进行集聚，形成多种运输方式有序衔接、多种物流服务形式融合共通的综合服务场地。作为物流业基础设施的主体设施之一，物流园区是建设物流强国的重要支撑。建设空间布局合理和功能齐全的物流园区，成为物流业发展布局的重要一环。

（一）中国物流园区的建设状况

截至 2018 年 7 月，全国范围内运营、在建或者已经规划的各类物流园区共计 1600 多家，同比增长 30% 以上。2015—2018 年，中国物流园区建设数量保持着年10%的增长率。物流园区的建设在促进当地经济发展、融通经济交流等方面有着巨大的促进作用，各级政府普遍将物流园区的建设和发展作为重点项目予以支持。

从园区的分布情况来看，山东、江苏和河南等物流大省建设的数量分别位居全国前三的位置，江苏省和山东省物流园区运营的数量也位居前列。此外，中西部地区的物流园区建设也处于快速发展中，西藏、青海等省份的物流园区总数都超过10个。这说明，物流园区的布局与经济发展程度紧密相连，实质上是产业集群空间布局的外在表现。东部沿海地区作为中国经济发展较早和发展程度较高的地区，市场经济活跃，对物流业的需求巨大，最早开始物流园区的建设，并且一直保持着相当多数量的运营园区。中西部地区随着经济发展的加快，也进入了物流园区规划和建设的密集期。

（二）中国物流业大通道空间布局情况

物流，顾名思义是"物的流通"，而物的流通离不开道路等基础设施的建设作为支撑。根据中国多年的建设成果以及总体规划目标和布局战略，基本形成了"3纵5横"的全国性的物流流通大通道和若干重点流通节点城市。

1. 全国性的物流流通大通道

（1）"3纵"。一是东部沿海地区大通道。从北到南包括东北地区—环渤海地区—辽东半岛—长三角、珠三角地区，覆盖深圳、上海浦东、天津滨海等经济特区，是中国人口最为密集、产业最为集中和经济最为活跃的地区。该条大通道贯穿南北、连接东西、辐射全国、面向世界，对提升中国物流流通的国际竞争力意义巨大。二是京港澳流通大通道。主要依托京广、京港澳等高速公路和高铁路线，串联沿线京津冀、长江中游城市群，直至珠三角，并联系港澳地区。沿线地区是中国重要的农产品和矿产品生产基地，京港澳流通大通道有效地促进了农产品和工业品在全国的有效流通。三是呼昆流通大通道。该条物流大通道以呼和浩特、西安、成都、重庆、昆明等市为支点，纵贯大西部重要城市，对于西部地区的基础设施建设和物资的流通具有重要作用。

（2）"5横"。一是西北北部流通大通道，从环渤海地区，主要是京津，经石家庄市、太原市、乌鲁木齐市到中亚及欧洲，是重要的亚欧大陆桥。二是陇海、兰新沿线流通大通道，主要以陇海线和兰新线为依托，向西连接中亚，通过莫斯科直达欧洲。三是长江沿线流通大通道，主要是以上海市为起点和龙头，串联起长江沿线经济带的重要城市。四是沪昆沿线流通大通道，通过长三角地区经云贵连接南亚。五是珠江—西江流通大通道，依托珠江和西江的黄金水道和南广、贵广等铁路、高铁等组成综合运输体系，辐射南亚和东盟，带动东南和中南地区的经济发展。

2. 全国重点流通节点城市

根据城市所处的区域位置，综合考量所在地区的商流、物流、资金流的汇聚状况以及辐射带动周边地区的范围，再统筹考虑城市的战略地位和在物流网络中的布局，选出国家级、区域级和地区级三个不同级别的重点流通节点城市。

国家级流通节点城市。共37个，基本包含了各省份（不含港澳台）的省会城市以及北京、天津等直辖市，是中国物流流通网络中的关键节点。

区域级流通节点城市。共66个，基本包含了各地除省会城市之外重要城市和边境重要的对外贸易城市，是全国物流流通网络中的重要节点。

地区级流通节点城市。在一定区域内具有重要物流集聚、分散、流通意义的城市，是全国物流流通网络中的普通节点。

（三）中国物流发展布局缩影——以贵阳市为例

贵阳市作为贵州的省会和中国西南地区的重要枢纽城市，是中国在物流产业布局上的重要一环。

1. 贵阳国家物流枢纽布局，为"一核两翼四枢纽"

依托贵阳都拉营陆海通国际物流港、改貌现代物流枢纽、龙洞堡临空物流枢纽等物流产业集中区，打造"都拉—改貌—双龙"国家物流枢纽引领发展核心区；整合贵阳农产品物流园等节点设施，联动北部产业基地，培育城市北翼大能力综合物流枢纽和供应链组织中心，整合清镇国家示范物流园，贵安新区湖潮铁路货运基地等节点设施，强化产业、贸易资源要素集聚，打造城市西翼高品质综合物流枢纽；加快推进陆港型、空港型、生产服务型、商贸服务型国家物流枢纽建设。

2. 贵阳城市物流通道分布——两环五射四结合

依托环城高速、贵阳外环高速公路集中布局物流园区，形成"35千米半径贵阳外环高速公路""15千米半径环城高速"的大型物流节点设施布局双圈层结构；强化对接成渝双城经济圈、北部湾、粤港澳大湾区、长三角、滇中城市群五个国家重点战略区域，打造放射性物流通道，引导物流设施集聚；加快推进公路、铁路、水运、航空四种运输方式相结合，强化多式联运组织方式，不断提升物流效率。

3. 贵阳城市物流层级网络——N区多心四层级

协同现代医药、电子信息制造、先进装备制造、磷化工产业、铝及铝加工、生态特色食品、新能源汽车、电池材料等物流相关产业，构建N个物流产业联动发展区；推进构建形成以物流设施为中心，服务周边产业园区、农业园区、专业市场的多心多点的空间布局形式；按照物流设施的规模、重要性进行分级，构建大型综合物流枢纽—专业物流中心（含配送中心）—生活圈/乡镇级配送站—末端营业网点四层级物流节点体系（见图2-4）。

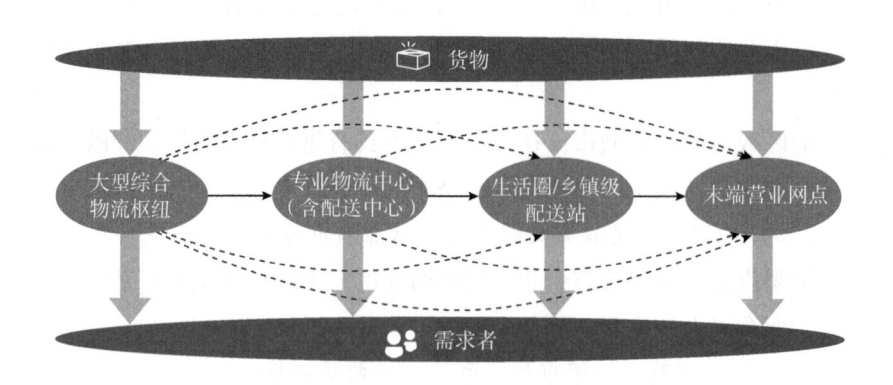

图2-4 贵阳市物流设施节点层级

三 中国物流业发展政策及规划支持

现代物流业对中国的经济社会发展起到了重要的带动作用，在产业转型升级的关键时刻，这也已成为调整产业结构的重要抓手。另外，物流业作为国民经济中的先导性、基础性和战略性的产业，本身也是供给侧结构性改革指向的重要对象。从改革开放至今，特别是21世纪以来，国家加大了对物流业的支持和改革力度，出台了大量的政策。

（一）中国物流产业政策的发展历程

改革开放之后，经济社会的快速发展使人们认识到物流业的重要作用，相关的产业政策也逐渐走向成熟。

1. 产业政策从无到有、从单一到协调

中国的物流业产业起步于改革开放之后，但相关的产业政策滞后于产业的发展进程，直到20世纪90年代，中国尚未形成综合性的成体系的产业政策，只是零星见诸运输部门、行业协会的若干文件中。

到90年代中后期，改革开放的力度加大，经济开始步入快速发展的快车道，物流业的重要性开始逐渐显现和被政府重视，学术界、行业协会机构等对于物流业的认识和研究也越来越深入，物流业相关主管部门陆续出台了适合行业发展的政策，一些沿海发达地区开始把建设现代物流业作为提升区域经济竞争力的重要方面，中国物流产业政策开始初步形成。

进入21世纪后，物流业的产业发展政策上升到国家战略层面，国家相关部委开始出台政策统筹全国物流业的发展。2004年，国家发展改革委等九部门联合制定了《关于促进中国现代物流产业发展的意见》，为现代物流业在中国的发展指明了方向，对加快形成统一的全国物流市场具有重要意义。

2. 重磅政策密集出台，产业政策逐渐成熟

2008年，国际金融危机爆发，国际经济发展形势曲折多变，高科技革命浪潮此起彼伏，中国物流业发展遭受了新的挑战，同时也面临着新的机遇。为促进中国现代物流业的健康发展，国家出台了多项支持政策。2009年国务院发布的《物流业调查和振兴规划》（以下简称《振兴规划》），将国家对物流业的重视程度提到了新的高度。此后，国务院有关主管部门、各级地方政府制定了众多不同层级的物流产业相关政策，涉及物流产业基础设施、仓储物流、行业管理等众多方面。在党和政府正确规划和政策引导下，再加上市场的推动作用，中国物流业的规模持续增长、效率显著提升，发展的质量和水平不断提高，实现了从分散到集约发展、从自发到有序发展的转变，为促进中国经济发展和产业转型做出了巨大贡献。

（二）"十四五"时期中国物流业发展规划

现代物流业是运输、仓储、配送、金融等功能高度集成的产业，对现代产业体系产业链的延伸、价值链的提升和供应链的塑造都有着重要的支撑作用。"十三五"时期，中国的现代物流业取得了巨大的成就，"十四五"时期中国将继续延续相关的有益经验和做法，并注重在以下几个方面加大政策和产业扶持力度。

1. 加快现代物流基础设施网络的构建

一是加快国家物流枢纽的建设和合理布局，让"通道+枢纽+网络"的物流运行体系成为支撑现代物流业的骨干。二是加快区域物流服务网络的建设，运用物联网构建物流基础设施间的互联互通和信息共享；完善乡村地区快递物流配送体系，打通物流服务"最后一公里"堵点。三是加快冷链物流设施体系建设，构建冷链物流骨干网络，加大对冷链物流运输的全流程监管，消除"断链"风险。

2. 拓展现代物流服务新模式

一是发展多式联运，提升物流运输的效率。二是推进物流业与其他产业融合，将现代物流基础设施连通产业园区、产品集中交易市场等，加强现代物流企业与其他生产制造企业或者商贸企业的直接合作与深度协作。三是推广绿色集约的物流发展新模式。加强现代信息技术在物流业的运用广度和深度，积极利用新能源运输设备，推广绿色包装技术和提升废旧物资的回收利用率。

3. 培育具有竞争力的现代物流龙头企业

支持大型物流企业通过市场规则进行资源整合，引导龙头企业优化物流设施站点的网络布局。提高龙头物流企业的服务水平和专业化程度，为不同类型企业和产品提供高效的定制化、协同化服务，如大件物品的跨区域跨国运输，危化品的专业运输等。

4. 提升现代物流的国际竞争力

加强国际航空港、海港的基础设施建设，打造一批具有综合运输和服务能力的国际物流中心，推动有实力的物流企业建设强大的国际运输队伍。拓展国际物流合作的渠道与范围，积极开展"走出去"战略，延伸中国现代物流业的国际布局。增强边境口岸的综合物流服务能力，完善保税区、自由港等配套设施和服务中心平台的建设提升中国现代物流服务水平与国际接轨。

（三）物流业政策支持及规划的落地——以深圳市为例

深圳市作为中国的一线城市和全球知名的科技创新中心，其物流业发展得到政策的有力支持，特别是在促进产业融合、提升供应链效率方面的政策规划。

1. 推动物流业与高科技制造业深度融合

深圳市政府积极推动物流业与本地强大的高科技制造业融合。例如，在电子信息、生物医药等重点产业领域，深圳积极鼓励物流企业提供定制化物流解决方案，如智能仓储、精准配送等，以提升整个供应链的效率和响应速度。

2. 构建高效的智慧物流网络

深圳市不断优化物流基础设施，如建设智能物流园区、提升港口效率等。同时，深圳市政府鼓励物流企业通过采用大数据、人工智能等先进技术，提高物流服务的智能化和自动化水平，以更好地服务于快速发展的电子商务和跨境贸易。

3. 创新物流政策与供应链金融服务

深圳市政府推出一系列创新政策，支持物流企业与金融机构合作，发展供应链金融服务。这些政策旨在降低物流和制造业的运营成本，提高企业的资金效率。例如，根据《深圳市重点物流企业认定管理暂行办法》的规定，深圳市交通运输局在2023年认定了71家企业为深圳市重点物流企业。这些企业被认为是物流领域的先锋，将在推动深圳市现代物流服务体系的形成和升级中发挥关键作用。

4. 支持物流企业与科技公司的合作

深圳市政府鼓励物流企业与当地的科技公司合作，共同研发物流技术创新。例如，支持物流企业与深圳的高科技企业合作开发无人驾驶运输车辆、智能物流机器人等，以提高物流业的自动化和智能化水平。

5. 物流业务外包与第三方物流（3PL）的发展

深圳市鼓励制造企业将物流业务外包给专业的第三方物流企业。通过这种方式，制造企业可以更加专注于核心业务，而物流企业则能够通过专业化服务提升整体物流效率。例如，2023年1月13日，深圳市交通运输局发布了《深圳市重点物流企业认定管理暂行办法》。该办法旨在培育一批具有竞争力的重点物流企业，推动形成完善集约高效的现代物流服务体系，支持现代化产业体系升级。重点物流企业包括提供整体物流组织或多环节物流服务的第三方物流企业，以及利用现代信息技术提供物流信息系统服务的第四方物流企业。

此外，深圳市政府还制订了一系列针对物流业的专项行动计划，如"深圳市智慧物流发展行动计划"，旨在通过政策支持和规划引导，加快构建更加高效、智能的物流体系，推动物流业向高质量发展转型。

四 中国物流业发展目标

物流业在国计民生中的重要作用不言而喻，从政府的角度来看，物流产业能够促进经济发展、降低生产成本、提高经济效益、促进就业改善民生；从企业的角度看，物流企业能够实现利润的增长和企业的升级改造，生产企业能够通过第三方物流服务降低自己的企业成本。从就业者的角度看，物流业的发展为社会提供了大量的就业岗位，可以提高就业者的收入水平。在政府和企业的重视，以及市场的推动下，中国的物流产业取得了重要成就。但也存在很多不足，传统的物流业已经不适合经济高质量发展的需求，必须大力发展现代物流业，提高物流的效率和服务质量，更好地服务经济社会的发展。现代物流业已经成为中国改造传统物流业的发展方向。

（一）现代物流的主要特点和发展趋势

现代物流业是以高新技术为基础，高效的运营组织管理模式为支撑，与其他产业融通发展，形成市场化、社会化、网络化、体系化的现代物流服务能力。

1. 一体化的物流作业方式

现代物流改变了传统物流业的分散式的作业方式，其精髓在于对物流全系统的整合，生产、运输和销售的全过程连通起来，将以往跨越不同产业部门和环节的生产、运输和消费活动有机地结合为统一的整体，当作一个整体进行管理，促使物流活动各环节与生产消费活动有效地组合，更加贴合市场的需求，形成以需求为导向、服务为导向的产业模式，提高流通的效益。

2. 信息化、自动化、智能化的物流管理模式

随着科技的发展和全球经济的一体化进度加快，商品和生产要素的

全球范围内的流动速度空前加快、流动范围空前加大，对现代物流业的要求更高。而物流系统的跨度大，涉及的要素众多，且时刻处于动态的变化过程中。互联网、EDI技术和条形码及时的应用，使现代物流业的效率更多地取决于其信息化的程度和信息化的管理水平。信息化正成为现代物流业提质增效和创新驱动的核心。

信息化基础上的应用是自动化，其外在表现为无人化，即利用自动化设施（如机器人）替代人工，实现效率的提升。现代物流业已经大规模应用了诸如自动识别、分拣、跟踪等无人化设施，如京东物流使用的配送机器人。自动化设施可有效地提高物流业的劳动生产率、减少物流环节的差错、增强物流的作业能力。

信息化和自动化的高层次应用为智能化决策。物流作业的全过程中涉及大量的决策内容，如库存的水平、装卸运输的时间、分拣运输的路径等，这些海量的数据单靠以往的人力作业模式难以实现有效的处理。在信息化的基础上，运营大数据和人工智能等技术能够地有效支撑现代物流业的智能高效决策需求。

3. 网络化的物流系统

现代物流的网络化表现在两个方面。一是物流资源的网络化，即通过现代计算机技术、物联网技术，将全球范围内跟物流有关的各种资源有效组织起来，如组织资源、人力资源、基础设施等，使其得到充分利用。二是物流配送体系的网络化，将物流配送与生产制造企业、供应商和下游消费者有机联系起来，通过联网自动实现物流功效的实现。

4. 商流、物流、信息流的一体化

物流解决的是物资生产资料和产品在空间上的移动问题；信息流解决的是各个流通主体的信息交互问题；商流以实现商品的使用价值为目标，通过物质资料所有权的变更实现价值的交换。在传统的经验中，这三者是分离的。但在发达国家中，物流方式的改革让很多物流中心基本实现了"三流合一"，更加促进商品与产品的流通效率。

（二）中国物流发展目标的落地实施——以北京市为例

北京作为中国的首都，不仅是政治和文化的中心，也是国内外物流交汇的重要枢纽。随着城市化的加速和城市群的发展，基础设施和仓库在支持这一进程中发挥着日益重要的角色。北京地区，包括北京、天津和廊坊，在物流业的发展上呈现出明显的趋势，尤其是在满足日益增长的国内消费和产业升级需求方面。

1. 仓储和物流基础设施的增长与发展

北京地区高标准仓库存量的迅速增长体现了对现代物流需求的适应。自2020年以来，新建仓库的数量和质量都显著提升。2022年，北京地区的年度新供应量达到260万平方米，比前一年增长了28%。这一增长不仅满足了日益增长的国内消费需求，也反映了北京在物流基础设施方面的投资增加。预计未来几年，这一增长趋势将继续保持。目前，北京物流业正在积极引入先进技术，以提高效率和降低成本。例如，自动化技术的应用使仓库操作更加高效，智能化管理系统则提高了物流链的透明度和可追溯性。此外，大数据和物联网的应用也在物流规划和运营中起到了关键作用，这些技术的应用不仅提高了物流服务的质量，也为企业带来了更多的商业洞察。

作为中国的经济和技术中心，其产业结构的升级对物流业的发展产生了显著影响。随着北京经济中服务业和高科技产业的比重增加，物流业也在逐渐适应这些行业的特定需求。例如，对高值产品的安全运输和快速配送的需求增加，推动了物流服务的多样化和高质量发展。另外，北京物流基础设施的发展与城市化进程紧密相连。随着城市扩张，物流网络也在不断优化，以适应城市发展的新需求。新建的物流中心和仓库不仅服务于北京地区，也连接着周边地区，成为支持区域经济发展的重要基础。此外，物流基础设施的发展也促进了城市周边地区的经济增长，实现了城乡互动和区域协调发展。

2. 北京在国内外物流中的角色

北京不仅是中国国内重要的物流节点，也在全球物流网络中扮演关键角色。作为连接中国与世界其他地区的重要桥梁，北京的物流发展不仅影响着国内市场，也对国际贸易和供应链产生重要影响。北京的物流战略和发展对于中国乃至全球物流业的未来趋势具有示范和引领作用。北京不仅是多个重要交通线路的交会点，也是物流信息的集散中心。北京的地理位置使其成为连接中国北方和其他地区的关键节点，从而为全国范围内的物流活动提供支持。此外，随着电子商务的兴起和消费市场的多样化，北京的物流系统正在适应新的分配和配送模式，以满足不断变化的市场需求。另外，北京在全球物流领域也扮演着重要角色，其国际机场和港口是连接中国与世界其他地区的主要门户。通过这些国际交通枢纽，北京参与了大量的国际贸易和物流活动，为全球供应链的稳定和高效运作做出了贡献。北京的物流业不仅服务于传统的制造业和出口业务，也在新兴领域如电子商务和跨境物流中发挥着越来越重要的作用。

总体而言，北京物流业的发展不仅依赖于其地理和经济优势，还依赖于持续的技术创新和服务标准的提升。近年来，北京大力推广使用先进技术，如自动化、人工智能和大数据分析，以优化物流操作和提高效率。这些技术的应用不仅提高了物流服务的质量，也增强了北京在国内外物流市场中的竞争力。

北京市在物流发展目标的落地实施方面展示了其独特的实力和潜力。通过不断优化和升级物流基础设施，北京不仅支持着自身的快速发展，也为国内外物流业的进步做出了重要贡献。尽管存在一些挑战，但北京在物流业的持续发展和创新中仍然扮演着至关重要的角色。

第二节　中国制造业发展现状

制造业是对经过初步加工的采掘工业产品和农产品进行再加工，生产或装配各种工业品和生活消费品的工业部门的总称。制造业门类繁多，基本上涵盖了人类生活所需求的方方面面。制造业既然是对资源的加工，其对于资源的依赖性自然也较强。中国幅员辽阔、资源丰富，特别是矿产资源十分丰富，世界上已发现的矿产资源在中国基本有探明，稀土、磷、铝矿等资源的储量更是在世界上名列前茅，客观上为制造业的发展提供了良好的先天条件。与磷、铝矿资源相关的产业发展取得了长足进步，诞生了一大批在国际上有影响力的大企业，在世界舞台也具有一定的发言权。磷、铝加工产业发展的现状，在一定程度上代表了中国制造业发展的巨大成就。

一　中国磷及磷化工产业现状

磷化工产业，主要是指以磷矿石为原料，通过化学反应将其中的磷元素转为相应磷产品的化工产业。通常，狭义的磷化工主要是对黄磷进行加工产出磷产品，如湿法磷酸净化技术的主要产品是磷肥，广泛应用于农业生产中。随着中国对磷化工产品需求的日益增加，磷化工产业也得到越来越多的重视，经过多年的发展和沉淀后，中国已经成为当之无愧的磷化工产品生产、消费以及出口大国。

根据公开资料显示，在磷矿石的下游应用领域中，磷肥、黄磷、磷酸盐应用最为广泛，在2020年的时候这三大类产品在磷矿石消费量中的占比分别为71%、7%和6%，如图2-5所示。

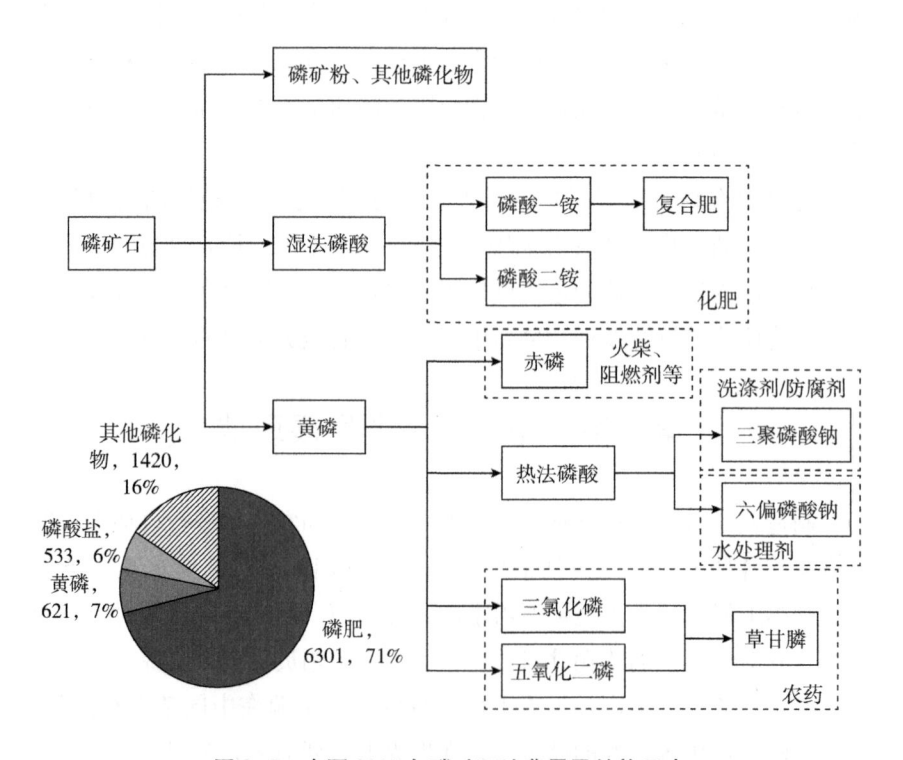

图 2-5 中国 2020 年磷矿石消费量及结构示意

中国磷化工产业的起步发展要追溯到20世纪90年代，经过多年的政策支持和产业发展战略倾斜后，相关的磷矿生产加工设备基本实现了国产化，部分行业在世界上处于领先地位。矿、电、磷一体化应用模式逐步推广，产业的集中度逐渐加强，集约化生产的程度不断提高。主要的磷化工产品和产业呈现出"百花齐放、各领风骚"的特点。

(一) 磷矿石

磷矿石属于"战略性非金属矿产"。磷矿石中磷元素的存在形式主要是磷酸盐，而且含磷量非常丰富，是磷化工产业链中主要的矿石原料。虽然中国的磷矿石资源储量较大，但磷矿石同时也是一种不可再生、无法替代的稀缺性资源。

为合理开发磷矿石资源，从2009年起，中国开始实施磷矿石出口配额制，在2016年审批通过的《全国矿产资源规划（2016—2020年）》中，首次将磷矿石列为战略性非金属矿产。

磷矿石资源具有广阔的深加工前景，其相关的加工产品多达数千种。在磷矿石深加工的下游产品主要为磷酸，其用量约占整个磷矿的80%，而磷酸再深加工的下游产品主要为磷肥，在磷酸总量中占比达到87%，所以磷肥是磷矿石加工的最主要产品，也是最大的终端需求。

根据目前探明的情况，磷矿石的全球基础储量约在700亿吨，其中中国的基础储量约33亿吨，在世界上排名第2位。磷矿石因此也成为中国的主要出口矿产品之一。但中国的磷矿石资源，2/3的磷矿采取地下开采方式，开采和选矿难度大、成本高；中低品位的胶磷矿占比达70%，利用效率低。

从中国磷矿石储量的地域分布来看，地处西南的云贵川鄂四省的储量即占到全国基础储量的85%以上，而中国磷化工消费市场集中在东南沿海经济发达地区，于是形成了"南磷北运，西磷东调"的大格局。

近年来，中国持续推进供给侧结构性改革，加快了对落后产能的淘汰速度，通过出口配额、减产限产、资源税改革等措施，控制供给端的产出。同时，磷化工产业属于环境不友好行业，对环境污染较为严重，在新发展理念的指引下，对环保的要求越来越严格，相关的磷矿开采审批日趋严格，很多高耗能高污染的磷矿产相继被出清。

根据公布的统计显示，中国的磷矿石产量自2015年达到峰值后开始持续下降，至2020年产量为8196万吨。

从磷矿石开采和加工企业的分布来看，国内的相关企业格局则较为分散，企业集中度不够，CR4（行业前四名份额集中度指标）仅30%左右，恶性价格竞争时有出现，但随着政策的收紧，小型磷矿开采加工企业的退出和并购重组，将逐步推动行业资源的集中化，如图2-6所示。

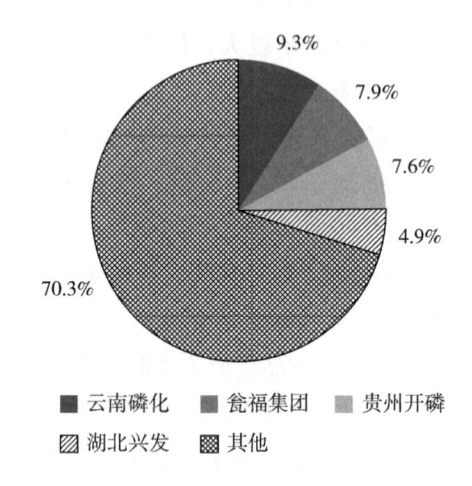

图2-6 中国磷矿石CR4企业的产业集中度情况

（二）黄磷

应用广泛但行业格局分散。黄磷其实一般指的是白磷（一种磷的单质，化学式为P_4），在整个磷化工产业链中处于中游的地位，黄磷深加工的下游消费领域主要是热法磷酸、三氯化磷等。其中热法磷酸消费量占黄磷总消费量的40%以上，是黄磷深加工的最大消费应用。

三氯化磷（PCl_3）是有机磷化合物的起始原料，是一种较为温和的氯化剂，其主要用于制造草甘膦、甲胺磷和三氯氧磷、亚磷酸等有机磷农药的原料。

黄磷在中国的储量也较为丰富，在满足国内生产需求的同时，还可以大量出口国外。其主要分布在云贵川鄂四省，其中云南省黄磷的产能就占全国的50%以上，当之无愧是中国黄磷产能最大的省份。

黄磷开采加工单吨耗电量高达15000度，对电力的依赖极大，而中国西南地区的水电资源丰富且价格低廉，尤其是到了每年6—8月丰水期的时候，水电的供应更是充足。所以，中国的黄磷加工企业相对集中在西南地区，且具有明显的季节性特点，每年的6—8月为开工旺季。

受多年以来粗放式经营方式的影响，国内黄磷加工企业的格局较为分散，产能前四的 CR4 企业分别为云南南磷、江阴澄星、兴发化工和攀枝花天艺，其产能集中度指标也未超过 50%。但随着"共抓大保护、不搞大开发"等环保整治力度的加大，产能小、利润薄的中小企业将难以承受高昂治污费用，避免不了被淘汰的命运，相关行业的集中度将会得到进一步提升。

（三）草甘膦

供给稳定但产能增量空间有限。草甘膦是常见的有机磷农药，在当前的政策形势下，对于此类产品产能的限制较大。根据国家发展改革委发布的《产业结构调整指导目录（2019 年本）》，草甘膦是属于只能进行技术改造但不得擅自新增产能的限制类产品，这就限制了中国草甘膦产能的未来增长空间。但下游农业、种植业的需求端对草甘膦的需求还在增长，草甘膦行业或许在未来会出现越来越明显的供需错配现象。

从目前的产能情况看，中国的草甘膦产能供给稳定，近 5 年来都没有明显的变化，到 2022 年，预计总产能维持在 78 万吨左右。

（四）磷酸

磷酸属于重要的产业链中间体。在磷化工产业链中，磷酸是最重要的中间体。其中，用硫酸或者硝酸等酸性物质分解磷矿后获得的磷酸，在工艺上被称为湿法磷酸，主要用于磷肥、磷酸盐和工业级磷酸的下游应用；而经氧化、水化反应从黄磷中制取磷酸的被称为热法磷酸，热法磷酸也可用于制造磷酸盐，但其主要还是应用于电子级、食品级的磷酸。

工业级、电子级或食品级磷酸的分类以及主要是根据磷酸的纯度和杂质含量。

通常来说，工业级磷酸对纯度的要求相对较低，而且其中还会含有约 0.06% 的铁、砷等重金属元素。工业级磷酸应用范围广泛，主要集中在金属表面处理剂、有机反应催化剂、耐火材料添加剂等。

电子级磷酸主要应用于大规模集成电路、液晶显示器等科技含量较高的微电子工业，在芯片的清洗和蚀刻中也有大规模应用，因此电子级磷酸对纯度的要求最高，达到百万分之一的程度。目前中国的电子级磷酸的技术跟先进国家相比还有一定的差距，这也成为未来技术攻关的重点。

食品级磷酸注重"安全第一",对磷酸中的重金属元素,尤其是砷(具有一定毒性的重金属元素)的含量要求极为严格,必须低于0.00005%。食品级磷酸主要用于食品、日用品工业中的添加剂。

目前,中国磷酸产能靠前的主要企业有江苏澄星、湖北兴发、贵州瓮福、武汉联德等。

（五）磷肥

磷肥产业布局集中。磷肥与氮肥、钾肥并称三大单元素肥料,应用范围十分广泛,在水稻、玉米、小麦等粮食作物以及水果、蔬菜等经济作物中均被用作主要肥料。根据相关统计资料显示,中国磷肥产量中主要是磷酸一铵和磷酸二铵,这两种磷肥占整个磷肥产量的近90%。

从生产企业的角度来看,湖北祥云、新洋丰等企业是国内磷酸一铵的第一梯队企业,在2020年的时候,这两家企业的市场占有率分别都达到了10%以上。而磷酸二铵产业布局和市场占有率就更为集中,云天化、贵州开磷作为龙头企业,2020年的合计市场占有率达到了40%。

在国际市场上,在过去的10年,全球磷肥的出货量以年2.2%的复合增速稳步增长,中国磷肥的需求在2020年的增速更是达到了5.6%。这也是因为全球各主要农业生产国家的磷肥库存长期处于低位状态,补库存的需求也拉动了磷肥产量的增长。以中国、美国、印度三国为例,2021年的时候,美国的磷肥库存减少了60多万吨,中国减少了70万吨,印度的数据更为惊人,达到了130万吨。补库存的巨大需求推动了这几年全球磷肥出货量的持续增长。

（六）磷化工产业的重要延伸

磷化工产业作为资源依赖和开发的行业,一直以来避免不了的一大问题就是环境污染。磷矿石中含有2%—4%的氟,在生产磷肥的过程中会产生大量的含氟气体（尤其是四氟化硅）,对人体和环境都具有重大的危害性。虽然可以通过水吸收的方式将四氟化硅转化为氟硅酸,但氟硅酸也是有害废水,这种转化方式并没有从根本上解决问题。随着企业生产技术的进步,少数龙头企业可以将氟硅酸转化为氟硅酸钠,但在这个转化过程中会产生低浓度的盐酸,又带来了二次污染。

将磷化工产业与氟化工联合起来,不失为解决这一难题的好方法。而且磷化工企业还可以凭借磷—氟综合开发带来的成本优势,继续延伸产业链，拓展磷酸铁锂业务。

随着能源革命浪潮的兴起和国家产业政策的支持，中国的新能源汽车产业发展迅速，在此刺激下，动力电池的需求量巨大。磷酸铁锂作为正极材料具有成本低、循环寿命长、安全性好等优势，磷酸铁锂电池因此得到广泛的应用。较传统的三元锂电池而言，也具有更大的成本优势，在磷化工产业链的细分品种中景气度最高。

在该类技术的应用方面，多氟多新材料股份有限公司是一个典型的例子。多氟多新材料股份有限公司以生产的磷肥副产品为原料，开发出"氟硅酸钠法制高分子比冰晶石联产优质白炭黑生产技术"，实现了低品位氟硅资源的高效利用，不但变废为宝，以氟硅酸为原料生产出高分子冰晶石，而且还可以解决氟化工产业存在的资源瓶颈问题和磷化工产业的环保问题，从而实现磷化工企业综合成本的大幅降低，使其得以用更低的成本向下延伸产业链，开发磷酸铁锂材料。多氟多新材料股份有限公司坚持技术创新，其生产的六氟磷酸锂在国内国际的占有率都位居前列。此外，多氟多新材料股份有限公司的超净度、高纯度电子级氢氟酸，品质优良，在纯度及颗粒数指标上都能满足高端半导体制程要求，为中国的半导体发展奠定了重要的原材料基础。多氟多新材料股份有限公司凭借磷—氟综合开发，一跃成为全球知名的大企业。

磷酸铁锂常通过固相法制备，工业上将磷源、铁源和锂源混合干燥后，在惰性气体的包裹下经过两次低温和高温烧结制得磷酸铁锂。磷酸铁成本构成中磷源占比最大，达到35.2%。预计2025年磷酸铁锂拉动的磷矿石需求量将会占总产量的9%，磷矿对于磷酸铁企业将成为重要战略资源，各大企业在全球范围内掀起了磷矿资源抢占潮。联合磷化工保障原料供应及成本消化，将成为磷酸铁行业趋势。

二 中国铝及铝加工产业现状

铝及铝合金产品具有密度小、强度高、抗腐蚀性好、塑性好、导热导电性好和回收利用率高等优点，不但被广泛应用于建筑、装修等日常生产生活领域，更是在航空航天、电子通信、汽车行业和国防军工等领域发挥着无法替代的作用。铝合金无论在产量上还是在应用上，都仅次于钢铁而成为第二大金属结构材料，各种高强度、高韧性、高耐腐蚀性的新型铝合金不断被研发和应用。

铝加工产业链涉及的范围广，涵盖的门类多。从铝土矿的开采筛选到提取氧化铝，再制成电解铝加工成各种铝材或铝合金，再到下游产品中的应用，整个产业链条都能产生巨大的价值。简单地说，铝加工产业链可以分为上游原材料提取、中游铝型材加工、下游铝材应用三个环节。

铝加工产业兴起于近代工业大发展的时代，但仍属于前景广阔的朝阳产业，在新型金属材料加工和应用方面大有前途。在发展的新时代，中国铝及铝加工产业的转型速度加快，开始向高质量发展的路径前进，由以往的粗放式发展转向集约化发展。虽然面临着政策逐渐趋严、盈利能力下降和国际贸易摩擦不断导致的增速放缓、效益下滑的严峻考验，但也呈现出产业结构不断优化、科技含量不断加强的新特点。铝及铝加工企业要主动控制生产成本，正视不正当的国际贸易摩擦，不断提高产品的科技水平，增强核心竞争力，走产业优化升级的道路。

从中国铝加工产业从中华人民共和国成立后才开始起步，而且根基薄弱，直到改革开放以后才开始进入产业发展的快车道，整个产业发展经历了从无到有、从弱到强的艰难历程，也取得了令人瞩目的辉煌成就。进入新发展阶段后，在国家相关产业政策的支持下，在相关企业的共同努力下，中国铝产业的产业竞争力不断加强，正朝着铝产业大国之路迈进。但也要看到，中国在铝合金材料的基础研究上离发达国家还有很大的差距，尖端领域的高性能铝合金材料还大量地依赖进口，相关企业在国际上的影响力不够，产品在国际上的定价权还没完全掌握。

因为国际金融危机的持续影响，逆全球化现象加剧，国际贸易保护主义势力开始抬头，加之突发事件对产业链供应的冲击，导致国际国内消费市场表现低迷，汽车、房地产、建筑等主要消费领域的需求放缓，给中国铝加工行业带来了一定的不利影响。但得益于各级政府的高度重视和国家产业政策的重点支持，国家陆续出台了许多重磅的利好政策，鼓励铝加工行业的创新与产业升级，并提供切实有效的财政和税收支持，为铝及铝加工企业提供了良好的经营环境。

（一）产量逐渐回升，增速略有回落

虽然国际大环境纷繁变幻，但国内市场需求旺盛，特别是下游产业链需求端的家电、汽车、建筑等行业的复苏，直接带动了铝产业产品的增长。国际市场上铝价飚升，但国内铝材供应充足，为铝产业产品量价齐升奠定了基础。从2018年触底之后，中国的铝材产量持续增长，2020年的铝材产量为5779.3万吨，到2021年达到6105.2万吨，同比增长率为5.6%，如图2-7所示。

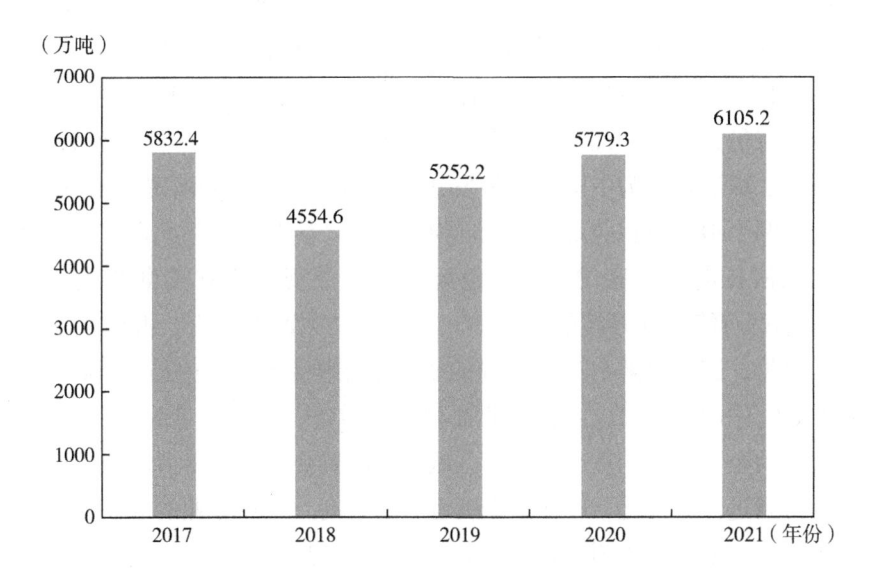

图2-7 2017—2021年的中国铝材产量增长

从国内的产能布局来看，山东、河南和广东等省稳坐前三把交椅，在2021年三省合计铝材产量为2800多万吨。

（二）铝材进口数量突增，出口量波动明显

受国内铝材产品需求量激增的刺激，相关的铝产品进口数量增长明显。以未锻轧铝及铝材为例，2016—2019年中国相关铝材产品的进口量基本稳定在60万吨左右。但2020年以后，突发事件导致海外市场低迷，铝材加工持续走低，国内的相关企业加大了进口力度，使铝材进口量激增，2020年达到了270万吨，到2021年更是达到了321万吨。

从出口方面来看，2016—2020年，中国未锻轧铝及铝材的出口量呈小幅波动态势，波动的幅度在458万—580万吨。但2020年的出口量仅有485.74万吨，下降幅度较大，较之2019年下降了88万吨，降幅达15.4%。之后，海外市场需求回暖，未锻轧铝及铝材的出口量在

2021年回升至561.91万吨，同比增长15.7%。得益于铝材价格的普涨，当年的出口金额为194.65亿美元，同比大幅增长48.6%。

（三）行业集中度逐渐加强

从整体上来看，铝加工行业的集中度较低，2017—2021年，CR6指标一直在增长，但也仅为15%左右。与其他行业相比，铝加工产业呈现"遍地开花"的产业布局。仅在2018年，中国就有14个省份的铝材产量超过100万吨，综合产能超过全国总产量的85%，排名前五位的省份为重庆、江苏、广东、山东和河南。从铝材产量分布来看，长三角、珠三角作为中国经济最发达的区域，对铝材的消费需求巨大，因此这两个地区也相应地具有大规模的铝材产能分布。除此之外，中西部地区依托电能低廉的优势，电解铝的产业规模也在逐渐扩大。在14个铝材产能超百万吨的省份中，有7个是中西部省份，占据半壁江山。可见，围绕电解铝生产布局的铝产业集中趋势日益明显。从2018年开始，中国政府对电解铝产业推行严控增量、优化存量的产业政策，通过推动企业的并购重组以及跨区域的产能置换，淘汰落后产能，产业布局得到进一步优化，产业集中度也有所提高，重点企业的规模化程度越来越高，如中铝集团与云南冶金集团实现了战略性重组，电解铝产能一跃成为全球最大。

三 中国磷铝资源型产业现状

资源型产业，是以资源开发和利用为基础的产业，对于资源的依赖性强，在产业发展的生产要素构成中，自然资源（尤其是矿产资源）占据核心地位。对于资源型产业的生产体系和贸易体系来说，资源开发利用是其中心环节，资源优势决定资源型产业的生产和循环体系，现实中往往围绕资源开发利用而形成产业和人口的聚集，最终形成城市。

（一）资源型产业的特点

1. 从资源型产业的产业链条来看，主要由上游的资源型采掘业、中游的资源型制造业和下游的资源型消费业三大部分组成

资源型产业主要为其他工业产业提供生产原料、能源动力和资源型工业产品，在整个工业产业链中起到不可替代的重要作用。此外，资源型产业还能产生规模经济的集聚效应，显著推动区域经济的快速增长。

2. 资源型产业属于劳动密集型和资金密集型产业

资源的开采和加工等，都需要大量劳动力和资金投入；反之，资源型产业也为社会提供了大量的就业岗位，提高了员工的工资收入水平，带动了产业集聚区的基础设施建设和公共服务的完善。但资源型产业相对地处于产业链的底端，大规模的集聚会对其他产业产生"挤出效应"，从而拉大集聚区与其他地区的经济发展差距，造成区域发展失衡的问题，不利于社会整体的稳定。如果资源消耗殆尽，集聚地会产生产业转型的困扰，影响当地的居民基本生活，如中国东北的部分地区，在资源消耗完后，当地资源型企业大量破产倒闭，引发工人下岗潮。

3. 资源型产业能耗高、排放多、污染重，不利于生态文明的建设

资源型产业中的采矿业和各类金属冶炼加工业，其本身在资源开采筛选和加工过程中，产生了大量的环境污染问题，对环境的破坏是不可估量的。如煤炭的露天开采造成的粉尘、煤渣污染，虽然现代开采挖掘技术进步了，但并没有完全消除对环境的破坏。再有水泥加工生产中出现的"三废"排放和固定垃圾堆放的问题，至今仍是困扰当地生态环境的重大问题。另外，在生态环境的修复方面，资源型产业也面临着巨大的压力。资源型产业主要是对自然资源的开采和粗加工，处于产业链的低端部分，盈利不大，但资源型产业普遍体量较大，如果引进先进的生产工艺和环保设备，需要大量的资金投入，这也阻碍了资源型产业在环境治理上面的难度。如煤炭被开采完毕之后造成的塌陷问题，需要大量的资金进行修复。

在中国的资源型产业中，磷铝资源产业占据着重要的地位，为中国的工业产业发展做出不可磨灭的贡献，但也要看到，中国的磷铝资源型产业也同样面临着相关的困扰。

（二）中国磷矿资源产业现状及特点

中国磷矿资源虽然储量大、产量大，但是磷矿资源产业却没有在国际上取得相应的地位与话语权，中国磷矿资源产业发展还存在相当大的隐患。

1. 磷矿资源储藏丰富，但可持续性差

中国是世界主要的磷矿资源产地之一，在中国分布也比较广泛，27个省份均发现有磷矿，但西南地区的云贵川及两湖地区为磷矿的富

集地区，已探明的磷矿储量占了中国磷矿资源的绝大部分。中国现有已探明的磷矿储量约为260亿吨，但其中90%为中低品位的磷矿。中国的磷矿资源"丰而不富"，是世界上磷矿品位最低的几个国家之一。专家学者的预测，如果按照目前的开采和利用速度，中国的磷矿石资源将在不到50年的时间内将被消耗完。

2. 磷肥产能严重过剩，严重依赖出口进行消化

虽然中国磷矿资源日渐贫乏，但是低水平的重复建设却导致了磷肥产能的严重过剩。在2005年的时候中国的磷肥产量就已经超过美国成为全球第一，开始依靠出口来消化国内的产能，但依然没有解决产能的过剩问题。加之原材料的价格上涨等因素，磷肥生产企业的利润降低，被迫进行产能的出清，如图2-8所示。

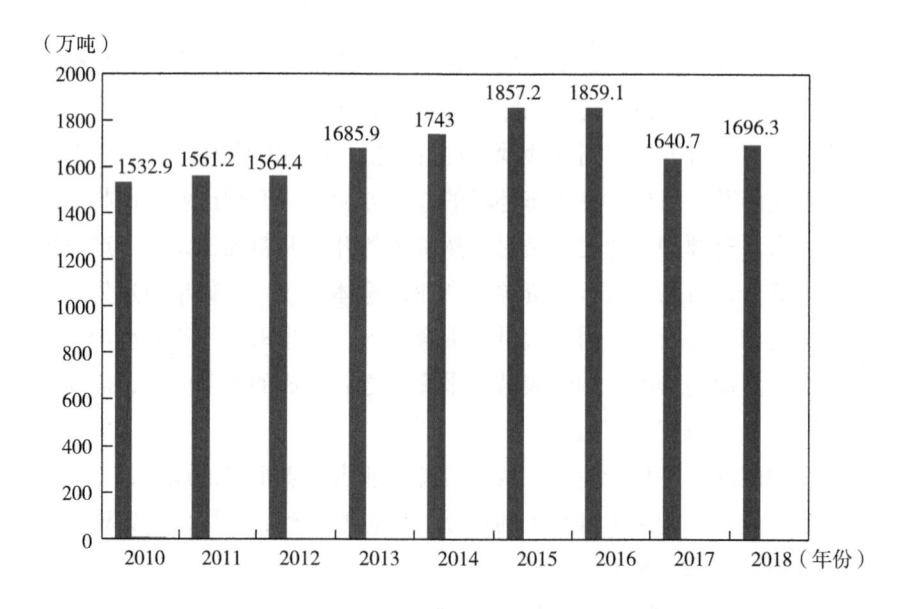

图2-8 2010—2018年中国磷肥产量折纯量

为了消化磷肥的产能过剩问题，国家出台了一系列的政策措施，如加大环保监管力度，引导产能进行并购重组淘汰落后产能。现阶段最重要的政策之一就是调低乃至取消磷肥的出口关税来鼓励磷肥产能通过出口进行消化。从2013年开始，中国开始下调磷肥淡旺季进出口税率，到2015年的时候取消了磷肥淡旺季关税，2019年更是出台了化肥零关

税的出口政策。但是，刺激磷肥的出口并不能从根本上解决中国磷资源产业的难题。大量的磷肥出口必然增加世界磷肥的供应量，从而引起国际磷肥价格的下降。而出口的磷肥大都由国内的高品质磷矿资源加工而来，出口量的增加必然加剧国内高品位磷矿资源的消耗和对环境的破坏。

3. 磷矿资源产业面临严峻的国际竞争形势

磷矿资源在世界上的分布极为不平均。其中非洲大陆的磷矿资源占全球的一半以上。中国的磷矿资源排在摩洛哥和美国之后，居世界第3位。全球的磷矿资源富集程度有着天壤之别的差距，仅摩洛哥和西撒哈拉地区的磷矿就占到了全球的73%以上，且多是富矿。以摩洛哥为代表的新兴国家，磷矿资源丰富、利用效率高、投入成本低，在国际上具有很强的竞争力，其产能的大规模释放，必然对中国的磷资源产业产生剧烈的冲击。另外，美国和摩洛哥的磷矿生产企业的产业集中度高，美国最大的磷肥生产厂商美盛公司的产能占北美地区的60%以上，摩洛哥最大磷酸盐生产商摩洛哥磷酸盐公司垄断了其国内磷化工产业的各个环节。虽然近几年中国的磷资源产业产能也在提升，CR10企业的产能占全国磷肥总产量的60%左右，但离美国、摩洛哥还有很长的距离。

（三）中国铝资源产业现状

铝是现代产业发展的重要基础性资源，各类工业的制造都离不开铝的应用。

铝资源产品主要包括氧化铝、电解铝、加工铝材等。中国是铝资源生产加工大国，在铝资源产品各环节都取得了一定成就。前文对于铝加工产业的相关状况已经做了详细阐述，对于铝资源产业面临的相关问题在本节做简要概括。

1. 氧化铝

经过十多年的发展和产业政策引导支持之后，中国的氧化铝加工生产行业逐渐进入相对成熟稳定期，氧化铝的增长速率变缓，产量逐渐趋于稳定。根据公开的统计数据显示，2020年中国氧化铝行业产量为7313.2万吨，同比增长0.91%。

2. 电解铝

2020年中国电解铝产量超过3700万吨，同比上升5.81%。2020年中国电解铝新增产能主要集中在云南、四川等西南水电资源丰富价格低廉以及内蒙古等火电资源丰富的省份，其中云南省新增产能占比达到61%。

3. 铝材

中国国民经济持续稳定高速运行以及新技术的突破，铝材加工行业一直保持着较高的景气度，铝材市场的需求稳中有升。即便是在2020年，相较其他资源产品产量普遍出现下滑的情况，中国的铝材产量仍然保持稳定增长的态势。2020年中国铝材产量达5700多万吨，同比增长了10%。中国的铝材产能集中在资源丰富的山东省、河南省两地以及市场需求较高的广东省和江苏省。山东省与河南省两地的产能合计约占37%。

四 中国制造业代表企业发展运营情况

资源加工工业是制造业中的重要门类，磷、铝作为重要的矿产资源，其加工产品在人类的生产生活中应用极其广泛，在制造加工业也占据有非常重要的地位，在谈到制造业发展成就和制造业代表企业的时候，就不得不涉及磷、铝加工的代表企业。在后工业化时代，高端制造产业典型特征是技术含量高、附加值高、污染少，是工业化发展到一定的高阶状态的表现。高科技赋予了制造业较强的核心竞争力。可以说，高端制造业是中国未来产业转型升级的目标，关系到中国未来的发展方向和在国际竞争中能否立于不败之地。在相关产业政策的支持下，中国的磷、铝加工企业在产业创新、产业优化升级等方面取得了长足的进步，诞生了一批优秀的代表企业。

（一）中国磷化工产业代表企业运营状况

中国的磷矿资源主要分布在西南地区的云南、贵州、四川和湖北等省份，这些地区在发展磷化工方面具有天然的资源优势，而事实上，中国的很多优秀磷化工企业也在这几个省份。靠原材料的优势和先进的加工技术，让这些企业具备了更强的竞争优势。

1. 磷化工产业代表企业简介

（1）云南云天化股份有限公司（云天化）。云天化是以磷化工产业为核心的国有控股大型上市公司，其在磷矿采选生产能力和聚甲醛的产能规模上均居全国前列，磷复肥产能更是位居亚洲前列，是中国磷化工的龙头企业之一。公司现有磷矿储量达到13亿吨以上，现有原矿生产能力1450万吨/年，擦洗选矿生产能力618万吨/年，浮选生产能力750万吨/年。云天化积极布局新能源产业，在磷酸铁、磷酸铁锂以及六氟磷酸锂等电池材料生产方面拥有明显的成本优势和竞争力。根据云天化发布的公告，2021年公司实现营业收入632.49亿元，同比增长21.37%；净利润36.42亿元，同比增长1238.77%；扣非净利润35.11亿元，同比增长7237.5%。

（2）湖北兴发化工集团股份有限公司（兴发集团）。作为中国磷化工龙头企业之一，公司主要以磷化工及其精细化系列产品的开发、销售作为主营业务，已经在A股登陆上市。公司拥有的磷矿资源储量丰富且开采技术领先，生产的精细磷化工产品种类最多。兴发集团的总资产达335亿元，拥有1万多名员工，产业链遍及磷化工以及氟化工、硅化工、硫化工等。

（3）四川发展龙蟒股份有限公司（川发龙蟒）。川发龙蟒所使用的"蟒牌"品牌为中国驰名商标，其主营业务产品包括工业级磷酸一铵、饲料级磷酸氢钙、复合肥、磷矿采选业务等磷酸盐产品以及各种复合肥产品。在工业级磷酸一铵的产销中，川发龙蟒是全球产销量最大的企业，其出口量占全国出口总量的一半左右。而工业级磷酸一铵是磷酸铁锂电池重要的原材料之一，为公司带来了丰厚的利润回报。根据川发龙蟒发布的公告，其在2021年的总资产为94.93亿元，营业收入66.45亿元。

（4）湖北宜化化工股份有限公司（湖北宜化）。湖北宜化拥有的江家墩磷矿，有丰富的磷矿资源储备，磷酸二铵为公司的三大主营产品之一，有效产能为2200多万吨。近年来，磷酸二铵产品的持续涨价，明显推动了公司的盈利水平。公司目前正与宁德时代的子公司展开合作，双方成立合资公司，建设及运营磷酸铁及其前端磷矿、磷酸、硫酸等化工原料及相关加工项目。磷酸铁锂作为一种应用前景广阔的优质正极材料，行业景气度高，湖北宜化与宁德时代的合作可以稳定企业的产销量，提高企业市场竞争力。

2. 中国磷化工行业产业链中游代表企业对比分析

磷化工行业产业链中游主要有磷酸、磷酸盐、草甘膦等产品，相关的优秀企业都具有产业规模、产业链上的各自优势,如表2-1所示。

表2-1　　　　　　　　　主要磷化工企业优势分析

	优势分析
江苏澄星	以磷化工为主营业务,向产业链的两头延伸,细化深耕,形成了矿、电、磷一体化的成本比较优势。公司拥有从磷矿资源开采到黄磷、磷酸盐加工到外贸出口的完整产业链。在磷矿资源丰富的云南,拥有年产量超16万吨的黄磷生产工厂,并配套有自营的火力和水力发电站,在成本优势上明显领先其他同类厂家,跻身"国际磷化工前四强"
湖北兴发	公司是华中地区最大的磷化工生产厂家,旗下拥有近30家控股子公司。公司的主要产品——六偏磷酸钠的产能达6.6万吨,居全球第一。公司的产品种类丰富,基本涵盖工业级、食品级等多种级别和类型的主要磷化工产品; 公司在自主创新能力强,拥有国家级企业技术中心,在多项磷化工产品的生产工艺上的重大突破,如六偏磷酸钠聚合尾气综合利用技术
广西明利	公司在食品级磷酸的产能上优势明显,广西的两个生产基地能年生产60万吨食品级磷酸、20万吨湿法磷酸、12万吨磷酸盐产品。5万吨LCD级和年产5000吨IC级电子磷酸、年产等;此外,在电子磷酸的研发和生产方面,公司也取得突破,能够年产5万吨以上的LCD级和5000吨以上的IC级电子磷酸; 公司利用背靠码头的优势,将储罐管道直通泊位,方便磷酸迅速、安全装船,实现了"前港后厂、连通四海"的产业发展布局。公司还自己配套了有具备危险品运输资质的物流车队,大大提高了物流运转的效率和安全性
宜宾天原	是中国第二大电石法聚氯乙烯制造企业,聚氯乙烯树脂产能居全国第四名,西南地区最大的氯碱企业,拥有年产52万吨PVC、42万吨烧碱(产能居全国前八)、1.5万吨水合肼(产量位居全国首位)和8万吨三聚磷酸钠的生产能力
安徽广信	公司是国家农药定点生产企业,拥有总资产10亿多元,员工1000多人,工程技术人员占比达30%以上,自主创新能力较强,是安徽省名牌产品企业,产品主要包括杀菌剂、除草剂、杀虫剂等系列产品。生产的多菌灵及其系列产品具有高效低毒的特点,质量优势显著,生产能力排名全球第一其他的主要产品如草甘膦、毒死蜱等,在口碑和市场占有率方面都具有优势

(二)中国铝加工制造业代表企业发展运营状况——以云铝为例

铝材的应用范围广泛,生产生活的各个领域均可见到铝及铝加工行业的身影,是国家重要的基础产业。多年以来,中国铝及铝材加工的产量都位居世界前列,在铝材的生产、消费以及出口数量等方面占全球很大比例。近年来,随着新发展理念的普及,产业转型加快,对高质量发展的要求深入人心,成为国家重要的产业政策。与此同时,铝加工制造行业相关的企业把握机会,积极升级改造,在产能和质量上都取得质的突破。

云铝股份是中国铝加工行业的龙头企业之一，其他主要企业还有南山铝业、常铝股份、宏创控股等。2021年，云铝股份铝行业生产量（包括电解铝和铝加工产品在内的铝商品量）达到241万吨，远远领先同时期的其他企业。云铝股份是中国铝制造加工行业的翘楚，通过对云铝股份的分析介绍，可以一窥中国铝加工制造业代表企业的发展运营状况。

1. 公司铝加工业务的布局历程

云铝股份已经发展成为从生产铝锭到铝加工制品，覆盖铝制造加工上中下游全产业链的规模企业。与此同时，云铝股份不断弥补产业链薄弱环节，努力在降低企业的综合生产成本上下功夫，同时增加企业的有效产能，并向绿色环保型企业转变。

公司在2020年累计施工投产了云铝溢鑫水电铝二期项目、文山水电铝项目等7个合金化项目，企业产能得到大幅提升。

2. 公司铝加工运营现状

铝加工对电力依赖度高，云铝股份为降低成本和减少不清洁能源的使用，积极拓宽绿色电力供给渠道，并逐步趋近绿色能源优势地区，表现出极强的绿色水电"亲近性"，形成了可持续发展的绿色铝材一体化产业模式，构建了从铝土矿开采筛选到综合铝产品加工的全产业链格局。据公开资料显示，截至2020年末，云铝股份能够年产铝土矿304万吨、氧化铝140万吨、水电铝278万吨、铝合金及铝加工150万吨、碳素制品80万吨。表2-2为云铝股份2020年铝加工产能情况。

表2-2　　　　云铝股份2020年铝加工产能情况

产能类型	产能情况（万吨）
铝土矿	304
氧化铝	140
水电铝	278
铝合金及铝加工	150
碳素制品	80

云南省铝土矿资源储藏丰富，主要集中于云南省东南的文山市等地区，公司旗下的云南文山铝业有限公司，依托资源优势，在氧化铝的年生产产能上达到140万吨以上。

3. 公司"双碳"环保达标情况

电解铝行业二氧化碳排放量约占全社会净排放量的5%，已经不符合当下的绿色发展理念的要求，中国作为负责任的大国，更是向全社会庄严作出了"碳中和、碳达峰"的目标，铝加工行业节能减排势在必行。云铝股份开发的"铝灰资源化利用""氢氧化铝结疤资源化综合利用"等环保生产工艺和科技，实现了低排放、低污染的目标，夯实了企业绿色、可持续发展的基础。云铝集团始终重视科技创新在环保节能减排中的推动力，公司相关研发人员达1500人以上，研发投入达12亿元，占总营收的4%以上。

（三）铝磷制造业部分代表企业发展状况——以贵州省为例

贵阳市的铝制造和磷制造企业，一定程度能代表制造企业的发展状况。

1. 贵阳市铝制造业代表企业基本情况

贵阳市铝制造业代表企业基本运营情况如表2-3所示。

表2-3　　　　贵阳市铝制造业代表企业基本运营情况

企业名称	主要产品	产能（万吨）	年产值（亿元）	出口市外运量（万吨/年）	出口运输方式及比例（%）	市外进口运量（万吨/年）	物流成本占营收比（%）
贵州华锦铝业有限公司	氧化铝	160	40	45	公路约90	400	6
广铝铝业	氧化铝	90	20	80	公路约95	120	20
贵州华仁新材料有限公司	电解铝	50	60	就地转化	公路100	20	10

铝制造业代表企业中，生产经营产品主要为氧化铝和电解铝。对于氧化铝生产企业，原材料主要是铝矿石、煤、石灰和烧碱，均为供应商送货到厂，存在本地铝矿石供应不足，需国外进口的现象，煤多采购自

黔西，石灰和烧碱可市内采购；产品出省销售至云南、四川、重庆等省份，还有部分销售至省内六盘水市、安顺市，均采用汽车运输，且出口至市外的运量不大。

电解铝生产企业所使用的主要原材料，包括有氧化铝、阳极材料以及少量辅料，氧化铝多就近采购，供应商送货到厂，生产50万吨电解铝需要阳极材料20万吨左右，采购自湖北、江苏、山东等省份，采用铁路运输至市内转汽车运输至厂区；产品基本在市内就地转化。

贵阳市铝制造业代表企业基本运营情况如图2-9所示。

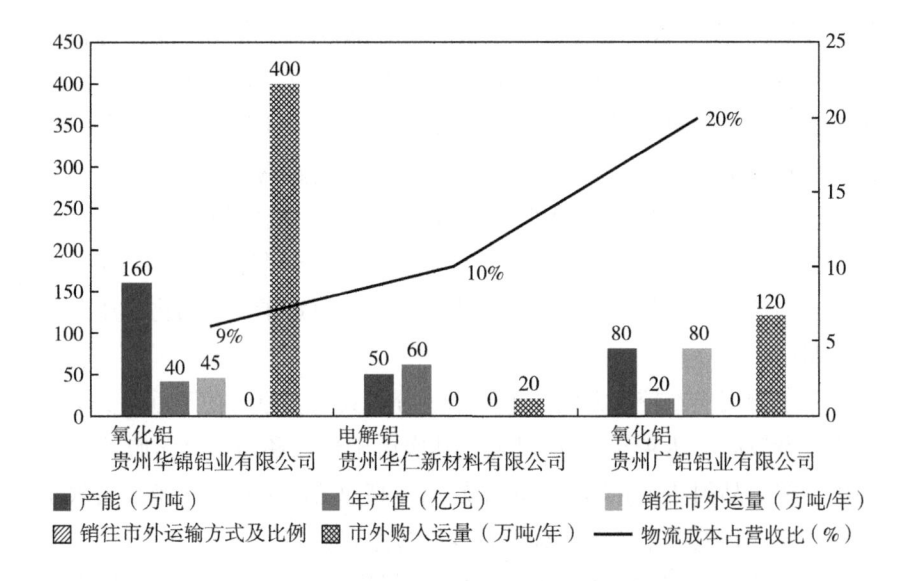

图2-9 贵阳市铝制造业代表企业基本运营情况

部分代表企业认为，物流成本居高不下主要是由于铝制品时效性强，铁路运输换装不够便捷，为保证产品的时效性，企业通常采用汽车运输以缩短运输时间，从而保证铝制品在某段时间内的价格不变。另外，物流成本高与贵阳市地理条件以及收费政策有关，贵阳市多山，道路修建成本高，因此高速公路收费高于其他省市，这也是企业普遍反映的问题所在。

以下为贵阳市铝制造业代表企业的详细联动情况。

（1）贵州华锦铝业有限公司（贵阳市清镇铝工业园区）。贵州华锦铝业有限公司位于贵阳清镇开发区，交通发达。主要生产产品为氧化铝。2020年产能160万吨，产值33.87亿元。每年产品大部分销售至清镇市的贵州华仁新材料有限公司，至重庆市运量几十万吨、至四川省眉山市运量几万吨，少量至云南省，其余产量销售至六盘水、安顺等市，销售物流均采用汽车运输。

其主要客户为重庆市涪陵国有资产投资经营集团有限公司。

华锦铝业所在的贵州省清镇市经济开发区于2013年7月正式启动开发建设，位于清镇市西部，距清镇市行政中心17千米、距贵阳龙洞堡国际机场42千米，地处黔中经济区核心部位，为贵州西线交通枢纽和贵阳市西大门，区位优势明显，已建成近58.12千米道路网络。其中，贵黔、厦蓉两条高速公路穿境而过，开设4个匝道为园区服务；园区内已建成铝城大道、资源通道、铝园大道配套路网建设，已建成污水处理厂两座，成贵高铁清镇西站距园区8千米；境内规划建设林歹南站、卫城站、新店站、岩脚站四个铁路货运站，年货运能力1000万吨以上。为清镇经济开发区所辐射范围内的企业奠定了良好的物流服务设施的基础。

对于物流成本较高方面，华锦铝业分析其主要原因在于道路交叉口使用收费较高，达4万元/年以上；其次由于环保和高速公路收费政策原因，铝制品固体废弃物处理成本较高，高速公路采用按车型收费限制了固体废弃物处理车辆单次载重且返程过路费过高。

（2）贵州华仁新材料有限公司。贵州华仁新材料有限公司拥有电解铝生产车间总面积700余亩，2020年其电解铝产量占全省的53%，产量48.7万吨。目前，贵州华仁拥有50万吨电解铝年产能，可拉动产业链上游70亿千瓦时发电量、320万吨煤炭产能，消化当地铝土矿及100万吨氧化铝等原材料，延伸下游中高端铝工业产业链。

原材料采购方面，主要物料为氧化铝、阳极材料以及辅料，每年需要氧化铝90万吨左右；阳极材料需求量20万吨左右，采购自湖北、江苏、山东地区，采用铁路运输至清镇货运站、都拉营车站及改貌站，换装为汽车运输转运至工厂。

（3）贵州广铝铝业有限公司。贵州广铝铝业有限公司于2009年

6月开始动工建设集铝土矿开采、氧化铝制造、自备电厂、铝冶炼以及铝板、箔、带、型材深加工等于一体的超大型综合性铝加工基地。该基地由年产320万吨铝土矿、160万吨氧化铝、4×350兆瓦超临界机组热电联产动力工程等项目组成，投入资金规模超过300亿元。

公司氧化铝年产能90万吨，产值20亿元，销售至本地企业及部分省外国内企业，主要是客户上门自提，采用公路运输方式，但物流成本占据企业销售收入的20%左右。该公司认为向下延伸铝产业链可以有效降低物流成本占营业收入比例，拟以铝土矿资源为基础，向新材料方向延伸产业链，但在人才创新驱动力和招商引资方面，企业希望得到外界的支持。

（4）清镇工投铝诚资源有限责任公司。清镇工投铝诚资源有限责任公司集贸易、生产与研发于一体，开展工业园区和供应链服务业务，公司自主研发的物流平台能够实时监测车辆运行和装卸、铝制造企业运量、驾驶员行为、可用运力、车辆能耗等方面信息，将进一步规划两年内整合清镇市及周边物流企业数据，下一步整合加油站、充电桩等信息，后期将融合铝矿等资源数据。该平台已在清镇市和部分北方地区包括内蒙古地区投入使用，但后期研发推广需要政府部门协助。该公司产品销售至本地企业，采用汽车运输，物流成本占销售收入的比例为20%左右，同时工投铝诚认为本企业在物流服务响应及时性方面有待提高。

2. 贵阳市磷制造业代表企业基本情况

贵阳市磷制造业代表企业基本运营情况如表2-4所示。

表2-4 贵阳市磷制造业代表企业基本运营情况

企业名称	主要产品	产能（万吨）	年产值（亿元）	出口市外量（万吨/年）	出口运输方式及比例（%）	市外进口运量（万吨/年）	物流成本占营收比（%）
贵州西洋实业	复合肥	100	23.5	65	公路55 铁路45	17	8
贵州路发实业	磷矿石	80		80	公铁联运	20	10

69

续表

企业名称	主要产品	产能（万吨）	年产值（亿元）	出口市外量（万吨/年）	出口运输方式及比例（%）	市外进口运量（万吨/年）	物流成本占营收比（%）
贵州安达科技能源股份	磷酸铁、磷酸铁锂	10	24	9	公路100	1	8
贵州开磷控股（集团）	矿砂、磷粉	550		1300（磷化集团）	铁路运输		
贵州息烽磷矿	磷矿石	35	9		公铁各50	0	
贵州开磷化肥	磷酸一铵、磷酸二铵、复合肥	120		120	公铁联运	45	

注：企业名称省略了"有限公司"或"有限责任公司"。

贵阳市磷化工代表企业主要生产磷矿石、磷酸一铵、磷酸二铵、复合肥以及磷酸铁锂等产品，产品多销售至市外；原材料主要有煤、硫黄、磷矿石，其中磷矿石基本自给自足，其他物料需省外购买，县相关主管部门主导经特定渠道采购，采购和销售物流均以公路和铁路运输为主。

（1）贵州磷化（集团）有限责任公司。贵州磷化（集团）有限责任公司成立于2019年6月，由瓮福（集团）有限责任公司和原贵州开磷控股（集团）有限责任公司整合重组而成。位居2020年中国石油和化工企业500强第28位，在企业规模、资源禀赋、营业收入等指标方面综合排名磷化工行业全国第一，世界前三。企业的主要业务包括磷矿采选、磷复肥、磷石膏资源开发利用、精细化磷化工、硫煤化工、氟碘化工、建设材料等，主要产品包括磷肥、无水氟化氢、塑料薄膜、氟硅酸钠、液化天然气、复合肥、化肥（磷酸一铵、磷酸二铵）、轻质建筑材料。贵州磷化（集团）有限责任公司产品市场覆盖全国29个省份，并出口亚洲、美洲、中东、大洋洲等30多个国家和地区，其产品经铁路运输销售至外省的年运量1250万吨左右。

（2）贵州路发实业有限公司。贵州路发实业有限公司于1996年成立，于2021年3月被安徽司尔特肥料有限公司全资收购，自2021年

3月入驻开阳县至今已缴纳税收800多万元。公司拥有两个矿石场，其中产能80万吨的磷矿山已投入生产，在建矿山产能300万吨，预计两年到三年建成投产。主要产品为磷矿石，出口至安徽地区，采用公铁联运方式，物流成本占据公司总产值的10%左右。公司拥有运能300万吨/年的铁路专用线，2020年公司进出口货物总量100万吨左右。

（3）贵州安达科技能源股份有限公司。公司成立于1996年，注册资金4.2亿元，主要产品为磷酸铁、磷酸铁锂，磷酸铁产能6万吨/年，磷酸铁锂产能3万吨/年，在建磷酸铁和磷酸铁锂产能各6万吨/年；原材料为黄磷、磷酸、碳酸锂还有少量其他材料，碳酸锂采购自四川、江西、青海等省份，运量2万吨左右。受产品价格与客户要求，目前运输方式采用公路运输，未涉及铁路与水路运输，正在规划铁路运输服务于原材料采购。

（4）贵州开磷化肥有限责任公司。公司主要经营磷酸一铵、磷酸二铵、复合肥等。设计产能150万吨/年，实际产能120万吨/年左右。产品销售至新西兰、澳大利亚、巴基斯坦地区，原材料中大宗货运主要有硫黄，采用集装箱水路运输至港口，进口量40万—50万吨/年。

五 中国现代工业产业生态体系建设情况

党的十九届五中全会，对于现代化产业体系的建设极为关注，明确提出要加快经济体系的优化升级。随后，在2021年的政府工作报告中又强调要加快发展现代化产业体系。由此可见，现代化产业体系建设已经成为党和政府重点关注的目标之一，成为今后很长一段时间内中国经济高质量发展的重要任务。近年来，中国坚持以供给侧结构性改革为抓手，加大了对产业链、供应链的现代化升级改造，但现代工业产业生态体系还没完全构建完备。为了早日把中国建设成为社会主义现代化强国，加快构建现代工业产业生态体系，就成了推进工业现代化建设的应有之义和必经之路。

自中华人民共和国成立以后，中国就开始了工业化的进程，特别是改革开放以来，更是加快了工业现代化的进程，中国以"不动如山"的定力，建立了雄厚和完备的工业基础，成为全球工业门类最齐全的国家，并且已经连续十几年位居全球制造业榜首。2021年，中国工业增加值达到37.25万亿元，比2020年增加了9.6%，在全球的份额比例中超过30%。中国的工业增加值不仅具有无可比拟的体量，而且工业经济增速上达到了年平均7%左右，远超世界工业经济增速2%~4%的水平，中国已经成为推动世界经济上升的主要动力。

从中华人民共和国成立到如今，不过70多年的时间，中国就完成了发达国家100多年的工业化进程，在世界工业发展史上都是一个伟大壮举。作为世界第一制造大国，"大而不强，全而不优"仍然是中国制造业的主要特点和缺点，离制造业强国还有很长的路要走。在一些关键产业和技术上严重受制于人，例如高端芯片的制造，被美国为首的西方国家牢牢地把住了命脉。总的来说，中国工业生产力水平仍处于世界生产链、供应链的中低端环节，高质量发展的转型之路和高水平的现代工业产业生态体系建设之路仍然任重道远。在此情形下，加快发展现代化水平的工业产业生态体系，保障中国产业链、供应链的安全性、完整性，是中国经济社会发展长治久安、产业结构调整转型的重要举措。

六 中国现代工业供应链竞争力情况

工业供应链直接关系到工业生产能否稳定持续的大命题，全球化背景下，供应链呈现你中有我、我中有你的格局，但也存在不稳定因素。突发事件导致很多产业的关键原料面临断供的风险，特别的高端的芯片原料及制品；俄乌冲突及世界形势的动荡，导致原油、天然气等原材料价格暴涨，为全球化视野下的供应链稳定带来了不可预知的风险。近年来，中国越来越重视现代工业供应链的稳定和完备，工业供应链自主可控能力得到进一步增强，供应链的数字化、绿色化水平在提高，应对工业供应链突发风险的机制初步形成。

上海作为中国经济的龙头，拥有强大的工业基础和先进的制造能力。它是全球最大的商业和金融中心之一，也是中国最重要的工业基地之一。上海的工业结构多样化，涉及汽车、电子、化学、钢铁、生物医药、新材料等多个领域。这些产业不仅在国内占据重要地位，而且在全球市场也具有竞争力。上海的工业发展注重技术创新和质量管理，大力推进自动化、智能化和绿色制造。随着技术的进步和市场的变化，上海的工业企业不断调整发展战略，积极探索新的业务模式和市场机会。

上海的供应链网络得益于其优越的地理位置和先进的物流基础设施，成为国内外工业和商业活动的重要支撑。作为中国东部沿海的重要节点，上海连接着内陆和海洋，成为东西南北物流的关键枢纽。上海拥有世界级的港口设施，尤其是上海港，其货物吞吐量居世界前列，为国内外的贸易提供了强有力的支持。除海运，上海的空运和陆运网络同样发达，覆盖全球的主要市场，提供快速、高效的物流服务。

在供应链管理方面，上海采用了先进的信息技术和管理方法，如供应链可视化、实时监控、智能仓储和物流优化等。这些技术的应用不仅提升了物流服务的质量，也增强了对市场变化的响应能力。上海还积极发展绿色供应链，注重环保和可持续发展，以减少物流活动对环境的影响。通过这些措施，上海的供应链网络不仅在国内市场中保持领先，也在全球供应链中扮演着重要角色。

另外，上海的工业技术创新是其持续工业发展和竞争力提升的核心。作为中国经济的重要引擎，上海不断推动其工业部门的技术进步和创新能力。这座城市积极采用高新技术，如自动化、人工智能、物联网等，来提高制造效率和产品质量。在自动化生产线的推广下，上海的制造业实现了更高的生产率和更低的操作成本。同时，上海还重视研发和应用新材料、新能源和新工艺，以适应全球市场对高科技产品的需求。通过这些创新，上海不仅提高了本地产品的国际竞争力，也推动了整个工业部门的升级和转型。在可持续发展方面，上海也积极探索清洁能源和环保技术的应用，以实现绿色和可持续的工业发展。

总体而言，上海采用了一系列先进的供应链管理技术和策略，以提升效率、降低成本，并更好地响应市场变化。上海企业和物流服务提供商运用精益生产方法和库存管理技术来优化资源配置和降低运营成本，同时，通过精确的需求预测和灵活的供应链设计，上海能够有效地应对市场需求的快速变化。由此可见，上海在全国乃至全球范围内都展现出了较强的先进工业供应链竞争力。

七　中国现代工业研发创新情况

现代工业是以高科技为支撑，依赖科技创新的推动力。中国极为重视工业研发创新在现代工业转型升级中的重要作用，特别是党的十八大以来，在创新驱动发展战略的指引下，现代工业的研发创新迎来了飞速发展的新时期。中国工业的信息化水平、数字化水平不断提高，在5G通信、新能源汽车、航空航天、国防军工等领域取得了领先世界的成就，有效促进了现代工业的发展水平。

（一）工业研发创新受重视，研发成果爆发式增长

衡量研发成果的指标包括研发活动量的活跃度和研发经费的投入量。据统计数据显示，2012年以后，企业创新得到国家政策支持和鼓励，特别是工业企业的研发创新活动开启了新纪元，各类企业纷纷加大对研发的经费投入，不同形式的研发创新落地生根。2012—2019年，工业企业的创新研发活动成倍增加，对外技术引进的数量和数额在持续下降，直观地反映了中国现代工业研发创新的巨大成就。规模以上的工业企业的研发项目经费内部支出，从2012年的6231亿元迅速增长至2019年的14237亿元，年平均增长率接近10%，无论是增长速率还是增长规模，都可以与先进国家相媲美。同时，引进国外技术经费支出仅从394亿元增长至477亿元，考虑到货币的通货膨胀因素等，可以说是几乎没有增长。两相比较，可以得出中国的工业研发创新活动已经逐渐摆脱对外依赖的症结，开始向自主创新的强国迈进。

持续的研发投入，其工业科技产出数量也非常喜人，现代工业技术进步的成果被广泛运用在工业生产中，为中国的工业强国之路注入了强劲的动力。2012—2019年，规模以上工业企业的新产品销售收入从11万亿元增长至21万亿元；新产品不但满足了内销，而且还转向出口，由此带来的出口销售收入增长接近80%，为工业企业带来了巨大的利润空间。有效的发明专利数从27.7万件增长至121.8万件，展现了中国现代工业的强大实力。

（二）信息化水平不断提高，节能环保效果明显

现代信息技术在很大程度上深刻地改变了人类生活的生产生活方式，尤其是对工业生产的改变尤为明显。随着工业生产与信息技术的不断融合，工业互联网应运而生。工业互联网将传统工业进行现代化的信息技术升级，让不同工业行业、区域的产业实现了互联互通，促进了生产资料和资源的优化配置；工业互联网也催生出了新的工业生产生态和体系，满足了市场的智能化、网络化、个性化生产的需求。到2019年，制造企业中使用计算机、互联网并通过互联网开展生产经营活动基本上达到100%，约60%的制造企业开设有自己的网站，98%的企业采用信息化管理模式。此外，工业互联网的快速发展，在钢铁、化工、家电等

数十个传统行业建立起了跨行业的工业互联网平台生态。

研发创新带来的另一个成果是节能减排技术在工业生产中的广泛运用，有效推进了工业生产领域的生态文明建设，其显著的效果就是工业生产单位能耗的有效降低。到 2019 年，中国的万元 GDP 能源消费量下降至 0.55 吨标准煤，比 2012 年的 0.83 吨标准煤下降了 33.7%；2016—2019 年，规模以上工业企业的单位工业增加值能耗累计下降超过 15%。对于工业生产产生的"三废"综合利用水平越来越高，为工业企业带来了更多的高附加值产品。

（三）在部分领域的研发创新水平领先世界

以信息通信、航空航天、智能制作、医疗生物等为代表的现代工业，展现了一个国家的自主研发创新水平。中国充分利用体制优势和市场优势，在一个高精尖的领域取得了领先世界的成就。如"嫦娥工程"完成了探月活动并带回了月球土壤样本；中国空间站的成功运营为人类探索外太空贡献了大国力量；"蛟龙"号深入海底 1 万米，向着人类更多的未知领域进军；超级计算机的不断突破，使中国的算力遥遥领先，并带来了丰厚的商业利益……种种激动人心的科研成果，表明了中国在许多高端领域已经成为领先世界的力量，为现代工业奠定了坚实的基础。

在许多高端的工业产业领域，中国也取得了巨大的成就。中国企业声明的 5G 标准必要专利占全球的 40% 以上，当之无愧的全球第一把交椅。在全球通过的 50 项 5G 标准中，中国拥有 21 项，远高于美欧等发达国家。此外，还有人工智能、新能源汽车、无人机等。

这些成就充分说明了中国在现代工业的研发创新方面，无论是设计能力还是制造技术，已经取得了比较高的水平。

（四）中国现代工业研发创新情况的示例——以杭州市为例

杭州市作为中国东部重要的经济、文化和科技中心，近年来在现代工业研发创新方面取得了显著成就。特别是在数字经济、高新技术和生物科技等领域，杭州已经成为中国创新发展的典范。

近年来，杭州市在数字经济领域的发展尤为引人注目。以阿里巴巴为代表的一系列企业，不仅推动了电子商务和云计算技术的发展，还在大数据、人工智能等领域取得了突破。这些技术的发展和应用，不仅促进了杭州本地经济的转型升级，也为中国乃至全球的数字经济发展提供了新的思路和模式。

与其他城市相比，杭州市的高新技术产业发展尤为迅猛。在软件和信息服务业方面，杭州不断推动技术创新和产业集聚，吸引了大量国内外优秀企业和人才。杭州的软件园区汇聚了众多创新型企业，成为推动区域经济增长和技术创新的重要基地。在生物科技领域，杭州市也展示了其强大的研发创新能力。杭州生物医药产业园区汇集了一批具有国际竞争力的生物医药企业，这些企业在药物研发、医疗器械、健康服务等方面取得了显著成果，为人类健康事业做出了重要贡献。

当然，杭州市的工业研发创新发展离不开杭州市政府的大力支持，政府通过提供政策支持、财税优惠、资金援助等多种手段，激励企业加大研发投入，推动产业升级。同时，政府还致力于打造良好的创新生态系统，鼓励企业、高校和研究机构之间的合作，共同推动技术创新和成果转化。

总体而言，杭州市在现代工业研发创新方面的成就不仅体现在技术突破和产业发展上，还在于其创新驱动发展模式对中国乃至全球的影响。杭州的经验表明，通过建立良好的创新生态系统，结合政府的政策支持和企业的自主创新，可以有效地推动工业研发创新，促进经济持续健康发展。

八　中国现代服务产业生态体系建设情况

现代服务产业对于经济增长的贡献度、吸纳就业的总人数等方面有着举足轻重的作用。中国现代服务产业生态体系的建设，主要从"十三五"时期开始发力。"十三五"时期以来，中国的服务产业增速就一直高于 GDP 增速，始终保持着第一大产业的地位，而且占比还在增加中，对于经济增长的贡献度也超过了 60%，更是吸纳了庞大的就业人群，在提高居民收入、创造经济社会稳定发展的大局等方面都做出了巨大贡献。随着中国经济的继续快速发展，人民群众对美好生活的需求也在日益增长，对现代服务的质量和服务水平提出了更高的要求。

（一）中国现代服务业的发展成就

中国现代服务业的快速发展和取得的巨大成就，不但促进了国民经济的持续增长，而且促进了产业转型升级和向高质量发展的转变。

1. 吸纳大量就业，促进劳动生产率提升

2015—2019年，服务业的就业人数占比持续上升，达到47.4%，占总就业人数的半壁江山，而且该占比还在持续增加。从农业、工业和服务业为主要代表的三大不同产业容纳的就业数量来看，农业种植业的就业人员正加速向外溢出；以工业制造业为代表的第二产业，得益于现代科技的进步和产业效率的提升，其就业人口呈现减少的趋势。现代服务业作为唯一一个保持吸纳就业人口正增长的产业，吸纳了其他产业转移出来的就业人口，对于促进经济增长、稳定社会大环境和提升就业群众的经济收入，发挥着巨大的作用。

2. 服务消费增加，服务结构优化

随着经济的快速增长和现代服务业的快速发展，现代服务业的商业模式也在不断地进行创新，人均占有的服务资源不断增加，消费的结构也在发生变化。在中国的居民消费支出中，旅游、餐饮、文化娱乐等服务型消费支出占比越来越大，已经占据主流地位。截至2019年，中国居民消费达到21559元，而在其中，人均服务消费的支出占比达到46%，为9800多元，比上年有明显增加，对于稳定消费和提高消费增量起到了关键性的作用。服务消费总量和占比的提升，说明了中国居民在收入提升了之后，相应的消费习惯出现变化，消费结构得到优化，更加注重追求高质量的消费服务体验。

3. 现代服务业在消费结构中的占比上升

现代服务业，是以现代化的科学技术为支撑，通过创新商业模式、服务方式和管理理念而形成的服务产业。现代服务业不仅是新兴的服务产业，还包括利用现代科学技术对传统服务的改造和升级，从而满足现代人的多元化服务消费需求。现代服务业具有高知识型、高附加值、低污染的特点，主要有通信信息服务、电子商务、物流、公共服务等。"十三五"时期以来，以批发零售、仓储、餐饮等为主要代表的传统服务业在社会服务业中的比重越来越小，而现代服务业占比越来越大，这"一增一减"证明了中国服务业的结构正在持续优化。

（二）中国现代服务业快速发展的经验

现代服务业在中国的快速发展，离不开创新驱动的支撑和政策的推动。

1. 坚持现代服务业的创新

以"十三五"时期为例，中国现代服务业发展的一个典型特征就是数字技术的进步带来全行业创新步伐的加快。现代服务业越来越呈现出数字化、信息化和智能化的趋势，服务的范围、能力和质量都得到大幅度提升。以淘宝、京东、拼多多等为代表的电子商务发展迅猛，使传统的零售业商业模式不断演化和重塑。早在10年前，中国网上零售商品总额已经位列全球前茅。2019年，通过网上零售的商品总额已突破11万亿元，"618购物节""双11购物节"已经成为全民购物狂欢的重要"节日"，网上购物已经成为中国居民最便捷最常见的购物方式。网购的火爆又带来快递业务的飞速发展，2019年全国快递业务量完成635亿件，排全球首位。在网络零售业不断演进的过程中，又衍生了"线上线下联动"的消费服务体验，社区团购、直播带货、生鲜上门、短视频电商等创新商业模式层出不穷。2020年，受防控工作的影响，社会消费品零售出现短暂下滑，较之上年同时期下降了约8个百分点，但网上零售额却逆势增长了10%。以网购为代表的网上消费品的销售火爆场景为支撑居民消费和提升消费景气度发挥了巨大的作用。

此外，互联网技术的广泛和深入应用，与传统服务行业的耦合，诞生了众多新形式的现代服务业，如广大学生利用网络授课足不出户接受学校老师授课；互联网与医疗的结合，让患者不需要千里奔波就能接收到来自先进城市医院专家的接诊等。这些创新的现代服务模式，补齐了教育、医疗等行业的短板，有效增加了服务供给，解决了原有的区域、城乡之间供给结构失衡的难题，以创新为这些行业带来了新生。外卖、网约车等新兴的现代服务业，在为居民生活提供更安全更规范更便捷服务的同时，也容纳了大量的就业人口，推动了"共享经济"的不断发展，为现代服务开创了新的发展模式和效益增长点。

2. 坚持推动现代服务业的改革

虽然说现代服务业作为第三产业在中国的GDP占比较大，但现代服务业的改革整体上还是落后于第一产业、第二产业的。鉴于此，自2016年以后，中国政府加大了改革力度，多项重要的现代服务业改革意见和措施相继出台，如《服务业创新发展大纲（2017—2025年）》等，这些高屋建瓴、立足未来的政策，对现代服务业的改革发展方向具有重要的指导意义。在信息服务、养老医疗、电子商务、文化教育等现代服务业的细分领域，也密集出台了几十项单项促进、扶持和改革政策。从总体来看，促进中国现代服务业改革、发展的政策体系逐步形成并趋于完善。

3. 推动现代服务业全面开放

自"十三五"时期之后，中国对服务业领域特别是现代服务业的开放范围加大、开放步伐加快。2013年，上海正式成立自由贸易试验区，试点工作成功后，自贸区成立和建设的步伐加快，相继有20多个自贸区陆续成立，覆盖了中国沿海全部省份，其他地区的自贸区改革试点工作也在稳步推进，逐渐向中西部内陆省份深入。各个自贸区根据自身的区位优势和产业特点，在开放的服务业领域也各有不同。海南省全境作为自贸区，改革力度不可谓不大。海南在中央政府的全力支持下，对现代服务业改革的规模和力度空前，其对外开放的范围也超乎想象，成为中国现代服务业改革向深水区挺进的重要节点。总体来看，各自贸区虽改革措施因城施策各不相同，但加大对于现代服务业的改革态度是一致的。

与此同时，为了更好地服务现代服务业的改革开放，对于外商在服务业领域尤其是现代服务业领域的投资采用负面清单的准入制，而且负面清单的内容并非一成不变，反而随着开放条件的成熟越来越少，这说明了中国现代服务业对外开放的范围越来越广，开放的水平越来越高。虽然这几年国际形势越来越复杂，但中国的服务贸易进出口总额仅次于美国，处于全球第二的水平，对外资投资的利用水平和质量也在稳步提升。

第三节　中国物流业与制造业联动发展现状

在当代经济发展的大背景下，物流业与制造业之间的深度融合正日益显现出其重要性和价值。这种融合不仅是两大行业自身发展的必然趋势，更是推动国家经济转型和全球竞争力提升的关键因素。

技术融合与创新是物流与制造业联动发展的动力源泉。随着科技的迅速进步，新兴技术如自动化、大数据分析和物联网正在重塑这两个行业的运作模式。技术融合与创新不仅提高了生产效率和物流速度，还促进了新的业务模式和服务的发展，从而在全球范围内提升了企业的竞争力。

政策环境与支持则为物流与制造业的融合提供了必要的框架和引导。国家和地方政府的政策支持对于行业发展方向的设定、产业升级的推动以及新技术的应用至关重要。这些政策措施不仅提供了稳定的发展环境，还引导着行业走向更加高效和可持续的发展道路。

市场趋势与现状的分析对于理解和预测物流与制造业融合的路径至关重要。市场的动态变化直接影响着行业的发展方向和战略决策。随着消费者需求的演变和全球市场环境的变化，对物流与制造业的融合提出了新的要求和挑战，同时也带来了新的机遇。

总的来说，物流业与制造业的深度融合在推动经济发展、提升国家竞争力方面扮演着至关重要的角色。理解其重要性和价值，将有助于更好地把握未来的发展机遇。

一　技术融合与创新现状

在当今世界，技术的快速发展正引领着物流业与制造业向更高效、智能化的方向发展。自动化、大数据分析、物联网（IoT）等先进技术正在这两个行业中发挥着日益重要的作用，不仅改变了传统的生产和物流模式，还为两大行业的发展带来了革命性的变化。

（一）自动化技术的应用

自动化技术作为现代工业发展的重要驱动力，其应用已经深入各个领域，特别是在物流和制造业中，自动化技术的应用已经成为提高生产效率和降低操作成本的关键手段。

目前，在制造业中，自动化技术的应用已经实现了生产线的高度集成和智能化。通过采用自动化生产线，企业可以大幅度地提高生产效率、降低生产成本、提升产品质量和一致性。自动化生产线中的各种设备，如机器人、传感器、控制系统等，可以实现高效协同工作，完成从原材料的投入到成品的产出整个过程的自动化。这不仅减少了大量的人工成本，而且避免了人为因素对产品质量的影响，使产品质量的控制更加稳定可靠。

在物流领域中，自动化技术的应用也取得了显著的成效。传统的物流操作中，许多环节都需要人工参与，效率低下且容易出错。而现在，通过采用自动化技术，如无人搬运车（AGV）、自动分拣系统等，可以实现仓库管理和货物分拣的自动化。这些自动化技术不仅可以提高物流效率和准确性，而且可以大幅减少人工成本。例如，AGV 小车能够自动识别路径和目标位置，实现货物的快速搬运和精准定位；自动分拣系统则可以根据订单信息自动对货物进行分类和分拣，大大地提高了分拣效率和准确性。

总的来说，在两业技术融合与创新过程中，自动化技术提供了重要支撑。未来，随着技术的不断进步和应用范围的不断扩大，自动化技术将在更多领域发挥更大的作用。

（二）大数据分析的影响

大数据技术在物流与制造业中的应用，其影响是深远的。从专业角度来看，这种影响主要体现在以下几个方面。

1. 预测市场需求与生产计划

大数据技术通过收集和分析历史销售数据、天气预报、节假日安排等多种数据源，能够精准地预测未来的市场需求。对制造业而言，这意味着企业可以根据实际需求来安排生产，减少过度生产或生产不足的情况，降低库存成本。而对于物流业，对需求的准确预测有助于提前规划运输路线和运力，确保货物能够准时到达。

2. 供应链优化

大数据技术可以帮助企业实时追踪货物的状态和位置，从而对供应链进行精细化管理。这种实时数据反馈使企业可以快速响应各种变化，例如运输延误、货物损坏等，大大提高了供应链的可靠性和效率。

3. 物流化发展

借助大数据分析，物流企业可以优化运输路线，减少空驶和等待时间，降低运输成本。同时，通过对货物信息的实时分析，企业可以更有效地进行仓储管理，提高仓库的利用率。

4. 质量控制与提升

在制造业中，大数据技术可以帮助企业分析产品质量数据，找出产品缺陷的原因，持续改进生产工艺。在物流领域，通过分析货物的损坏率等数据，企业可以找出运输过程中的问题，提升服务质量。

5. 风险管理与防范

通过大数据分析，企业可以提前识别潜在的市场风险、供应链风险等，并采取相应的措施进行防范。这大大提高了企业的抗风险能力。

6. 设备与系统智能化提升

随着物联网技术的发展，越来越多的智能化设备被应用到物流和制造业中。这些设备可以实时收集大量的工作数据，通过大数据分析，可以进一步提高设备的工作效率和安全性。

总体而言，大数据技术在物流与制造业中的应用是全方位的，从预测、计划、执行到创新，都离不开大数据技术的支持。随着技术的不断进步和应用场景的不断拓展，大数据将在未来为物流和制造业带来更大的价值。

（三）物联网技术的融合

物联网技术的应用正使物流与制造业的界限变得越来越模糊。通过在机器、设备上安装传感器和联网设备，企业能够实时监控生产过程和物流动态，及时调整策略以应对市场变化。物联网技术在跟踪和监控货物流动方面尤为重要，它有助于提升供应链的透明度和效率。

在实际应用中，例如某些先进的制造企业，已经开始利用这些技术实现智能化生产。通过自动化机器人和智能制造系统的应用，它们能够实现24小时不间断地生产，同时保持高水平的质量控制。在物流方面，例如一些大型物流企业，已经开始使用基于物联网的智能追踪系统，实时监控货物的运输状态，确保货物的安全和及时送达。

这些技术的融合不仅为物流与制造业带来了前所未有的发展机遇，也为整个供应链管理提供了新的思路和方法。随着技术的不断进步和应用的深入，预计未来这两个行业将实现更高级别的整合和协同，共同推动经济的高质量发展。

二　政策环境与支持现状

政府政策在物流业与制造业的融合发展中扮演着至关重要的角色。这些政策不仅为行业发展提供了方向指导，还为行业创新和协同发展创造了有利环境。

（一）国家级政策的影响

在国家层面，中国政府推出的一系列政策和规划，如"中国制造

2025"、"互联网+"行动计划、"一带一路"倡议等,都在促进物流与制造业的深度融合。这些政策旨在推动制造业的转型升级,加快发展先进制造业,同时鼓励物流业的现代化和信息化建设。通过这些政策的实施,不仅提升了制造业的智能化水平,也促进了物流业的技术革新,从而实现了两大行业的互补和共同发展。

"中国制造2025"作为中国制造业的重大战略,特别强调了智能制造的重要性,推动了制造业与信息技术的深度融合。这对物流业而言,意味着更加高效和智能化的物流解决方案的需求增长,从而推动物流业向更高水平的自动化和智能化发展。

(二)地方政策的作用

地方政府的政策也在物流与制造业融合中起到了关键作用。许多地方政府根据自身的产业特点和发展需求,出台了一系列扶持政策。例如,某些沿海城市推出了促进港口物流和制造业结合的政策,旨在提升港口的物流效率和制造业的出口能力。而内陆地区的政策则可能更侧重于促进物流业与当地制造业的融合,如通过建设物流园区,吸引制造企业入驻,实现区域经济的互动发展。

地方政策在实现区域经济发展平衡、促进特色产业发展中发挥着重要作用。例如,一些地区通过提供税收优惠、资金支持等措施,鼓励物流企业和制造企业的合作,促进产业链的整合,提升整体竞争力。

(三)政策对协同发展的促进作用

政府的这些政策不仅提供了物流与制造业融合发展的直接动力,还为两大行业间的协作创造了良好的外部环境。政策的导向和支持使企业更加重视技术创新和产业升级,同时也增强了企业在市场中的竞争力。此外,这些政策还促进了相关基础设施的建设,如物流园区、智能工厂等,为物流与制造业的高效协同提供了必要的物质基础。

总体而言,政府政策在物流业与制造业的融合中起着至关重要的推动作用。这些政策不仅指明了行业发展的方向,还为两大行业的创新和融合提供了坚实的政策支持和资源保障。通过这些政策的引导和激励,物流业与制造业正在形成更为紧密的合作关系,共同推动着中国经济的转型和升级。

尤为值得注意的是,这些政策的实施为物流与制造业的融合创造了多种可能性。它们不仅推动了行业内部的技术创新和服务优化，还促进了跨行业的合作模式和业务创新。这种跨界融合的趋势，特别是在智能制造和智能物流领域的发展，预示着未来两大行业将以更加高效、灵活和智能化的方式运作。

在全球化和数字化时代背景下，政策环境与支持在物流业与制造业融合的过程中将继续扮演关键角色。随着政策的不断完善和实施，有理由相信，物流业与制造业的联动发展将为中国乃至全球的经济发展开辟新的道路，实现更为广阔的发展前景。

三　市场趋势与现状

在全球化的经济环境中，市场趋势与现状对物流业与制造业的融合发展具有深远的影响。当前，这两大行业正面临着前所未有的变革，这些变革不仅来自技术进步，还源于市场需求的持续演变。

（一）全球化与供应链重组

在全球化的背景下，供应链的重组已经成为推动物流与制造业发展的关键因素。随着全球市场的日益融合，中国企业不得不重新审视和调整其在全球供应链中的角色和策略。这种重组不仅改变了物流与制造业的内部结构，还对外部商业模式和竞争策略产生了深远影响。

传统意义上，企业依靠稳定的供应链网络来保证生产和分销的连续性。然而，全球化带来的竞争压力和市场的动态变化要求企业在保持成本效益的同时，提高供应链的灵活性和响应速度。例如，随着越来越多的中国企业向海外扩张，它们需要构建跨国的物流网络来优化成本结构和响应全球市场的需求。同时，全球供应链的重组也促使中国企业加强与国际供应商和客户的合作。这不仅涉及物流运作的效率提升，还包括对全球市场动态的快速响应。为此，中国的制造业开始采用更为灵活的生产模式，如按需生产和定制化服务，以适应市场的快速变化和多样化需求。

其实这对于中国物流业而言，是挑战更是机遇。随着国际贸易的增长，中国物流业需要及时提高全球运营的适应力，需要更高效的运输和仓储解决方案，也这意味着需要在全球范围内优化物流网络。

总之，全球化与供应链的重组对中国物流和制造业产生了深刻影响。为了保持竞争力和可持续发展，中国企业必须不断适应这些变化，采用新的商业模式和技术，同时政府的支持和指导也是不可或缺的。通过这些努力，中国的物流和制造业可以在全球化的浪潮中站稳脚跟，开拓更广阔的市场。

（二）消费者需求的多样化

随着消费者需求的日益多样化和个性化，制造业被迫调整其生产方式，从大规模标准化生产转向更为灵活和定制化的生产模式。这种转变对物流业提出了新的要求，即如何更高效地处理小批量、多样化的订单。为满足这一需求，物流业必须采用更先进的技术和策略，以实现更为精细化的物流管理。

（三）数字化转型的推动力

数字化转型是当前市场的一大趋势，这对物流业和制造业而言，意味着必须通过采用数字技术来提高效率和适应市场变化。从电子商务的兴起到智能制造的发展，数字化正在改变产品的生产和分销方式。物流业在这一转型过程中起到了至关重要的作用，通过实现信息的实时共享和流程的自动化，帮助制造业更好地适应市场变化。

（四）绿色可持续发展的需求

随着全球对环境保护和可持续发展的重视，绿色物流和环保制造成为市场的新趋势。这要求物流业和制造业在追求效率和效益的同时，也要考虑到环保和资源的可持续利用。为此，许多企业开始寻求更为环保的生产材料和物流解决方案，努力降低碳排放和环境影响。

综上所述，市场趋势与现状对物流业与制造业的融合发展起着决定性作用。全球化的供应链重组、消费者需求的多样化、数字化转型的推动，以及绿色可持续发展的需求，共同塑造了这两大行业的未来。随着这些趋势的深入发展，预计物流业与制造业将继续紧密融合，共同应对市场的挑战和机遇。

四　两业联动发展的深远意义

在经济发展由高速度向高质量发展的新形势下，经济增长速度的放缓，在一定程度上也引起制造企业与物流企业的利润的下降，从而引发诸多矛盾。通过进一步促进制造业与物流业的融合发展，提高两业的核心竞争实力，从而加快中国产业的转型升级，推进制造业和物流业强国建设目标的实现。

在现代经济发展的深度和广度之下，各产业之间并不存在泾渭分明的壁垒。制造业与物流业更是密不可分，制造业生产的产品必须通过物流业的交换才能实现产品的使用价值，而物流业对制造业的依赖程度更深。制造业与物流业融合发展的趋势越来越明显，对于提升制造业的核心竞争力和促进物流业提质增效具有重要意义。两业融合也越来越得到国家的重视，相继出台了多项支持政策。2020年，国家发展改革委会同13个部门和单位联合印发了《推动物流业制造业深度融合创新发展实施方案》，对于推动中国制造业和物流业的高质量融合发展具有重要指导意义。

（一）两业融合创造发展新价值

两业融合创造发展的基础是打破产业链、供应链之间的壁垒，从而加大对产业内在价值的挖掘。信息共享为两业之间的要素资源整合提供了可能。首先，信息共享将为两业在供给和需求端的有机结合提供了决策上和战略上的支持，使在产业链和供应链上实现对接，从而降低成本和提高运作效率、质量。其次，信息共享在信用体系上打破两业之间的闭环状态，加深两业之间的供应链在各环节深入全面的信息共享，提高相互之间的信任度。此举有利于改变物流企业难以共享到制造企业的相关物流需求信息，而将业务局限在产品存储和运输的浅层次物流服务状态。最后，两业在供应链各个环节的信息共享，有利于打通生产到消费整个循环系统的堵点，对制造企业各环节物流需求进行优化升级。两业融合不是简单的业务叠加，而是产业业态的模式再造，将创造出两业自身和整体的新价值。

（二）两业融合提高产业整体效率

两业融合必然要在产业链和供应链上实现衔接标准的统一，这是打破两业产业界限实现共同运营的基础。衔接标准统一，才能让两业在各个环节顺利通畅衔接，降低人、财、物的不必要投入，提高各项资源的利用效率，降低两业的运营成本。两业衔接标准的一致是制造业智能化、定制化、绿色化的内在需要和物流业新业态模式培育的内在要求。

与此同时，两业融合标准规范统一还要求设施设备上的协同运作，产生一体化运作的平台。一是要求物流基础设施围绕制造业的产业布局进行协同布局，在满足制造业对于原材料等产品快速供应需求的同时，物流业也可基于专业的运输服务获得规模经济效益。二是有效解决两业在衔接上的不畅通问题，提升物流业的装卸、运输等设备的利用效率物流服务的标准化、专业化程度。

（三）两业融合激发高质量经济活力

两业融合联动并不是政府行为强行推动，而是市场的自发行为，是市场主体追求自身价值的实现和提高而自觉产生的市场行为，市场在两业融合要素资源的配置中起到的是决定性的作用，也必然带来高质量的市场活力。首先，两业融合发展是制造业和物流业企业在追求价值和效益的提高上的创新融合，可持续性强。其次，对于物流企业来说，与制造业的融合，将有效解决当前中国物流业布局分散的问题，激发物流市场的活力，培育新型的符合市场需要的物流龙头企业。最后，对于制造企业来说，制造企业将物流业务外包给具有低成本优势的物流企业，能够有效地降低其物流成本，提高其供应链的保障能力和防风险能力。

（四）两业融合促进大循环格局

两业融合要既能"融"又能"合"，是基于现代信息技术的两业业务全流程融会贯通，形成一个从生产端到消费端的产业运行大循环体系。两业融合将有力提升两业供应链的协同能力，促进两业资源整合，优化从生产到配送整个供应链流程的一体化运作。制造业对第三方物流服务的大规模需求，将催生物流业规模经济的发展路径和创新物流业的集约化管理方式。物流业与制造业的融合发展，既有利于制造企业将发展核心聚焦在创新驱动，也有利于物流企业向一体化服务的方式转变，从而形成国内、国际双循环的格局。

五　物流业与制造业联动的必要性示例——以苏州市为例

苏州市，作为中国东部沿海的重要经济枢纽，近年来在物流与制造业的联动方面取得了显著成就。这种联动不仅推动了苏州经济的快速增长，还为其他城市提供了宝贵的发展经验。

苏州物流与制造业的优质联动首先得益于其制造业的基础，苏州的制造业涉及电子、机械、化工等多个重要领域，其中尤以电子信息产业最为突出。大量的制造企业聚集在苏州工业园区和苏州高新区，这些企业对物流服务的需求日益增长，促进了物流业的发展和升级。在这一趋势下，苏州市的物流业发展越发瞩目。

另外，苏州拥有发达的交通网络和物流基础设施，如高速公路、铁路、港口以及现代化的物流园区。这些设施为制造业提供了快速高效的物料运输和产品分发渠道，大大降低了物流成本，提高了物流效率。也为两业加速融合提供了效率支撑。近年来，通过建立智能化的物流系统，如使用物联网技术进行仓储管理和货物追踪，因此，苏州物流企业能够更精准地满足制造业的需求。

就苏州物流与制造业融合的过程而言，其主要体现了三大亮点。首先，苏州市对两业的融合极其注重技术创新和应用。例如，苏州高新区内的多家制造企业和物流公司合作，采用了先进的自动化和智能化物流设备，如自动化仓库系统、智能分拣设备等，这些技术的应用大大提升了物流效率，降低了成本，并提高了制造业的生产灵活性。

其次，苏州市通过推动供应链管理的优化和升级，实现了物流与制造业的深度融合。许多制造企业与物流服务提供商紧密合作，共同开发定制化的供应链解决方案，从而实现了库存优化、运输成本降低和交货时间缩短。这种供应链的优化不仅提高了企业的响应速度，也加强了市场竞争力。

最后，苏州市的一些创新园区和产业集聚区，如苏州工业园区，提供了物流与制造业融合发展的良好平台。这些园区内部设施完善，不仅包括高效的物流中心和仓储设施，还拥有先进的制造设备和研发中心。这样的布局促进了产业上下游的紧密联系，加快了新产品的研发和市场推广。

在全球供应链和市场需求日益复杂的背景下，苏州市物流与制造业的紧密联动显得尤为重要。这种联动不仅帮助苏州市的制造企业更好地应对市场变化，同时也增强了整个城市的产业竞争力。苏州的经验表明，有效的物流与制造业联动是实现区域经济高质量发展的关键。

第四节　中国制造业的物流服务需求分析

今天，全球经济格局不断发展变化，呈现出更加复杂多变的特征。随着信息技术和交通运输技术的快速发展，国内外贸易的促进作用势必越来越明显。因此，推动制造业与物流业的联动发展，实现两业融合发展，已经成为中国发展高品质产业链与高效率供应链的必然选择。

制造业和物流业是实体产业的重要组成部分，两者相互依存、相互促进。制造业是国民经济的支柱产业，而物流业则是支撑制造业发展的基础产业。两业融合发展可以充分发挥制造业和物流业的协同效应，降低生产成本，提高效率，推动供给侧结构性改革和高质量经济发展。

从制造业产业链的发展规律来看，制造业与物流业的联动发展可以优化产业链上下游的协同，提高生产效率和产品质量。同时，物流业供应链的发展趋势也表明，两业融合可以促进制造业和物流业之间的信息共享和资源整合，提高供应链的透明度和响应速度。

因此，两业融合具有双向促进作用，能显著提高制造业和物流业的核心竞争力。对制造业而言，两业融合可以降低生产成本、提高效率、优化资源配置。对物流业而言，两业融合可以直接提高物流服务质量，提高物流效率和降低物流成本。实现两业融合发展，将为中国实体产业的发展注入新的动力和活力。

在"十四五"时期，中国将进入全面建设社会主义现代化国家新征程，向第二个百年奋斗目标挺进。其间，中国进入新发展阶段，发展基础更加坚实，发展条件发生深刻变化，同时也面临新的机遇和挑战。

为推动产业结构升级，中国将大力改造提升传统产业，同时培育壮大新兴产业。产业链式集聚发展将得到推动，以建设具有较大影响力的先进制造业基地和高端消费品制造基地。

全国的产业格局将以冶金、有色、建材、特色食品、机械、轻工、纺织、烟草及商贸八大产业为重点。

综合产业链价值提升将成为全国产业发展的主要方向，依托工业园区和招商项目合理配置资源要素，加快推进传统产业结构调整、技术创新和效益增加。同时，推动互联网、大数据和人工智能与制造业深度融合，推动制造业向中高端发展。

中国政府为满足日益增长的内生物流需求，积极投入物流基础设施建设，大力改善传统物流基础设施的不足。在政府和各企业的共同努力下，中国的物流形态已由传统的企业物流转变为能适应新兴产业需求的社会化物流。

随着贸易全球化的发展和各企业核心竞争力的提高，为提高核心竞争力，企业选择的发展方式更偏向于专业化。企业发展更迭，催生了多元化的物流需求，第三方物流企业也迎来了新的发展机会。许多制造企业在经营过程中逐渐意识到物流板块"第三方利润源"的存在，于是多元化物流服务开始出现。

为了降低运输成本，企业将原材料采购、运输、仓储、配送等物流服务过程与产品制造过程进行了有效分离。在调整物流管理模式的过程中，企业开始针对产品的不同阶段采取不同的运输模式。一些大型企业着力发展物流基础设施，自己承担部分或全部的物流服务，而有的企业则更倾向于将物流服务外包给第三方物流企业。如此多样化的物流需求与激烈的市场竞争，促使物流业向专业化、规模化发展，并逐渐演化成"买方市场"。制造业的运输成本在不断降低的同时，物流业的服务效率与质量也在不断提高。

为了规范物流业发展并引导现代物流及设施建设，政府以提质增效为核心，颁布了一系列促进现代物流发展的政策。在国家和地方政府的支持下，现代物流迎来快速成长。先进的管理水平与前沿的信息技术充分结合，推动中国物流业向高质量的方向发展。

中国经济总量在经济全球化和一体化过程中实现了前所未有的增长。当前中国物流业正处于高速发展阶段并逐渐成为国民经济的支柱产业。尤其是基于新兴产业的现代物流将带动中国经济新一轮的增长。在物流业发展过程中，要充分利用政府的力量，从政策层面引导物流中心建设，促进物流业信息化发展，推动物流业管理标准化进程。

虽然中国政府大力支持物流基础设施建设，但中国现代化、多元化的物流业建设目前仍处于起步阶段，各地区发展差距较大，社会化与专业化的物流中心建设仍未完善。但不可否认，随着中国经济的高速发展，工业化与信息化进程加快，中国物流业发展前景十分广阔。在这一趋势下物流业需在政府的引导下，借鉴国外的先进物流管理经验，改善中国物流业现阶段存在的问题，不断提高物流业服务质量与运输效率。

一　磷铝资源型产业物流服务需求分析

企业发展与其所在地区的经济状况密切相关，而其所在地区的经济发展也依赖于众多企业的支持。企业和城市属于同一个经济体系。为促进这一体系的良性循环，企业与城市应相互协同，优势互补，实现互利共赢的局面。

中国资源总量多、人口基数大，人均占有量在全球属于落后地位，资源相对匮乏。同时，中国资源消耗大，利用水平低，尤其是磷铝资源与生态保护之间的矛盾越来越明显，在这种形势下，中国开始着力打造以磷铝资源为代表的生态循环经济。

磷铝资源一般处于偏僻的山区，有着运输距离远、运输总量大的特点，对物流的依赖程度非常高。在磷铝资源的运销上，不仅需要成熟的物资管理和销售部门，还要有专业的物流供给体系，例如拥有专门的汽车运输队，甚至是内部铁路。随着资源消耗量不断增大，资源不断减少，大量物流基础设施出现闲置的情况。对于日益增长的城市规模和城市人口而言，居民生活和工业生产对物流服务的需求不断上升。此时，将闲置的磷铝资源物流基础设施投入城市物流服务，既可避免磷铝资源企业物流资源的浪费，又可充分满足城市生活和生产的物流需求，减少城市在物流资源上的投入，实现磷铝企业与城市优势互补，达到物流资源的合理配置。从长远来看，磷铝企业将自身的物流资源向城市物流产业融合转型是必经之路。

磷铝资源型城市不断发展催生了巨大的物流需求，而"重视工业建设，轻视城市建设"则会使城市物流供给难以为继。大多数的磷铝资源型城市是围绕当地磷铝资源产业而建设起来的。随着磷铝资源产业的持续发展，城市功能日益完善，逐渐发展成为集农业、工业、服务业于一体的综合性中等城市。与此同时，城市居民的生活需求日益旺盛，由于物流资源供给不平衡，现有物流资源难以支撑居民的需求。同时，中国现代化物流业发展相对较为缓慢，在磷铝企业型物流向城市型物流转型的路上经验不足，因此更需要借助政府的力量，借鉴国外先进的物流管理经验完成资源配置。

二 橡胶及塑料制品业物流服务需求分析

2021年，全球天然橡胶生产总量为1381万吨。中国天然橡胶种植面积仅次于泰国、印度尼西亚和越南，产量占总产量的5.8%。中国橡胶产量的价格受行业发展因素和气候因素的影响较大。气候因素如当地区气象持续干旱时，天然橡胶的价格和产量就会出现较大波动。行业因素指的是橡胶价格与汽车轮胎制造业紧密相关，当汽车产量持续上升时，橡胶价格常常随之上升。不仅如此，近年来，越南橡胶产量逐年提高，也对中国的橡胶市场造成不小的冲击。

在全球橡胶产业的宏观发展中，中国云南省以其庞大的橡胶种植面积和产量，在橡胶产业中扮演着举足轻重的角色。云南不仅是中国最大的天然橡胶生产基地之一，其橡胶产业对地方经济和全国乃至全球橡胶市场的影响深远。云南的地理位置使其成为连接中国与东南亚橡胶市场的重要枢纽，而且其独特的气候条件为橡胶树的生长提供了理想环境。

云南省的橡胶种植主要集中在热带和亚热带地区，如西双版纳和普洱等地。这些地区的温暖湿润气候使橡胶树能够快速生长，进而保证了稳定的橡胶供应。然而，与此同时，云南地形多样，山区众多，这给橡胶产品的运输带来了不小的挑战。特别是在雨季，山区道路可能受损，影响橡胶的运输效率和成本。

为了应对这些物流挑战，云南省正在不断优化其物流基础设施。一方面，通过建设和改善公路、铁路网络，提高了橡胶运输的效率和可靠性。例如，近年来的高速公路扩建项目大大地减少了从橡胶种植区到主要运输枢纽的时间。另一方面，云南也在积极发展多式联运，如铁路与公路的结合，以及通过邻近的港口实现海运，进一步拓宽了橡胶产品的市场范围。

2023年12月4日，云南省工业和信息化厅等5部门联合发布《云南省天然橡胶一二三产业融合发展实施意见》（以下简称《实施意见》）。《实施意见》明确指出，加大产业金融赋能力度，在西双版纳州推动建设天然橡胶产业园及保税监管场所，打造面向东南亚、南亚的天然橡胶加工中心、贸易中心和仓储物流中心。从《实施意见》中可以看出，构建配套的运输物流服务体系，也是云南省橡胶产业发展的一大重点。

除物流基础设施的改善，云南省的橡胶企业也在不断创新物流管理方式，以适应市场的变化。随着全球化的深入，橡胶产品的需求更加多样化和复杂化。例如，不仅是传统的轮胎制造业，橡胶也被广泛应用于医疗、工业等领域。因此，精准的物流规划、库存管理和运输调度成为提高效率、降低成本的关键因素。

此外，云南的橡胶产业也在积极应对国际市场的挑战。例如，面对国际贸易壁垒和环境保护要求的增加，云南的橡胶企业不仅需要关注产品质量，还需要考虑如何通过绿色物流减少环境影响。例如，采用环保的运输方式，如使用低碳排放的车辆，以及优化运输路线以减少能源消耗。

综上所述，云南橡胶产业的发展不仅体现在其生产规模的扩张，更重要的是在于如何通过创新的物流管理，提高市场适应性和竞争力。从优化物流基础设施到实施高效的物流管理，云南正努力在全球化的橡胶市场中占据一席之地。

三 电子信息制造行业物流服务需求分析

随着全球电子信息行业竞争越来越激烈，企业传统战略面临巨大危机。为了从不确定的市场中寻求新的发展机会，许多企业视供应链管理为第一突破口。先进的供应链管理策略可以降低企业遭遇风险时造成的损失，因此供应链管理成为电子信息行业的主导战略。中国作为全球最大的电子制造中心和交易市场，适应产业变革、提高供应链效率、打造高价值的供应链是中国应对全球市场危机的三大核心战略。

电子信息制造业是新经济时代的产物，集合了较高的信息、数字技术等知识量的比重。相较于传统制造业，电子信息制造业以智能化、数据化为导向，不断满足消费者多样化的需求。电子信息产品的最显著特征是更新迭代快，因此电子信息制造企业想要占领更大的市场份额，必须拥有敏感的市场嗅觉，拥有快速对市场做出反应的能力。在激烈的新经济竞争浪潮中，中国不断总结经验，开辟出了一条以现代物流思想为核心的新道路，其主要特征是通过压缩物流的时间与空间，给予客户更优质的增值服务，从而获取竞争优势。

电子信息制造业多样化的物流需求，不仅给传统物流企业带来了新的启示，还为中国电子信息制造业提供了新的发展机会。电子信息制造业物流的核心理念是减少浪费、持续改善，在控制成本的同时提高服务质量，符合当下企业发展的根本思想。电子信息制造业物流理念不断升级的同时，也带动了传统物流经营理念的更新。为了适应新时代的需求，传统物流的经营理念由以往的省时省力转变为以客户需求为中心的现代物流经营管理理念。在不断的生产实践中，电子信息制造企业意识到物流增值服务巨大的发展空间，因此对于物流服务的成本和时间提出了更高的要求。

电子信息制造水平不断上升的同时，国内的供应链效能也不断提升。随之第三方物流增长迅猛，逐渐成为专业化的供应链服务提供商。中国电子信息制造业作为世界经济发展的主要引擎之一，对于供应链服务提供商的依赖程度高，因此第三方物流是电子信息制造业的重要支撑之一。

由于电子制造业的成品及其元器件的特殊性，第三方物流企业要求具备高度专业化和精细化的运营资产和管理能力。同时电子制造业的供应链复杂，第三方物流企业需要提供灵活的模式来服务好货主方的上下游。总体而言，电子制造业物流的进入门槛较高。另外，由于全球的电子制造业的市场化程度较高，第三方物流企业的集中度相对较低。因此，针对第三方物流企业而言，无论是想将现有电子制造业务做大做强，还是准备进入电子制造业，收购兼并将是理想的增长手段。为此，第三方物流企业要积极了解电子信息制造行业的特点。

电子信息制造业的产品成本高、元器件复杂且精密，对于第三方物流的运力能力有较高要求。同时，电子信息制造业涉及的上下游产业链较多，第三方物流企业必须构建专业化的物流信息平台，才能保证电子信息产品流通时的顺畅。

高密度、重资产的需求使电子信息制造业物流的门槛较高，对于第三方物流而言，想要将电子信息制造业的业务做大，必须充分了解甚至直接进入电子信息制造行业。

（一）高速发展的电子信息制造业

电子信息制造业是中国经济发展的重要支柱产业之一，近年来得到了国家的大力扶持，成为中国经济增长的重要推动力量。该行业涉及领域广泛，其中计算机和通信设备是占比较大的一部分。随着技术的不断进步和应用领域的不断拓展，电子信息制造业的主营业务收入持续保持了较快的增长速度，复合增长率达到了10%左右。

在物流需求方面，电子信息制造业存在着一定的挑战。由于该行业的产品品种繁多、规格不一，导致物流需求难以系统化和规模化。此外，电子信息制造业的海外业务较多，催生出的国际货运及其他物流需求的市场份额较大，需要专业的物流服务提供商来满足其需求。

为了更好地满足电子信息制造业的物流需求，需要加强物流服务提供商与电子信息制造企业的合作与沟通。通过建立长期稳定的合作关系,双方可以共同推动物流服务的优化和创新,提高物流效率和服务质量,降低物流成本,促进电子信息制造业的快速发展。

总之,电子信息制造业是中国经济发展的重要支柱产业之一,其发展对于中国经济的转型升级具有重要意义。为了更好地满足该行业的物流需求,需要加强物流服务提供商与电子信息制造企业的合作与沟通,共同推动物流服务的优化和创新。

(二)海外电子制造业物流市场概览

在过去的几十年里,世界各地的消费者对电子信息产品的需求非常旺盛,许多国际第三方物流在此期间蓬勃发展。研究数据表明,大多数国际物流第三方企业的收入来源里,电子信息制造业的物流服务稳居前三位。

例如,著名的国际物流第三方企业——基华物流在2018年里,电子信息制造业的物流服务占全年总收入的15%,其中不乏三星、戴尔、惠普等全球领先的电子信息行业客户。

海外旺盛的市场需求使第三方物流高度成熟,逐渐成为具备规模化和专业化服务能力的支柱产业。大型的国际电子信息制造企业专注于发展主业,物流板块和供应链板块基本承包给第三方物流企业,不仅如此,考虑到产品、成本、时效等因素,这些制造企业会选择多个第三方物流企业。成熟的第三方物流体系满足了电子信息制造企业多样化的需求,第三方物流企业也在激烈的竞争中不断提高服务能力,因此电子信息制造企业与第三方物流企业相互促进。

(三)中国电子制造业物流市场格局

中国电子信息制造业的物流市场发展较为滞后,但在政府的引导下,目前形成了以自营体系内物流企业、综合型供应链企业以及区域性物流企业为一体的格局。在这三足鼎立的体系当中,其中区域性物流具备高度灵活性,能满足电子信息制造企业多样化的运输需求。

1. 自营体系内物流企业

国内大型的电子信息制造企业为了满足自身和旗下子公司密集的物流需求,往往会成立专用的物流企业。随着逐渐发展成熟,自营体系内物流企业也会承接企业以外的业务,甚至发展成企业的主要板块。

2. 综合型供应链企业

综合型供应链企业规模大，涉及行业广，业务范围常常涉及海内外而且具有一定的知名度。它能满足大部分客户的业务需求，但对于三四线城市或落后地区的业务覆盖较少。

3. 区域性物流企业

这部分企业利用较强的区域资源率先完成了区域布局，并且优先服务区域内的大型企业客户。随着业务量不断增大，区域性物流企业覆盖的区域也越来越广，灵活性也随之增高，具有一定的品牌效应，所以常常是区域内各企业的第一选择。

自 2018 年以来，国内计算机、通信设备和其他电子设备制造业迎来了爆发性增长，与其密切相关的物流企业也迅速发展成为具有一定竞争力的市场参与者。但随着中国电子信息制造业专业化不断提高，客户对物流企业的时效性提出了更高的要求，尤其是一些电子信息产品品牌商，对物流需求的集中度持续提升，因此第三方物流企业的进入壁垒也随之提高。对于大型企业来说，固定的第三方物流合作企业可以降低沟通成本，使制造企业更加专注于产品质量的提升。由此可见，第三方物流市场在将来依旧有巨大的发展机会。

（四）以贵阳市电子信息制造行业物流服务需求为例

目前，贵阳市已形成贵安新区电子信息产业园、富士康第四代绿色产业园、三大运营商数据中心等电子信息产业集聚区，聚焦高效安全的电子信息制造业物流服务需求不断增加。

在贵阳市电子信息制造产业中起引领作用的企业包括振华集团、顺络电子、中晟泰科、达沃斯科技等，并已开工建设浪潮服务器项目、欧比特卫星大数据等项目。围绕计算机、通信设备、数字视听、集成电路、关键电子元器件、电子材料、新型显示器件、电子专用设备和仪器、发光二极管（LED）等产业环节，电子信息制造产业链加快延伸，本地配套能力不断增强。

以电子信息制造业中的彩色电视机为例进行分析，如图 2-10 所示。

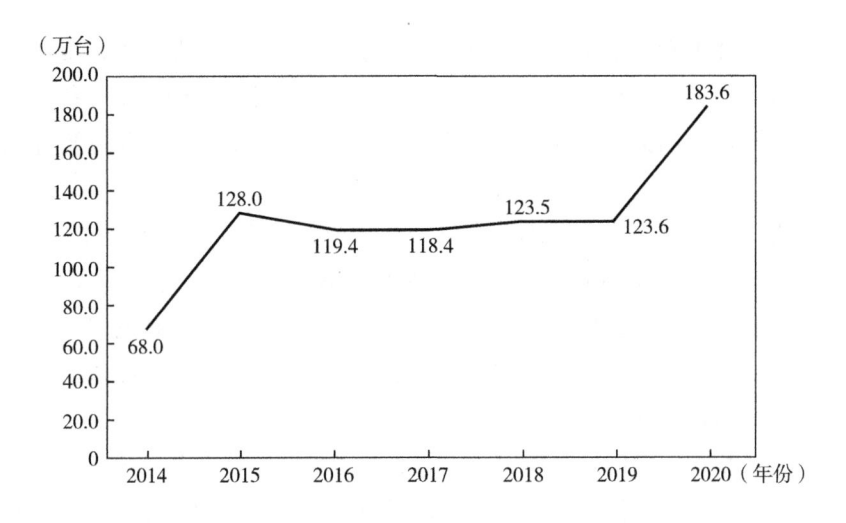

图 2-10 2014—2020 年彩色电视机产量

根据数据趋势特点，对 2021—2025 年以及 2030 年彩色电视机的产量进行预测分析，得到 2021—2025 年以及 2030 年彩色电视机产量预测量表，如表 2-5 所示。

表 2-5　　　　2021—2025 年以及 2030 年彩色电视机产量预测　　　单位：万台

年份	产量
2021	163.6
2022	192.0
2023	188.0
2024	216.5
2025	212.5
2030	289.9

由上述分析及预测可以看出，彩色电视机的产量虽有攀升，但速度较慢。现代制造业中，电子信息制造业的发展是重中之重。贵阳市数字经济的现阶段发展主要存在两个短板，一是电子信息制造能力不足，二是软件和信息技术服务业规模上不足，这是制约贵阳贵安数字经济今后是否能发展成为产业集群的核心指标。

从整体上看，电子信息产业是产业分类中较大的产业分支，市场份额很大，包括电子材料到电子元器件、电子零配件，再到电子设备、电子终端产品。因此，电子信息制造产业对于物流服务需求也需要得到重视。

电子信息制造行业属于精密仪器制造业，对物流运输的要求较高。人为操作因素包括流程不当、粗暴对待货物、野蛮装卸、不按要求仓储、倒置堆放等都会使货物遭到不同程度的受损。因此，精密仪器或原件包装方式需要妥善处理。例如，在运输过程中，需要对产品进行隔震处理，同时还要防倾斜。

为了快速、及时地响应客户需求，电子信息制造企业必须具备良好的供应链整合管理能力。一方面，通过对供应链资源的良好掌控，企业能充分发挥自身产品设计能力，在确定产品设计方案后，能够快速评定产品设计转向生产制造的可行性，同时帮助客户实现产品设计优化，避免后续生产过程中出现产品无法交付的问题。另一方面，电子信息制造行业上游企业多是原材料生产企业、模具制造企业，规模较小，分布比较零散，这需要企业具备较强的资源整合能力及优秀的供应链管理能力以保障生产的顺利进行。

由于以电视机为代表的精密昂贵的电子产品十分脆弱，在运输过程中容易被损坏，过往贵阳市电子信息制造业生产的电视机大多采用单一的公路运输方式，主要销往贵阳市和周边的西南市场。但随着国内电视机市场的饱和，这些制造公司开始谋求开拓国际市场，例如，按照海信集团海外营销公司对海信的订单承接要求，2022年，贵阳海信的产品预计率先出口到日本，2023年计划出口到欧洲。不仅是海信，奇瑞、万达等企业也在紧抓新发展格局带来的机遇，加快拓展国内外市场。与此同时，贵州省开行了"贵阳改貌—深圳平湖南"黔粤测试货运列车，一些公司开始尝试通过铁路列车运输电视机，这种运输方式也能提高电子信息制造行业的货物运输能力和安全性，减少资源消耗和时间耗费。

第三章
中国物流与制造业发展问题研究

中国物流与制造业的健康发展对于国家的经济结构优化、国际竞争力提升以及社会稳定具有深远的意义。因此，深入研究中国物流与制造业发展中的问题，不仅是对现状的客观反映，更是对未来发展方向的明确指引。

物流与制造业作为国民经济的两大支柱，其发展水平和效率直接关系到经济的整体运行效能。制造业作为物质生产的主体，需要高效、精准的物流系统支持，以保证原材料的及时供应和成品的快速分配。同时，先进和高效的物流体系能显著降低制造业的运营成本，提高产品的市场竞争力。因此，深入分析并解决两者发展中的问题，对于提升整个产业链的效率和价值具有重要的战略意义。

目前，中国的物流与制造业面临着数字化转型、环境可持续性、国际化发展等多重挑战。如何在保持经济增长的同时，实现产业的绿色发展，如何在全球经济中更好地定位自身，以及如何通过技术创新提升行业竞争力，成为亟待解决的关键问题。

此外，随着国内外市场环境的不断变化，物流与制造业也面临着供应链优化、管理模式创新、服务质量提升等方面的挑战。这不仅考验着企业的市场适应能力和创新能力，也考验着政府在宏观调控、产业政策制定方面的智慧。

因此，系统地分析和研究中国物流与制造业的发展问题，对于引导行业持续健康发展，提升国家经济的整体竞争力，以及更好地融入全球经济体系具有重要的现实和战略意义。

第一节　中国物流业发展问题分析

物流业的发展状态直接影响着国家的产业结构、商业流通效率以及国际贸易的便利度。在中国，随着制造业的快速发展和消费市场的日益扩大，物流业的角色越发显得重要。有效的物流系统能够降低企业运营成本，提高市场响应速度，同时为消费者带来更高效的服务体验。因此，深入研究和解决物流业发展中的问题，不仅能提升物流服务的质量和效率，也有助于整个社会经济系统的优化。

基于此，本节通过对中国物流与制造业发展现状的研究，详细总结归纳了中国物流业发展的现有问题和不足。

一　物流基础设施与服务质量不足

在中国经济快速发展的背景下，物流业的发展显得尤为重要。然而，中国物流业目前面临的最大挑战之一便是基础设施的不足和服务质量的低下。这一问题不仅影响了物流业的效率和竞争力，而且在很大程度上制约了整个国家经济的发展和国际贸易的扩张。

（一）基础设施的不足

中国的物流基础设施主要包括交通网络、仓储设施、物流园区等。目前，尽管中国在基础设施建设方面取得了巨大进步，但仍存在许多不足。其中，最显著的问题包括以下几个方面。

1. 交通网络"瓶颈"

虽然铁路、公路和水运网络覆盖广泛，但在一些关键区域，特别是城市周边和农村地区，交通拥堵和物流通道不畅仍然普遍存在。这些问题导致了运输效率低下，增加了运输成本和时间。

2. 仓储设施落后

现有的仓储设施在数量和质量上都难以满足当前市场的需求。许多仓库设施过时，缺乏现代化管理和自动化技术，这限制了物流业的发展。

3. 物流园区发展不平衡

中国各地物流园区的发展水平不一，特别是在中西部地区，高效、现代化的物流园区相对缺乏。

(二) 服务质量的问题

物流服务质量的问题主要体现在以下几个方面。

1. 信息化水平低

与发达国家相比,中国物流业的信息化程度较低。这导致物流企业在订单处理、库存管理、运输跟踪等方面效率低下。

2. 服务标准不统一

物流服务流程缺乏统一标准,服务质量参差不齐。这不仅影响了客户体验,还降低了整个行业的服务效率。

3. 专业人才短缺

物流业面临专业人才短缺的问题,尤其是在物流规划、运营管理、信息技术等领域。缺乏专业技能的工作人员限制了服务质量的提升。

总体而言,物流基础设施的不足和服务质量的问题对中国经济产生了深远的影响。首先,它增加了物流成本,削弱了中国产品在国际市场上的竞争力。其次,低效的物流服务影响了企业的供应链管理,降低了市场响应速度和客户满意度。此外,这些问题还影响了农产品等易腐货物的运输效率,造成了资源浪费。

二 物流行业标准与国际接轨程度不够

在全球化的经济环境中,物流业的标准化和国际接轨是衡量一个国家物流业发展水平的重要指标。中国物流业虽然取得了快速的发展,但在标准化和国际接轨方面仍存在明显的不足,这限制了其在全球物流领域的竞争力。

(一) 标准化的缺失

物流业的标准化主要涉及运输、仓储、包装、信息服务等多个方面。中国物流业目前普遍缺乏统一和规范的操作标准,这主要体现在以下几个方面。

1. 服务流程不统一

不同的物流企业有着各自的服务流程和操作标准,导致服务质量参差不齐,客户体验不一致。

2. 包装标准化程度低

物流业在包装设计和使用上缺乏统一的标准,不仅增加了物流成本,也降低了运输效率。

3. 信息系统互不兼容

由于缺乏统一的信息平台和标准，不同物流企业之间的信息系统互不兼容，影响了整个供应链的信息流通效率。

（二）国际接轨的困难

物流业的国际接轨不仅涉及技术和服务标准的匹配，还包括管理理念、服务理念等方面的融合。中国物流业在国际接轨方面面临的主要困难包括以下几个方面。

1. 国际标准认知不足

物流企业对国际物流标准的认识不足，缺乏将国际标准应用到实际操作中的能力。

2. 技术和管理方法落后

与国际先进水平相比，中国物流企业在技术装备和管理方法上存在差距，影响了其与国际市场的接轨。

3. 跨文化交流能力不足

在全球化背景下，物流企业的国际交流和合作越来越频繁，跨文化交流能力的不足成为制约中国物流企业国际化发展的一个重要因素。

标准化和国际接轨的不足对中国物流业产生了深远的影响。首先，它限制了中国物流企业在国际市场上的竞争力。在全球供应链中，标准化和国际化的物流服务越来越受到重视，缺乏这些能力的物流企业难以获得国际客户的认可。其次，这也影响了中国制造企业的国际竞争力。作为制造业的重要支持服务，物流服务的标准化和国际化程度直接影响了制造产品的市场响应速度和成本控制。

由此可见，物流业标准与国际接轨程度不够是中国物流业面临的又一重大挑战。标准化不仅关系到物流业自身的发展，还关系到整个国家经济的国际竞争力和市场开拓能力。

三 物流业与制造业深度融合的缺乏

在中国制造产业的快速发展中，物流业与制造业的深度融合是提升产业链效率和竞争力的关键。然而，目前这两个行业之间的融合程度尚未达到理想状态，存在诸多挑战和障碍。

（1）物流业与制造业的融合不仅仅是物理层面的结合，更涉及信息流、资金流以及管理流程的深度整合。然而中国物流业与制造业的信息流整合目前存在诸多不足,这主要表现为物流与制造业之间的信息交流和共享程度不够,导致供应链反应缓慢,无法实现实时的需求响应和库存优化。

(2) 中国物流服务模式过于单一,大多数物流企业仍采用传统的物流服务模式,缺乏针对制造业特定需求的定制化服务。

(3) 制造业与物流业在供应链管理上缺乏有效的协调机制,导致资源配置不合理,效率低下。

(4) 现代物流技术如自动化、智能化在物流与制造业的结合中应用不广泛,未能充分地发挥技术优势。

这些不足之处对中国经济和产业发展产生了一系列负面影响。其中包括生产效率无法达到理想状态。这是由于物流服务无法精准对接制造业需求,导致生产流程中出现延误,降低了生产效率。同时生产和运输成本增高,信息不畅和服务不协调直接导致制造业在存储、运输等环节的成本增加。

从宏观角度分析,还造成了市场反应迟缓。物流与制造业融合不足使市场需求变化对生产计划的调整反应不够及时,影响企业市场竞争力。

总体考量,物流与制造业的深度融合关系到整个供应链的效率和成本控制,是提升中国制造业竞争力的关键。目前融合程度不足的问题,需要从信息技术应用、服务模式创新、管理流程改进等多方面着手,实现两个行业的深度整合和协同发展。

四 物流业创新能力不足

在全球化竞争日益加剧的当下,创新是推动任何行业持续发展的核心动力。目前,中国物流业虽然在规模上持续扩张,但在创新能力方面仍显不足,这成为制约其发展的一个重要因素。

物流业的创新不仅包括技术创新,还包括服务创新、管理创新以及业务模式创新。当前,中国物流业主要在两个方面表现出创新能力的不足。

一是技术创新滞后。相较国际物流业的发展,中国物流业在自动化、信息化等方面的技术创新相对滞后。尤其是在智能物流、大数据分析等前沿技术的应用上,与发达国家存在较大差距。二是管理创新不足。在物流管理方面,许多企业仍然依赖于传统的管理方法,缺乏有效的供应链管理和协同管理创新。

这直接导致制造业及物流业自身发展产生了诸多局限，同时发展潜力严重受限。尤其在快速变化的市场环境中，缺乏创新的企业难以适应新的市场需求，限制了其长远发展的潜力。

总言之，创新是任何时代中任何行业、产业的核心发展力，提升创新能力不仅需要技术层面的突破，更需要在管理思想、服务理念、业务模式等方面进行全面创新。通过持续的创新努力，中国物流业有望实现质的飞跃，更好地服务于国家经济的发展和国际竞争。

五 物流业组织结构与管理模式需要优化

中国物流业在快速发展的同时，也面临着组织结构和管理模式上的诸多挑战。现有的组织结构和管理模式在很大程度上限制了物流企业效率的提升和服务质量的改进。这不仅影响了物流企业内部的运作效率，也影响了其对外部市场的响应能力和服务水平。

目前，中国物流企业普遍存在的问题是组织结构较为僵化，缺乏灵活性和适应性。在快速变化的市场环境下，这种组织结构难以迅速响应市场变化和客户需求。此外，许多物流企业的管理模式还停留在传统的层级式管理，缺乏有效的横向沟通机制，这在一定程度上阻碍了信息流的顺畅和决策的高效性。

管理模式上的不足还体现在对现代物流管理理念和技术的应用不足。在当前的市场环境下，物流业越来越需要依靠先进的管理理念和技术来提升运作效率和服务质量，如供应链管理、精益物流、绿色物流等。然而，不少中国物流企业在这些方面的应用还不够广泛，缺乏系统化的管理策略和创新的业务模式。

此外，物流业内部的人才结构也需要优化。当前许多物流企业面临专业人才短缺的问题，尤其是在高级管理人才和技术人才方面。人才结构的不合理不仅影响了企业的日常运营，也限制了企业的长期发展和创新能力。

总的来说，物流业的组织结构和管理模式亟须优化和革新。这不仅需要从组织结构和管理流程上进行调整，还需要加强对现代物流管理理念和技术的应用，以及加大对人才的培养和引进力度。通过这些措施，可以提升物流企业的内部管理效率和市场竞争力，更好地适应市场环境的变化，促进物流业的健康发展。

六 物流与农产品加工业联动的问题

物流与农产品加工业之间的联动是推动农业现代化和农村经济发展的关键环节。然而，这一领域目前在中国面临着诸多挑战，尤其是在物流服务与农产品加工业之间的协同效率和效果上。这种不足的联动影响了农产品的市场供应，降低了农业的经济效益，同时也限制了物流业在农村地区的拓展和发展。

（1）当前的物流服务体系在满足农产品加工业的特殊需求方面存在不足。由于农产品的易腐性、季节性强等特点，对物流的时效性和质量要求极高。然而，物流服务在这些方面往往难以满足要求，如在冷链物流、快递配送等方面的服务能力不足，导致农产品在运输和存储过程中的损耗较大，影响了农产品的市场价值和销售收益。

（2）物流与农产品加工业之间缺乏有效的信息共享和协调机制。物流企业与农产品加工厂商之间的信息流不畅，导致供应链管理效率低下，无法有效应对市场需求的变化。这种情况在农村地区尤为突出，物流信息化水平低，难以实现精准的物流服务。

（3）物流服务在农村地区的覆盖面不足。由于农村地区基础设施相对落后，物流网络覆盖不全，导致农产品加工业无法充分利用物流资源，增加了物流成本，降低了农产品的市场竞争力。

总体而言，物流与农产品加工业之间的联动问题需要从提升物流服务能力、建立有效的信息交流和协调机制，以及扩大物流网络覆盖等多方面进行改进。通过这些措施，可以优化农产品的供应链管理，提高农产品的市场价值，同时也为物流业的发展拓展新的领域和机遇。

七 物流与现代技术融合不足

中国物流业在现代技术融合方面的不足是一个突出问题，它直接影响着行业的整体效率和竞争力。在全球物流业快速发展的背景下，中国物流业在引入和应用新技术如云计算、大数据、人工智能等方面整体上还显得较为落后。这主要是因为技术应用普遍不够广泛，尤其是在中小型物流企业中更为明显。即使一些企业开始尝试使用这些技术，它们的应用往往还停留在初级阶段，与业务流程的深度融合不够，导致技术潜力未能充分发挥。

此外，物流企业内部的技术创新能力有限，这在一定程度上阻碍了行业的进步和对外部市场变化的快速响应。特别是在服务创新和成本控制方面，技术融合的不足使中国物流业难以与国际先进水平抗衡，影响了其在全球市场的竞争力。

这种技术与业务融合不足的状况，导致了服务效率和质量的提升受到限制，从而影响了客户体验和满意度。同时，也使物流企业在快速变化的市场环境中适应能力不足，缺乏必要的灵活性和响应速度。因此，加强物流业与现代技术的融合，不仅是提高行业内部效率的必要条件，更是提升整个行业竞争力的关键步骤。

为此，物流企业需要加大对技术研发和应用的投入，不断探索与业务流程的深度整合，以促进服务创新和成本优化。同时，政府和行业组织也应发挥其作用，提供必要的支持和政策引导，帮助行业加速技术升级和创新步伐，从而提升中国物流业在全球市场的竞争力和影响力。

八 其他问题

现代物流业在中国呈现"大而不强"的局面，还体现在物流的成本相对较高、物流效率提升不明显、物流业的集约化程度低，对产业的支撑度不够等方面。此外，在标准制定、人才储备、安全保障等"软实力"方面也在制约着中国物流业及制造业的发展。从中国现代物流业发展的市场环境来看，地方保护、不正当竞争等问题依然不同程度地存在，物流企业发展融资难的问题也没有从根本上解决，解决这些问题，也是中国物流业现代化转型升级的关键。

（一）物流绩效有待提高

全社会物流总费用在GDP中所占的比重大小，是衡量物流绩效的一项重要指标，经过多年的降成本提质效的努力，中国在2020年的物流总费用与GDP的比值降到14.7%，与2012年相比，下降了3.3个百分点，取得的成就不可谓不突出，但相对于发达国家8%—9%的水平，中国的社会物流总费用与GDP的比值还是偏高，侧面反映了中国物流业的成本较高，绩效有待提升。

造成中国物流绩效不高的主要原因有以下几个。一是物流系统的网络化程度还不够完善，导致物流运输的协调组织能力弱，"各自为政"的现象突出，难以有效利用现有的物流基础设施。二是关键基础设施存在结构性短缺。现代化的物流园、物流枢纽占比较低，尚未形成高效、安全、有序的综合物流运输网络；物流园区、枢纽的空间布局和产业布局体系不尽合理、功能不尽完善，物流基础设施之间难以做到有效的连通协作等。三是第三方物流服务不足，第三方物流企业尚不能提供满足市场全方位、多元化需求综合物流服务，且在管理水平、技术水平上严重落后于发达国家。还有，中国现代物流业的信息化、数字化程度不够，与其他产业的联动不足等缺陷，阻碍了中国物流成本的降低和绩效的提升。

（二）物流业发展的市场环境不优

1. 规范和促进物流业有序发展的法律法规体制还不完善

对于物流业的发展缺乏有效的高位阶的专门法律，现行的有关物流法律法规体系分散，散见于各项单行规定，没有形成有效的法律体系，与市场化、国际化的现代物流业要求难以适应。而且法律的适用性和可操作性差，多是原则性的规定，缺少具体的实务指导。各部门、各地方关于物流工作的规定，缺乏有效衔接和统筹协调，重复要求和规定之间"打架"的情况不同程度地存在，难以形成有效的规范合力。

2. 物流业的管理体制不完善，公共服务不足

对于物流业，中国尚未有统一的主管部门，对物流业的发展缺乏全国一盘棋的管理和协调能力，治理呈现多头管理的分散化特点，管理权限条块分割现象突出，不利于整合资源凝聚发展合力。另外，阻碍物流市场化机制建设的地方保护主义和准入门槛的壁垒在一些地方仍然不同程度地存在，这种自我封锁、市场切割的状态，使政府难以统筹对物流市场和产业进行有效的治理，使有限的物流公共服务资源更加难以发挥功效。

（三）中国物流业存在问题的具体影响——以贵阳市为例

中国物流业存在的问题，不同程度地影响各地制造业和物流业的联动。以贵阳市为例，总结如下。

1. 在运力与运输产品情况方面

突出问题为物流企业弱、小、散。目前，贵阳市拥有 50 台货车以上的企业，共拥有运力 3000 多台货车，此外经交通委员会检查，全市有 3 万台左右营运货车。其中，冷链运输货车类 4.5 吨以下（蓝牌车）的比例较大，运输管理部门难以进行统一管理和安全监管。贵阳

市地理位置及市场情况限制了进出口货运业务，出口的多为白酒、轮胎、老干妈、农产品、水泥、有色金属等产品，从而进出口货运量比例严重失衡，进口与出口比例仅为14∶1，在此基础上实施多式联运、甩挂运输等运输组织方式更是效果欠佳，由此，物流企业的运输经营状况并不理想。

2. 在多式联运方面

目前贵阳铁路运输有限公司已被纳入改貌铁路场站多式联运试点企业，可依托现有的货运站点和货运资源开展业务。交通委员会授权该铁路运输公司24辆拖头、48辆挂车组织运输，主要运输建材和生活物资（如粮油）等，但进口货运量远大于出口货运量，且企业实行市场化竞争，经营状况并不理想。

3. 在物流企业发展现状方面

目前，主要出现了以下几类发展问题。

（1）供大于求、恶性竞争、物流企业运营成本高，物流公司运营成本达总收入的60%以上，利润不超过14%，物流建设投资增速出现波折。

（2）驾驶员薪资和权利保障问题普遍存在。由于准入门槛低、货运平台接单不透明、运费结算无主动权、企业经营资质不过关等问题的存在，导致驾驶员与物流企业纠纷频发，在发展大数据网络货运背景下，相关政策法规保障措施欠缺。

（3）贵州省外贸缺乏相应产业支撑，出口货运量少，进口车辆返程普遍无货，有货即运，导致运价低迷，物流企业无议价能力。

针对上述问题，应当完善相关政策法规，规定未经交通行政主管部门办理经营许可从事相关运输业务的，给予相应的处罚。网信办需限制驾驶员准入条件，控制增量、降低存量。

4. 贵阳市物流着眼点仍在物流供给

目前，贵阳的物流着眼点仍在物流供给，而不在于培养和挖掘物流需求。在经济市场化的环境中，只有需求才真正是市场的原动力。只有物流服务需求企业对外包第三方开展物流服务的需求充足，贵阳物流服务的提供者才会有持续改善服务的利益驱动和资源支持，物流市场资源才不会浪费。

在目前贵阳市物流业发展中，物流服务需求企业还处在一切都要自己拥有、一切都要自己干的传统经营模式及观念中，还没有完全树立起协作、联合、共赢的思想，没能积极接受物流外包理念，没能扩大物流外包范围。

5. 贵阳市企业经营模式存在问题

贵阳市国有企业在内的大多数企业普遍偏好"小企业，大社会""大而全，小而全""产、供、销一体化""生产自销，零售自采，物流自办"的经营模式，不愿意把非核心竞争力的业务交由他人去做。企业无论大小、强弱，也无论条件允许与否，大都自建物流体系、层层建仓库、户户搞运输，采取自营物流业务的方式，从原材料采购到产品销售过程中的一系列物流活动主要依靠企业内部组织的自我服务来完成，具体表现为生产企业和商业企业纷纷建库、买车、修路，拥有大量的物流设施，并成为企业经营资产中的一个重要组成部分。企业物流部门"小的吃不饱，大的干不了，难的啃不动"，效益低。

6. 企业物流格局未有实质性改变

企业自成体系、自我服务式的物流格局并没有发生实质性改变。例如，目前贵阳市公路运输自货自运车辆占社会运输车辆的70%以上。而且，在一些地方和一些企业内部，甚至趋向发展自营物流。这种自我服务为主的物流活动模式在很大程度上限制和延迟了工商企业对高效率的专业化、社会化物流服务需求的产生与发展，是制约贵阳市第三方物流市场快速发展的"瓶颈"。同时，企业自办物流效率低下，使物流不仅不能成为企业的竞争优势和利润源泉，反而成为企业节约成本、提高服务质量的障碍，成为贵阳市整体经济运行成本高、效率低、效益差的一个重要原因。

7. 物流企业变动成本过高

道路通行费用过高，因地理条件，桥、路建设费用高，过桥过路费过高，普通小汽车通行费在1元/千米左右，货车按航次计费，因此物流企业鼓励驾驶员从国道、省道通行。从事专线物流运输的企业得益于货源稳定得以发展。其次是天然气成本上涨明显。由于贵州地理条件限制，民用天然气货源不足，物流企业不得不采用商用天然气，近期货源紧缺，价格大幅上涨。贵州省燃油售价也明显高于云南、四川等地，高出幅度在0.6元/升左右。从节约社会燃油资源、降低运输经营风险角度考虑，建议采用计重收费政策，出台差异化收费措施，采取隐性补贴方式，设定物流企业补贴标准，符合标准的企业自行申请。

8. 贵阳市物流企业竞争激烈

企业运输成本高，因供大于求，若提高运价，无法达成运输协议，且存在部分外省车辆滞留本地组织低价运输，与物流企业竞争，因此运价低迷，物流企业无议价能力。建议设立相关监管部门，在部门监管下，建立大型公共物流平台，公开透明运价制度。

9. 部分企业无法享受 ETC 卡优惠政策

目前，部分本土企业是与其他地区资本投资共建，办理的 ETC 卡无法享受优惠政策，且部分地区 ETC 基础设施建设不够成熟，导致货车排队现象严重。

10. 水路运输配套设施有待进一步完善

乌江是长江八大支流之一，也是贵州第一大河，自古以来就是贵州连通外界的航运要道，因其流量充沛，流态稳定，素有"黄金水道"之美誉。磷矿石的货船可依托乌江抵达重庆涪陵网背沱码头，进行水水中转，北上长江，将磷矿石运至安徽等地进行水泥的加工，完成"以渣定产"的目标。从开阳港经瓮安、余庆、思南、沿河，到重庆涪陵航线全长 545 千米，当磷矿石抵达涪陵后，再由大吨位船舶转运，最终可运抵安徽省芜湖市等磷矿石接收地。

水路方面，开阳港经清水河—乌江—长江的通航设施建设已完工，具备水运条件，2021 年 12 月 2 日采用 500 吨级干散货船 14 艘满载运输 6800 吨磷矿石至重庆涪陵再达安徽省。且开阳—瓮安高速出口离开阳港仅五六千米的路径，该路径已作为物流通道正在建设，预计将于 2022 年开通。对于码头建设，由于受乌江通航条件限制，码头等级与配套设施设备当与乌江通航能力匹配。由于配套设施相对不充裕，一定程度上限制了产品以水路形式的外运。

第二节 中国制造业发展问题分析

制造业发展水平是国家生产制造实力的重要体现，其有效发展能够提高中国在国际市场的经济竞争力，并获得更多外部收益。此外，高端制造业的发展还能促进中国各个产业链的升级和转型，从而提高整体产业水平，提升全球价值链中的地位。因此，深入分析中国制造业面临的问题，不仅对于理解和解决行业内的具体挑战至关重要，更是对国家经济策略调整和产业升级路径的重要指引。

目前，中国制造业的发展问题主要体现在磷铝资源型产业等特定领域的挑战，以及广泛的制造业所面临的共性问题。这包括了资源的有效利用、环境的可持续发展、技术创新的推进，以及应对国际市场竞争压力等多方面内容。对这些问题的深入探讨，不仅有助于推动具体行业的发展，优化资源配置，还能促进整个制造业的转型升级。

一　中国磷化工产业发展面临的问题

中国的磷化工产业作为资源依赖性较强的产业，目前存在资源的综合利用效率不高、环境污染严重等问题，加之行业的无序竞争带来部分产能过剩，导致中国的磷化工产业在国际市场上的整体竞争力还有待加强，急需寻找产业转型的出路。

（一）产能过剩

行业部分产能过剩，整体利润率有所下降。以磷复肥为例，从2007年起开始，产能过剩的问题就一直困扰着相关的生产企业。虽然在此阶段，磷复肥消费量呈现逐年提升的态势，但远远无法消化产能过剩带来的库存，中国每年大概需要出口10%—40%的磷复肥产能才能平衡国内市场。产能过剩带来的副作用就是竞争加剧和利润率的下降，很多大型磷复肥生产企业亏损严重，磷复肥行业总体利润率为2%—4%，处于一个相对较低的水平。自2017年以来，相关的情况开始好转，一是因为环保政策的趋紧，特别是长江经济带要形成最严格的环境保护制度的制约，在2018年因为各种原因退出市场的磷肥企业就有13家，大部分集中在沿江的湖北，涉及的产能在100万吨以上，闲置的产能在80万吨左右。产能的下降直接带动了供需关系的变化，行业的利润率呈现稳中有升的局面。二是因为国家在2017年取消了磷肥的出口关税，加之越南、印度尼西亚等新兴发展中国家的市场需要，磷肥的出口呈现蓬勃发展的景象。磷肥产能的"一增一减"在很大程度上平抑了产能的过剩状况，提高了行业的整体利润率。

(二) 环境污染严重，环保问题突出

在磷矿开采的过程中存在严重的"采富弃贫"现象，资源浪费问题严重。一些地方争先开采富矿，而对一些低品位的磷矿则弃之不用，资源的利用率较低。在开采的过程中，对一些伴生资源（碘、氟、硅等）的利用率不足，不但浪费资源而且污染环境。其次是环保技术不达标，生产成本高。磷化工本就是高污染行业，"三废"（废气、废水、废渣）问题突出，这些排放的"三废"难以得到有效的综合回收利用，导致生产成本居高不下，另外也不符合绿色经济的发展要求，严重威胁到磷化工产业的可持续发展。

(三) 行业能耗高，成本制约明显

磷化工的生产过程属于高能耗过程，以黄磷的生产为例，其平均每吨能耗达到15000度电，单是电力成本就占到了七成以上。中国的磷化工产业也面临着电力的制约"瓶颈"。近年来，中国的能源价格不断上涨，电力供应也出现紧张局面。大部分的磷化工企业采取避峰生产措施，多选择在电力资源丰富和电价较低的西南地区建厂投产。但西南地区下半年为枯水期，同样也存在电力供应紧张的现象，迫使磷化工企业生产随着季节进行开工或者甚至不开工，供需错位情况严重。此外，导致中国磷化工行业成本过高的另外一个因素是原料供应紧张。虽然中国的磷矿资源较为丰富，但多为低品位矿，开采和筛选的成本较高。磷肥生产的另一主要原料是硫酸，目前中国的硫资源紧缺，对外依存度高达50%，极大地抬高了硫黄价格，增加了相应的生产成本。

(四) 产品结构单一的现象没有根本改变

以磷化工中主要的磷复肥产品为例，虽然产品结构有了很大改观，但仍然存在产品结构多元化程度不够的矛盾。在中国磷复肥产品中，光是磷酸二铵、磷酸一铵、通用三元复合肥等产品的产量就占到整个磷肥总产量的90%以上，出现了严重的产能过剩现象，而这些磷肥也与现代农业种植业的要求越来越不匹配，相关的特种肥料、专用肥料的生产占比较小，是未来发展的主要方向。

(五) 磷石膏综合利用的瓶颈问题尚未解决

磷石膏是湿法磷酸工艺中产生的主要固体废弃物（主要成分为二水硫酸钙），除硫酸钙以外，磷石膏的组成成分非常复杂，包含有未完

全分解的磷矿残渣、氟化物、酸不溶物、其他有机质等。在磷化工产业中产生的大量磷石膏随意排放、堆存问题，不仅造成土地资源的浪费，而且渗透出来的废水、废渣等物质会污染地下水，严重破坏当地的生态环境。得益于国家环境治理力度的不断加大，磷石膏的堆存和综合利用已经取得了很大的成效，但存在的问题依然突出，2018年中国磷石膏利用率尚未达到40%，严重制约了磷化工产业的可持续发展。

二 中国磷铝资源型城市在转型的过程中存在的难题

（一）从磷铝资源产业到城市物流产业的转型，需要当地政府大力支持

磷铝资源的产业转型不仅有助于减少磷铝产业物流资源的浪费，还有利于提高城市居民生活质量，地方政府理应大力支持与配合。由于产业转型直接关系到居民利益与城市的可持续发展。当地政府需给予磷铝资源型企业一定的资源倾斜或政策支持，包括从税收政策上给予优惠，鼓励磷铝资源产业为城市作出的贡献，推动磷铝资源产业转型进程等。

不仅如此，政府还可充分协调当地其他物流资源，携手磷铝产业物流资源，形成辐射整个城市的物流体系，实现城市物流的高速发展。通过学习先进的物流管理体系，促进多产业联动，使城市物流成为新的支柱产业。

（二）以磷铝资源企业为核心的磷铝资源产业城市物流发展

建设城市物流系统的目的，在于以城市居民物流需求为中心，通过供应链资源、配送资源和计算机网络，从根源上减少呆滞物资，提高城市物流资源的运行效率。

具体而言，城市物流规划要考虑磷铝资源产业现有物流基础设施及相关物流资源情况，提高现有物流利用率，全面统筹规划，尽可能地减少资源浪费。磷铝资源产业城市发展的理念，不是去限制磷铝资源产业发展，而是引导磷铝资源产业利用现代化信息技术，充分发挥磷铝产业物流资源对相关产业的带动作用，成为满足新时代、新需求的现代化物流，促进当地经济以更高的质量和效率进行发展。

（三）协调磷铝资源源头企业与城市物流耦合系统的关系

磷铝资源源头企业与城市的协同发展，是相互促进、共同提高的过程，两者缺一不可。梳理磷铝资源源头企业与城市物流的合作要素，有

利于两者合作顺畅，实现资源共享、优势互补。而建立磷铝资源源头企业与城市物流耦合系统的关系，首要任务在于打破以往各自独立运行的模式，解除企业或行业的限制，将整个社会物流体系构建成边界清晰、高效率、高质量的城市物流耦合系统。

基于磷铝资源源头企业与城镇后勤的合作关系，城市物流耦合系统优势明显，主要体现为以下两个方面。

第一，突破传统物流企业的条框限制，形成分工明确的有机整体。城市物流耦合系统可以有效解决企业或行业间业务限制，消除物流需求与产业供给之间的矛盾，形成合作共赢的新格局。通过聚合多行业的功能属性，城市物流耦合系统能实现高效率的业务分解与整合，实现业务分层与发展规模全面协同。

总之，矿业企业物流向城市物流转型，不仅要抓住本企业、本行业的物流市场，还要充分做好本城市物流市场。不仅要服务好本市物流市场，还要以服务本市物流为中心，向周边地区城市辐射，力争成为该区域的物流龙头企业。

第二，强调物流系统关键企业与普通企业之间的协同关系，而不是单纯的联结。城市物流耦合系统的模式主旨，在于实现供应链、产业链、信息等资源的高度协同，达到"1+1>2"的叠加效应，从而使物流整体和企业个体的价值都得以提升。

综上所述，城市物流系统既要兼顾磷铝资源行业物流市场，还要兼顾本地城市物流市场。在此基础上，磷铝资源型城市的物流企业可以通过先发优势，覆盖周边城市的物流板块，成为区域经济的支柱企业。

城市物流耦合系统，为所在地区的物流企业提供了更多合作机会。在磷铝资源型企业中，与磷铝资源相关的物流大多采取自营和第三方合作的经营模式。服务大型化工生产企业的物流企业，由于业务稳定且持续，普遍采取自营模式。而一些化工企业由于资金有限，无法投入专项运输基础设施建设，所以会与这些第三方物流企业合作。例如，荷兰的皇家孚宝，德国的欧德油储，都是全球知名的大型第三方物流企业。中国虽然也有许多第三方物流企业，但在规模、专业性、设备和技术上与国外的第三方物流企业还有较大差距。

随着现代化的仓储物流设备与信息技术的发展，中国第三方物流企业迎来新机遇，尤其是以专业化、规模化、产业化著称的化工企业第三方物流。化工企业第三方物流除进行化工产品的运输及仓储服务外，还涉及危化品运输和管道运输，因此保证运输过程安全、环保是化工企业第三方物流的基本目标。目前，中国为建设世界先进的化工企业第三方物流体系，对化工企业第三方物流的安全性和环保程度越来越重视。

另外，中国化工物流市场的专业技术能力和规模正在不断提高。为提供具备综合服务能力的发展环境，中国在多个沿海经济片区建设了化工园区和专业码头。

例如，上海市金山区重点布局打造漕泾和亭林两个物流园区，提供国际性的化工物流与综合物流服务。与此同时，江苏、天津等省份的化工产品交易集聚地在发展原有产业的同时，也不断建设先进的物流服务体系。目前，天津市已有4个能提供化工产品专业配送的交易市场。

数据显示，中国化工物流成本占据总生产成本达四成以上。因此中国化工企业在降低物流费用的支出上还有很大空间，而现代化的物流管理模式与信息技术便是化工企业提高市场竞争力的有力武器。

宏观上来看，虽然中国沿海地区在推行现代化物流管理体系上取得了重大成功，但放眼整体，中国化工企业的物流模式仍处于野蛮生长阶段，缺乏规范性管理。这导致大部分化工企业在物流费用的支出上居高不下，严重限制了化工企业的发展。微观上来看，许多企业管理者既担心无法全面掌握企业的生产和销售情况，又不放心将物流运输这一关键环节交给他人。这导致企业不仅需要支付更高的物流费用，第三方物流体系又无法得到全面发展。

与此不同，在国内经营的外资化工企业，为了集中精力发展主业，已基本将物流板块承包给第三方物流企业。事实上，这部分外资企业在节省了物流支出的同时，在主营业务的增长速度上也领先于其他企业。这充分证明，将物流板块承包给第三方物流企业对于大多数企业来说是个明确的选择，由此可见，中国城市物流耦合系统虽处于起步阶段，但未来发展大有可为。

（四）以贵阳市为例分析中国磷铝资源型产业物流服务需求

贵阳市借助突出的矿产资源优势，大力发展磷精细化工、铝精深加工，产业基地新设备和新技术应用和绿色转型步伐加快，其产业精细化、高附加值的发展方向，催生出服务磷铝资源型化工企业的专业化生产物流需求。

贵阳市的铝、磷、石灰石等矿产资源在全国占有重要地位，铝土矿资源保有量达到3.3亿吨，占全国的1/5。磷矿储藏量为4.28亿吨，其中富矿占全国的70%以上。2017年，磷化工增加值占全市规模以上工业增加值比重为10.9%。依托息烽、开阳等磷煤工业生态示范基地和白云、清镇等铝资源资深加工基地，以关键电子材料、化学新材料、金属及合金等为重点，资源型开发企业有序利用开发矿产资源，推广新工艺、新产品，构建循环经济产业链条。2020年贵阳市磷铝产业流量和流向及产量，如表3-1所示。2011—2020年贵阳市磷矿石产量，如图3-1所示。

表3-1　　　　2020年贵阳市磷铝产业流量和流向及产量　　　　单位：万吨

主要货物	主要来源地	主要流向	产量
磷化工	四川省成都市	重庆市万盛区、广西柳州市	392.94
建筑材料	1. 原煤：省内黔西县至开阳县 2. 黄磷渣、硫酸渣、炉渣、页岩：均在开阳县境内采购	全部在省内销售：开阳县、瓮安县、贵阳市区、遵义市区、清镇市周边	543.00
铝基新材料	贵州省、山东省济南市平阴县、江苏省镇江市	广东省佛山市、湖南省长沙市、贵州省、重庆市	269.00

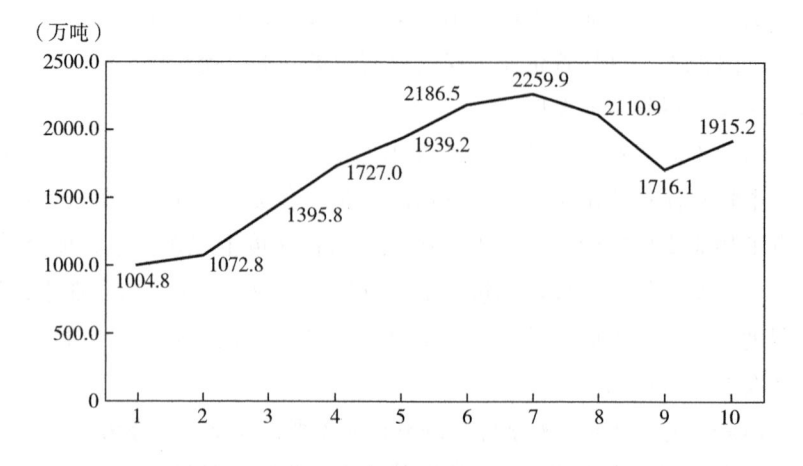

图3-1　2011—2020年贵阳市磷矿石产量

注：横轴的1、2、3等数字分别对应2011年、2012年、2013年等年份。

根据数据趋势特点，对2021—2025年以及2030年贵阳市磷矿石的产量进行预测分析，如表3-2、图3-2所示。分析测算后得到的预测公式为：

$y = 1263e^{0.0417x}$

其中，$R^2 = 0.9997$，拟合度较好。

表3-2　　2021—2025年以及2030年贵阳市磷矿石产量预测　　单位：万吨

年份	产量
2021	2000.2
2022	2085.4
2023	2170.5
2024	2255.7
2025	2340.9
2030	2766.9

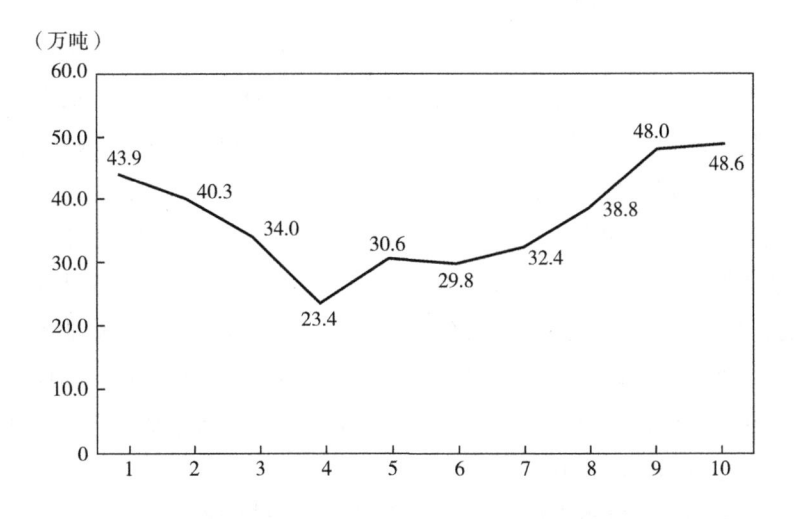

图3-2　2011—2020年贵阳市铝矿石产量

注：横轴的1、2、3等数字分别对应2011年、2012年、2013年等年份。

根据数据趋势特点，对2021—2025年以及2030年铝矿石产量进行预测分析，得到2021—2025年以及2030年贵阳市铝矿石产量预测量，如表3-3所示。分析测算后得到的预测公式为：

$y=0.8612x+39.978$

其中，$R^2=0.9996$，拟合度较好。

表3-3　　2021—2025年以及2030年贵阳市铝矿石产量预测　　单位：万吨

年份	产量
2021	49.4
2022	50.3
2023	51.2
2024	52.1
2025	53.0
2030	57.4

由上述分析及预测可以看出，磷矿石及铝矿石的产量在不断攀升，带动磷铝资源型产业的扩大生产，提高贵阳市对于磷铝资源的依赖程度。与此同时，磷铝资源型产业对于物流服务需求也将持续上升。

丰富的磷矿石产量中，大部分磷矿石都作为生产磷肥与磷酸铁锂电池的原材料使用。从中长期来看，磷矿石大约80%的消费需求来自磷肥市场。2014年，贵州磷化集团有开阳县矿肥基地和息烽县磷煤化工基地两个铁路专用站台，95%以上的产品都依托铁路运输，为进一步提高发运能力，贵州磷化集团公司与成都铁路局合作，共同开发中心支线扩能改造项目。同时，贵州磷化集团公司的主要物流承运企业磷化工物流公司、中海集装箱运输股份有限公司等，对磷化肥货物运输业务需求量大。醋五、开磷大水沟铁路投运专用线站内共设5列轨道，初期已增加发送量80万吨肥料、到达量20万吨硫黄，远期将增加发送量200吨肥料、达到量50万吨硫黄以上。

贵阳市安达能源有限公司主要负责磷酸、磷酸铁、磷酸铁锂的生产和销售，主要作为制造磷酸铁锂电池的原材料。2021年上半年，贵阳市安达能源有限公司仓储费为31.1万元，较2020年下半年的19.8万元有所提升。2021年上半年，该企业运杂费为1127.2万元，较2020年下半年的222.4万元有大幅提升。运输费及装运费上，2021年上半年较2020年下半年投入资金也有所提升。因此，在大力发展磷酸铁锂电池生产的目标下,贵阳市安达能源有限公司对物流的需求也将增加。

为发挥贵阳市磷铝资源优势,加快推动磷化工向精细化方向发展、铝及铝加工向精深加工延伸,持续推进产业链建链、强链、补链、延链,贵阳市企业仍然需要坚定不移地沿着狠抓磷、铝产业的路子坚决走下去。同时,政府需要支持把磷产业和铝产业链全部打通,加快形成产业集群。2011—2020年贵阳市氮磷钾化肥产量如图3-3所示。

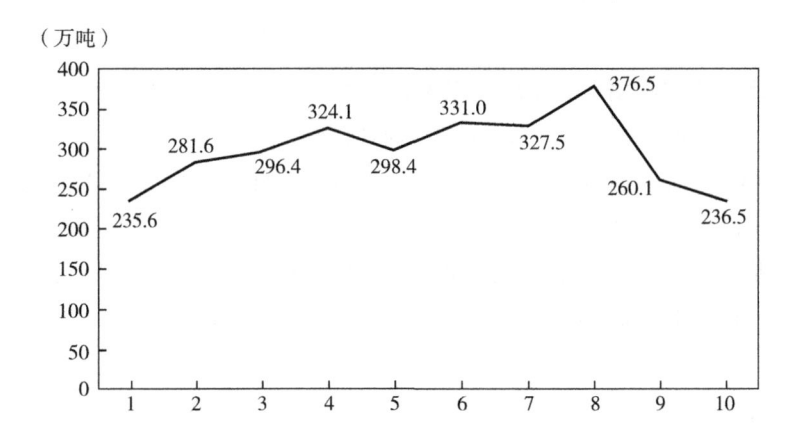

图3-3 2011—2020年贵阳市氮磷钾化肥产量

注:横轴的1、2、3等数字分别对应2011年、2012年、2013年等年份。

根据数据趋势特点,对2021—2025年以及2030年贵阳市氮磷钾化肥产量进行预测分析,如表3-4所示。

表3-4　2021—2025年以及2030年贵阳市氮磷钾化肥产量预测

单位:万吨

年份	产量
2021	251.3
2022	253.2
2023	255.0
2024	256.8
2025	258.6
2030	267.7

贵阳市氮磷钾化肥产量将逐年攀升，预计到 2030 年达到 267.7 万吨目标。贵阳市产业处于该行业前端的基础原料主要是肥料，出口至东南亚、沙特阿拉伯、印度及周边国家，出口量较大的企业主要是贵州磷化集团，主要磷化产品为基础磷肥、新型高端磷肥及磷石膏。

物流运输方面，货主自提形式比例高，磷化制造企业多与非本地承运企业签订运输协议，贵阳市周边磷化产品车辆运力较少。因此，氮磷钾化肥类型企业对物流的需求将逐年攀升，有必要促进物流业与制造业的融合发展。

三 中国磷铝资源型产业发展存在的问题

（一）中国磷资源产业发展面临的问题

磷矿资源的有限性，国内磷资源产业主要的产品——磷肥产能过剩，国际竞争的加剧，再加上环保政策越来越趋于严格，国内磷资源产业面临着迫切的转型需求，以往粗放式的开采加工和消费方式已经越来越不适应产业发展的需要。中国的磷资源产业发展主要存在以下几个问题。

1. 原料供应日趋紧张，资源利用率低

中国的磷矿石资源储藏较为分散，难以形成足够的资源集中度，企业的规模优势很难形成和发挥，加之多年的开采，现有的磷矿资源供应环节日趋紧张。磷矿资源开采中高品位的磷矿资源几乎被开发殆尽，而对于中低品位磷矿资源的开采和加工利用技术不够先进，资源的利用率较低。

2. 环境污染严重，磷石膏处理成为难题

磷石膏是在磷矿资源加工中所产生的量大、利用率低且不安全的产物，其直接堆放会导致其中的氟化物、磷酸盐等杂质随雨水的浸泡而渗入地下水，对环境造成不可逆的污染。因为磷石膏的成分较为复杂，在当前的技术条件下，经济有效地利用起来存在较大困难，多数的磷石膏仍直接堆放在室外。此外，无论是热法磷酸工艺还是湿法磷酸工艺中，对其的利用都是一大难题。

3. 产业结构失衡，高端产品供应不足

目前，中国磷资源产品中，以中低端的磷肥产品为主，磷肥对于高品位磷矿的消耗巨大，但产生的附加值较低，处于产业链的低端。现代农业和种植业需要的缓控释肥、水溶肥等新型高端肥料在中国的产能不足、质量不高，难以适应市场的需求。中国出口的多是初级磷加工产品，而进口的多为电子级磷酸盐等高端产品。

4. 与其他产业的耦合度不足，一体化发展滞后

当今世界发达国家的磷资源产业均呈现与其他资源产业多元耦合、一体化发展的趋势。而中国的磷资源产业的系统集成程度较低，与其他产业的联合发展模式还不健全，导致资源的浪费率高，工业产值的附加值低，在国际上的竞争力不足。同时，中国磷资源产业企业在生产经营过程中，与市场存在脱节现象，无法准确地做到根据市场的需求定制化地生产加工产品，产业链的传导效率低下。磷资源产业链涉及的范围广，无论是纵向还是横向产业链，其中某一环节出现问题，必然影响到其他环节。所以，磷资源产业想要"突围"，必须多产业、多链条一体化发展。

（二）中国铝资源产业发展面临的挑战

在世界范围内，几内亚、巴西和澳大利亚的铝土矿资源储量丰富，三家约占全球铝土矿资源的60%。中国的铝资源产业本身就存在资源不足的先天缺陷，而且还存在技术创新不够、产业结构不够合理等制约因素，严重影响了中国铝资源产业的可持续发展和竞争力的提升。

1. 资源保障程度低

根据已探明的情况来看，中国的铝土矿资源矿藏十分贫乏，仅占全球总量的2.3%。而且在开发利用中，受限于开发技术的落后产生了较大的浪费，使中国的铝土矿资源更加贫乏。虽然近几年中国的相关企业加快了走出去的步伐，频繁在海外开发铝土矿，但这种开发易受到当地政治环境和国际关系的影响，一旦国际关系紧张，就可能面临着被切断资源供应的风险。

2. 能源消耗大，未来发展受限

铝资源产业是典型的高能源消耗产业，对于电力能源的依赖程度极高，其生产成本中很大的一项就是能源消耗。据统计，中国的铝资源及加工相关产业的电能消耗占全国的5%以上。在新能源技术尚未成型和尚未实现大规模商业化运用的前提下，水电能源是铝资源产业的首选，所以中国的铝资源产业企业多选在云南等水电资源丰富的省份投产，并

且具有丰水期开工的季节性特点。但是水电资源在目前的条件下并不能完全取代其他能源，其在中国能源总量中的占比也是有限的。火力发电对于煤炭的消耗量大，而且严重污染环境。在中国目前的能源结构条件下，铝资源产业的发展受到了很大的限制。

3. 产业结构不合理，急需技术升级改造

从整体上看，中国的铝资源产业仍然处于全球产业链的中低端部分，产品的主要形式为原铝初级加工，其技术含量较低，附加值不高。铝资源企业的生产设备和生产工艺更新迭代慢，生产效率低，在国际上的竞争力不强。高端新型铝合金的基础研究储备不足，能够生产的企业不多，对该部分的进口依赖性强。

（三）中国磷铝资源型产业存在的问题——以贵阳市为例

贵州省的磷铝资源矿藏丰富，涌现了许多大型磷铝加工型企业，为当地的产业发展起到了重要的推动作用，但也存在许多发展问题。

1. 磷资源型产业存在的困难和问题

（1）黄磷下游深加工产业链不长。目前主要有热法磷酸、三聚磷酸钠、六偏磷酸钠、焦磷酸盐等产品生产，规模不大，其他深加工产品仅有少量的电子级磷酸、三氯化磷、三氯氧磷、纳米磷酸铁、磷酸铁锂等，大部分黄磷产品销售到省外进行后加工。以高纯三氯化磷、高纯黄磷、高纯热法磷酸等为原料的后加工产品体系如磷系储能材料、电子级磷系材料、磷系有机助剂、磷系功能材料、磷系药物等高附加值产品的应用开发不足，导致精细磷化产品和新材料制品种类、数量偏低。主要体现在深加工产品产量和黄磷就地转化率两个方面。一方面，全市磷煤化工企业27家，统计到的21家企业中，总设计产能1137.229万吨，其中黄磷、磷酸及复合肥生产企业有17家，仅有4家从事三氟氧磷和碘、氟回收等深加工业务，且其产量远不及产能，平均产能利用率不足25%，磷煤化工企业生产情况如图3-4所示。另一方面，2020年全市黄磷产量为3.06万吨，大约有5100吨转化为下游磷酸铁锂、三氯氧磷等产品生产原材料供应，黄磷就地转化率只有16.50%。

（2）磷矿伴生资源回收利用不够。磷矿中主要高附加值元素（氟、碘）和一般元素（硅、钙、镁）回收利用不足。贵州磷化集团已开发"磷矿伴生氟、碘的提取技术"，但以无水氟化氢和碘为原料进行下游

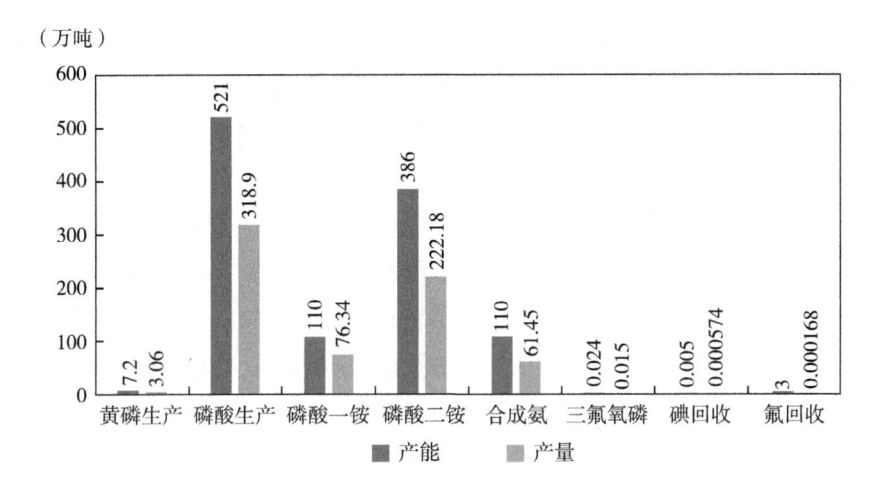

图 3-4 2020 年贵阳市磷煤化工企业生产情况

产品未开发。氟硅酸酸解制无水氟化氢过程中副产二氧化硅生产白炭黑及应用技术未突破。据 2021 年 1—8 月贵阳市 112 户规模以上现代化工企业统计表，从事锂电池生产、电子级三氯氧磷、化学试剂和制剂、高效减水剂和氟硅酸钠、磷酸铁锂、无水氟化氢等相关伴生资源回收利用的企业且仅 2 家提供产值数据，无水氟化氢和无铁硫酸铝产值仅 2.235 亿元。而 22 家磷石膏、磷矿石开采、磷肥及黄磷、无机盐等中低端产品产量为 657.5 万吨，产值 96.89 亿元。2020 年贵阳市三氟氧磷、碘回收和磷回收企业共 4 家，其总产能不足 3.1 万吨，产量不足 0.025 万吨。由此可见磷矿伴生资源产品产值远低于中低端磷化产品，相关制造技术和装备不够成熟，资源回收利用不够。

（3）磷化工废弃物综合利用率不足。一方面表现在湿法磷酸产生磷石膏的体量大，综合利用率不足，已经成为产业发展"瓶颈"。另一方面黄磷尾气未能规模化集中处置，也难以高价值利用，仍需鼓励黄磷尾气规模化利用，生产碳一化学品，减少黄磷尾气作为燃料的低价值使用，鼓励利用磷渣生产附加值高的微晶玻璃。

（4）氯碱产业发展方面处于弱势。在 2021 年 1—8 月贵阳市 112 户规模以上现代化工企业名单中，专门从事氯碱产业的企业数为 0，仅 1 家企业从事有机复合肥生产且未获取产量数据。氯碱是发展磷化工产业的重要基础原料，特别是发展有机磷系列专用化学品极其重要的中间产品。但氯碱产业在贵阳市乃至贵州省是短板，发展精细磷化工缺少了氯气、烧碱资源，磷化工深加工产业发展受限，特别是有机磷化工产业将几乎无法发展。

（5）技术创新不足转型升级慢。全市磷化工产业呈现产品同质化、基础产能过剩、"肥"大"化"小、技术研发中心少、人才不稳定、科技投入低、研发配置弱，缺少市场培育和新技术引领。企业的盈利能力减弱甚至出现亏损，导致新项目的融资能力减弱，一些市场前景好的项目不能建成投产，导致产业发展减缓。

2. 铝资源型产业存在的困难和问题

（1）企业用电成本较高。目前，贵阳市电解铝企业用电成本相比周边省市相对较高。

（2）电解铝产能相对不足。目前贵阳市已建成氧化铝产能250万吨（含氢氧化铝20万吨），占全省的50%。氧化铝作为生产电解铝的原材料，按照每2吨氧化铝生产1吨电解铝的比例计算，可以生产115万吨电解铝，然而，目前贵阳市电解铝生产企业仅贵州华仁新材料有限公司一家，规划产能为50万吨/年，每年消耗氧化铝不超过100万吨。如此计算，由于电解铝产能相对不足，贵阳市每年尚有130万吨氧化铝作为原材料直接销往贵阳市以外的地方，比例高达生产总量的56.5%。

贵阳市贵州华仁公司2020年9月被中央环保督察组督察并提出需于2021年6月30日前落实10万吨产能指标并完善相关手续。随后已于6月30日前关停10万吨电解铝产能。结合现阶段贵阳市铝加工存量企业、在建项目和拟引进项目对铝水的需求量来看，现有电解铝产能40万吨（规划产能50万吨），而已签约（截至2020年3月）项目铝水需求达82.4万吨，贵阳市电解铝产能难以满足下游产业发展需求，对落地项目建成投产及后续招商引资工作影响较大，如图3-5所示。

据2021年1—8月基础材料规模以上工业企业名单统计表，现有的25家提供数据的企业总产能为1057.1万吨，其中电解铝仅40万吨（规划产能50万吨），电解铝的产能严重不足。

（3）产业结构有待优化。贵阳市基础材料产业整体产业链较短、

(万吨/亿元)

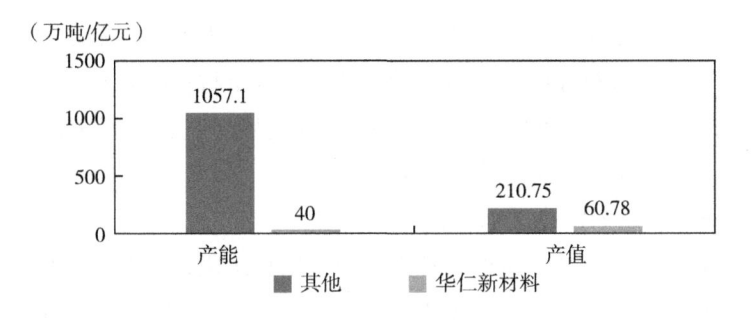

图 3-5　2021 年 1—8 月电解铝企业产能与总体基础材料产能对比

产业幅较窄，在上下游闭环生产的功能性配套不足，产业规模总体偏小，没有形成完整的产业链。例如，图 3-6 展示了 2021 年 1—8 月铝精加工产能产值情况，铝及铝加工产业虽初步形成铝土矿开采、氧化铝、电解铝及铝加工的产业链，但未形成向铝精深加工高附加值的终端产品延伸，企业产能分配不均，产业结构有待优化。

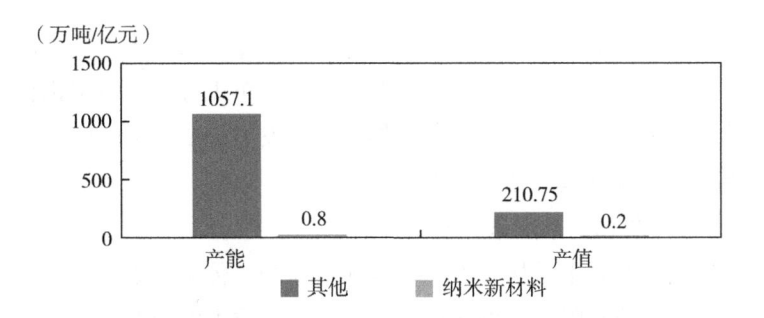

图 3-6　2021 年 1—8 月铝精加工产能产值情况

经统计，规模以上基础材料工业企业中，仅 1 家企业从事纳米新材料生产（纳米氢氧化铝、铝矾土），产能仅为 0.8 万吨，产值仅 0.2 亿元，铝精深加工高附加值的终端产品整体发展处于起步阶段。

（4）产业绿色化发展程度不够。如氧化铝生产过程中产生的赤泥，目前主要以堆存为主，未能实现资源化利用。

四　中国铝及铝加工产业面临的挑战

中国是世界上的铝产品消费和生产大国，相关的产业发展取得了很大的成就，诞生了像中铝集团、云铝集团这样的大型综合企业，航空航天、电子芯片等行业的发展也带动了新型铝合金材料的研发突破。但与先进国家相比，中国的铝及铝加工行业的发展质量仍有很大的提高空间，产业发展的隐患仍未完全消除。

（一）铝材的消费需求见顶

随着中国经济从高速增长转入高质量增长阶段，整个产业结构也越来越优化，对于传统铝材的消费需求将在2023年前后进入饱和期，预计铝消费总量在达到4600万—5000万吨的平台期后，需求增速将全面放缓。届时，相关的企业将面临产能过剩和利润率降低的困扰，很多落后产能企业不得不被动退出市场竞争。

（二）产业发展呼唤基础研究的突破

中国的铝材生产总量大，但其中新型铝合金占比较小，其自主研发创新的能力弱，很多产品存在被"卡脖子"的现象，很多研究工作只是对国外先进技术和工艺的探索与仿制。在铝合金领域基础科学的许多理论和共性尚未解决，美国铝协注册的铝合金牌号有700多个，而中国注册的只有个位数，可想而知，中国新型铝合金开发工艺和技术的落后程度。而新兴产业的发展，如航空航天、国防军工等，对新型铝合金的要求越来越多、越来越高，中国铝加工产业发展想要突围的话，必须在新型铝合金材料领域"弯道超车"有所突破。

（三）同质化竞争现象严重

铝加工行业并不是如外人想象得那般暴利，传统的铝材加工其实利润空间其实十分有限。再加之原料成本、用工成本的提升，环保投入的不断攀升，都在压缩铝加工行业的盈利空间，如果再不走差异化竞争的道路，很多铝加工企业的生存都会成问题。中国的铝加工企业长久以来习惯了地方政府的产业和财政"保护"政策，无序上马了很多重复的产能，鲜有依靠自主创新开发具有竞争力的新产品而实现利润增长的。而盈利能力的降低，企业又企图通过扩大产能来抢占市场实现"薄利多销"。如此周而复始，中国铝加工行业的重复产能投产多，低价竞争现象严重，势必又导致铝加工利润的降低，即便如铝箔等部分高端产品也陷入恶性竞争而导致薄利和无利的境地。

（四）贸易摩擦带来的"黑天鹅"危机长期存在

过去中国的铝产品出口主要是铝材的出口，近几年铝材加工企业和生产设备也开始走出国门，开始全球化布局。2018年，中国五矿集团与日本 ALMET 公司等签署了倾斜式铝铸轧机订购项目，打破了中国成套铝铸轧机对发达国家出口零突破纪录。另外，中国的铝加工企业也越来越注重资本市场的作用，江苏鼎盛新材在2018年成功登陆A股，为企业的快速发展注入了强劲的资本动力。

在取得成就的同时，也要看到海外市场和资本市场的风险，尤其是贸易保护主义势力抬头和贸易摩擦不断带来的不确定风险。因为铝及铝加工产品属于国际贸易中的主要产品，涉及的产值粗略估计达数千亿美元，对中国抗风险能力较低的铝加工产业产生了巨大影响。

五 中国构建现代工业产业生态体系面临的主要挑战

随着中国工业产业结构转向高质量发展的新阶段，过去的那种出口低价值产品换取微薄利润的粗放式的"以量取胜"的发展模式已经渐渐不适用现代产业发展的需要，不能满足人民对高质量生活水平的追求。加快推进建立现代工业产业生态体系的建设已经刻不容缓。过度去工业化、核心技术研发不足、高端供给缺失的失衡状态以及产业链、供应链不能完全自主可控等诸多问题，对中国现代工业产业生态体系的构建形成了不可忽略的制约作用。

（一）过度强调其他产业的发展，去工业化现象突出，工业制造业的产值规模持续下滑

工业制造业是现代工业产业生态体系构建的核心，但是从三大产业所产生的 GDP 产值来看，近年来的过度弱工业化现象十分明显。公开的数据显示，工业制造业产值占 GDP 比重最高的是2006年，达到47.6%，此后开始持续下降，到2020年仅为37.8%，十几年的时间下降了近10个百分点，而且在最近两年呈现加速下滑的趋势，下降的幅度加大，下降的趋势明显。

但是，将世界主要发达国家或者新兴经济体的转型成功经验作为借鉴，保持相当规模的工业制造业产值是转型成功的"压舱石"。一方面，因为在经济急剧转型的时期，工业制造业保持稳定是经济结构转型的物质保障；另一方面，只有具备更完备的产业结构、更高的工业效率水平和更强的工业产业实力，才能让后发国家比先行经济体更快转型成功。日本的产业经济转型开始于20世纪70年代，在转型的过程中遭遇了经济危机、环境污染和能源短缺等改革转型阵痛，但日本的工业制造业的规模始终保持稳定，从70年代中期到80年代中期，10多年间工业占GDP的比重仅下降了2个百分点左右，工业制造业始终是其国民经济的基石和核心。同属东亚经济圈的韩国也有着类似的转型经验。经济学术界普遍界定韩国的发展转型始于1989年，当年的经济降速明显，从11.90%陡降至7.03%，经济结构转型的信号明显，但在转型期间，工业产值的GDP占比不降反升，从1989年的39.20%上升到1991年的40.20%，此后也基本保持在这个水平。

保持一定工业制造业比例，对于后发国家的经济结构转型具有重要的益处。一是稳定的相当规模的工业制造业有利于维持供应链、产业链体系的完整性，也有利于工业现代化技术的演进，因为在技术更新迭代中，新旧技术的交融和传承，并不是完全割裂的关系，新技术以旧有的技术为基础发展起来的，只有依赖一定规模的工业基础，才能实现技术的平稳快速更新。二是制造业涉及的门类众多，很多产业是劳动密集型产业，对于吸纳就业极为重要，进而也维持了社会的稳定，使国家能够有稳定的改革环境。因此，在国民经济中保持相当比例的工业制造业占比和高水平的产业劳动生产率，有利于现代工业产业生态体系的现代化改造。

（二）核心技术自给率不足，供给结构失衡

当前，新科技革命方兴未艾，大数据、人工智能、云计算等一大批新兴技术如浪潮般涌现，工业互联网、区块链、人工智能等为新的工业产业模式的演变提供了更多的可能性，数字经济已经成为全球工业产业结构变革的重要推动。这些新科技、新产业模式的出现，对中国现代工业产业生态体系的建设"后来居上"创造了机会。

虽然中国工业制造业在技术创新方面取得了一定的成就，但是还达不到领先世界的水平，尤其是一些高端核心技术受制于人，动不动就面临着被制裁和断供的威胁，已经成为中国工业产业转型升级的最大隐患。从对研发投入的资金量来看，中国制造业研发投入并不低，占整体经济研发投入常年达到2/3以上，但症结在于创新效率低下，核心技术的自给自足率严重不足，特别是芯片制造、模具生产、医疗科技等高附加值产业的关键设备，中国长期依赖进口。核心技术具有不可替代性，先进国家对中国的技术封锁，让全产业链的相关行业变得不可控，产业链断供的风险骤增，影响整个产业和国家的经济安全。

从全球产业分工所产生的价值来分析，发展现代工业产业生态体系将使中国的产业链、供应链取得更多的价值分配，改变以往长期处于中低端的状态。然而核心技术和关键工艺的缺失对分配价值的提升掣肘严重，中国期望以规模巨大的市场来换取国外先进技术，但从实践的情况看，事与愿违，不但未换来技术，反而丢掉了市场。核心技术被封锁，具有高附加值的高端产品市场又被国外占领，国内工业制造企业仅凭来料加工、贴牌组装的模式获取的微薄利润难以支撑科技自主创新的高投入，也难以获得高商誉带来的超额利润，从而引发了国内市场供给与消费端的结构性失衡。中国早已成为世界第二大经济体，2020年的GDP超过100万亿元，国民的收入水平也水涨船高，国内消费者对于高品质工业产品的需求也越来越大。中国工业产业生态体系长期处于中低端水平，不能满足人民对美好生活需求的向往，导致国内消费者转向海外市场。

（三）内循环不畅，优势产能有待释放

生产、交换、分配和消费构成了社会再生产的四个环节，其中生产是所有环节的起点，决定了其他社会再生产环节的水平和结构，现代工业产业生态体系属于生产端且是比较高级的生产供应。但从中国现阶段的发展特点和国际大环境来看，构建现代工业产业生态体系，应该将着力点主要放在内循环的国内大市场上，牢牢依托国内市场实现及时的创新突破和自主可控。国内市场的规模巨大，已经成为支撑中国经济社会发展的一个重要特征，但这种规模优势因为某些堵点原因并没有完全发挥出来。在生产端，地方政府为保护当地企业，或明或暗地设置一些准入门槛，导致重复投资和产能的同质化竞争现象严重，国内企业难以通过市场规模来降低生产成本，也失去了自主创新的意愿。另外，同质化竞争带来的另一个风险是产业产能趋同化，产业的纵向集群效应难以显现，产业的协同发展难以体现，现代工业产业生态体系的建设难以实现。同时，中国地区之间、城乡之间的发展速度和质量存在很大差异，发展不平衡、不协调的现象大量存在，也对中国的现代工业产业生态体系构建产生负面影响。

六　工业供应链现代化面临的挑战

工业供应链涉及的范围广，无论是产业链的范畴还是地域范围，每一个要素都会影响到供应链的稳定和效率的发挥。在当下，中国工业供应链还存在以下几个方面的不足。

（一）供应链创新度不够、转型升级滞后

中国依靠人口红利和规模市场的优势，迅速开启了工业化的道路，但从现阶段全球发展的情形来看，印度尼西亚、越南、泰国等东南亚新兴经济体同样具有人力资源的成本优势，这些国家的政府也有意识地采取一些产业扶持政策。再加之中国经济快速发展之后，低成本人力资源的相对优势不再，新兴经济体抓住机会，在工业供应链的中低端环节与中国展开竞争，很多国际企业纷纷将加工业转移至这些国家，中国传统上具备优势的制造业产业供应链有被转移或替代的风险。

另外，从国内的市场环境看，供应链的创新程度不够，甚至是严重滞后，导致中国工业供应链中许多环节对外依赖程度高，长时间依靠进口来保证产业链运行的稳定。还有部分环节虽然理论创新不落后于人，但真正落实到工业生产还有很长的距离，比如精密机床、高端芯片等。

（二）地区区域发展不协调，影响供应链的产业空间布局

长三角、珠三角、环渤海等城市集群，可以说是在中国区域经济排在第一梯队的位置，同时也是全球知名的制造业基地、新兴科技和技术的应用引擎，对提升中国工业产业链竞争力起着不可忽视的重要作用。但各城市集群产业割裂的现象依然存在，区域间产业链共融发展的合力有待加强。从全国范围来看，供应产业链尤其是高端产业，集中在北上广深这样的超大型城市，这固然是大城市发展的必然结果，但也不利于产业链的合理空间布局。同时，省会城市的经济体量过大的现象在中国各省普遍存在，与省内其他城市的经济差距也有越来越大的趋势，城市集群之间、城市圈之间难以形成衔接有序、融通互补的产业链空间布局。

此外，国内统一的大市场尚在建设完善中，各地方政府之间对于产业链协调发展的机制尚不健全，供应链重复建设和同质化竞争的现象时

有出现。各地出台的供应链规划互补性不强，供应链的跨区域协调能力不足，各地供应链互相抢占资源、恶性竞争的情况屡见不鲜。

（三）国际形势影响全球工业供应链的稳定

在当今全球化的经济环境中，国际形势对全球工业供应链具有显著影响。特别是在物流与制造业领域，这种影响更加突出。随着全球经济和政治格局的变化，供应链的稳定性面临着多方面的挑战。这些挑战不仅来自国际贸易政策的变动，也来自地缘政治的波动、环境变化以及技术创新的快速发展。

为应对这些挑战，中国物流与制造业的融合发展需要及时做出调整。首先，强化国内供应链管理和优化是基础。通过提升物流效率和制造业的灵活性，可以降低外部冲击对供应链的影响。其次，技术创新在稳定供应链中扮演着重要角色。例如，通过采用数字化工具和智能化系统，可以提高供应链的透明度和响应速度。最后，多元化供应链策略也至关重要。通过建立多元化的供应和分销网络，可以减少对单一市场或供应商的依赖，增强整个供应链的韧性。

（四）全球工业供应链战略调整带来危机

近年来，全球工业供应链经历了前所未有的挑战。从地缘政治的紧张到贸易政策的不确定性，再到全球范围内的健康危机，这些因素都导致了供应链的重大调整。这种调整不仅带来了危机，也为物流与制造业的融合发展提供了新的契机。

危机中的供应链战略调整要求物流与制造业必须更加紧密合作。一方面，物流业需要通过增强其灵活性和适应性，来应对突发的供应链中断。另一方面，制造业需要重新考虑其生产布局，更加注重供应链的多元化和地理分散性，以减少对单一市场的依赖。

此外，技术的创新和应用在供应链的重建中扮演着关键角色。数字化和自动化技术的应用，如物联网、人工智能和区块链，不仅提高了供应链的透明度和效率，还增强了对突发事件的应对能力。

在这种情况下，通过优化供应链管理、加强技术创新和实施灵活的战略规划，是中国制造业和物流业共同应对全球供应链战略调整产生危机的主要对策，同时也为未来的可持续发展奠定了基础。

七　其他制造业存在的问题

中国制造业经过多年的发展之后，取得了世人瞩目的成绩，一跃成为世界制造业大国。中国制造业门类齐全，基础完备，对国民经济的发展做出了巨大贡献。但从客观来看，中国制造业仍然存在不少问题，如高附加值产品少、同质化竞争严重、核心技术有待突破等。跟发达国家相比，还有着很长的路要走。

（一）产品附加值低，产品质量需待加强

在规模上，中国主要工业产品的产量常年位居世界第一的位置。但规模代替不了质量，中国制造业亟须转型升级。

1. 产品的质量需要提高

长久以来，中国的制造业产品都是依靠"人口红利"，以高性价比优势迅速抢占市场，产品的基本性能能够满足客户的大部分需求，但忽略了对产品质量的提升。个性化、定制化、智能化的高附加值产品满足不了市场的需求，高端品牌屈指可数。这种现象既消耗了大量资源，也难以在国际市场上获得竞争优势。随着中国劳动力成本越来越高，以往的制造业产业模式难以再维持，必须走高质量发展的产业转型之路。

在中国的制造业中有"两个万亿元"现象。一是数控机床、医疗设备、高端芯片等产品高度依赖进口，部分产品的对外依赖度甚至超过90%，每年光芯片的进口额就超过3000亿美元（接近2万亿元人民币）。二是中国居民的境外消费从2013年年底就超过了1万亿元的大关，这表明国内的制造业产品难以满足中国居民对高端工业产品的需求。另外，还有一个"5%现象"。中国制造的产品与美国、德国等发达国家在产品性能、质量上的差距大约为5%，但就是这5%的差距让国外在产业链中赚取了95%以上的利润。

2. 劳动生产率需要提升

欧美等发达国家重视研发投入和技术创新在制造业中的巨大作用，通过高科技使劳动生产率大幅提升。根据美国劳工统计局公布的数据，自1987年以来，美国制造业的劳动生产率一直高于其他行业，耐用品制造业的劳动生产率甚至提高了3倍左右，这让美国制造业的竞争力独步全球。虽然中国也开始重视创新驱动在提升劳动生产率方面的作用，大幅增加了制造业的研发投入，但总体上的劳动生产率与美国还无法同台竞技。为了稳定就业，大量的简单的劳动密集型制造业在中国还大量存在，如来料加工、贴牌组装等，导致中国的制造业长期处于全球分工的中低端。

3. 自主品牌和龙头企业数量少

在世界 500 强企业中，中国企业虽然在数量上超过了美国，但是多集中在银行保险、能源加工、金属冶炼等行业，极少有高端制造企业上榜的。由此可以看出，中国高端制造业还鲜有能够参与国际竞争的大企业，在产业规模、行业集中度和品牌效应上还应当加快发展的步伐。

(二) 制造业成本快速上升，比较优势逐渐衰减

随着中国经济的增长和居民收入的增加，"人口红利"的成本优势正在逐渐消失，加之税费等其他方面的因素，中国的制造业成本呈现上升的趋势，制造企业的盈利受到影响。

1. 劳动力成本上升

从制造业从业者工资的绝对值来看，中国制造业劳动力成本在当前阶段仍然显著低于欧美发达国家，但这种差距正在逐渐缩小。2018 年，中国制造业就业人员的年平均工资约为 72000 元，约为美国同类从业人员工资的 1/8。但如果从增速来看的话，从 2005 年开始，中国制造业就业人员的年平均工资就保持着 10% 以上的增长率，而同期的美国仅为 3% 左右，两相比较之下，中国制造业劳动力成本的相对优势正在逐渐减弱。中国正向着共同富裕之路迈进，经济的增长必然带来居民收入的增长，制造业不可能永远依靠低劳动力成本来参与国际竞争。

2. 税费负担成本高

中国制造企业负担的税负主要是增值税，还要承担养老保险、住房公积金等，实际缴费率是美国的 2 倍多。而发达国家的制造企业税负相对较轻，美国为促进制造业回流，在短时间内采取了一些较大幅度的税费减免政策，比如暂时取消制造业相关原材料的进口关税，给予回流的制造企业税收抵扣和工资税减免优惠等。两相比较之下，中国的制造企业"负重前行"，在竞争优势上又输一筹。

3. 其他成本居高不下

首先，融资成本，中国银行业等金融机构给予的企业贷款利率一直高于美国，2019 年中国制造企业的融资成本约为 5.3%，约是同期美国

的1.7倍左右。其次，物流成本，近年来，通过科技创新和产业政策支持，总体上来说中国的物流成本有了较大幅度的下降，但是目前中国全社会物流总费用仍然居高不下，所占GDP的比例不仅比美国、日本等发达国家高出将近一倍，甚至比印度、巴西等其他金砖国家还要高，也高于全球平均水平的5个百分点。这意味着创造同样规模的产出，中国企业付出的物流成本更高。最后，能源成本高企。中国的石油天然气等能源相对匮乏，对进口的依赖度较高，天然气价格持续在高位运行。而美国在页岩气革命之后，天然气的使用成本大幅下降。据统计，中国企业天然气的使用成本是美国的3倍多。

（三）制约因素多，高端要素支撑不足

制造业的发展需要高科技等多种要素支撑与协同发展，但在科技、金融、人才这些支撑制造业发展的关键要素上面，中国还存在许多"短板"。

1. 科技创新力不够

不可否认的是中国已经认识到创新驱动在制造业转型发展中的巨大推动作用，近几年也加大了研发投入，产出水平也得到了大幅度提升。但是，中国偏重于应用、开发的研究，对基础研究的投入偏少，导致中国制造业工业的基础科研能力不强，很多核心技术受制于人。此外，从人均研发经费和研发人员的密度上，中国与德国、日本等发达国家还存在巨大的差距。据公开数据显示，2018年美国的人均研发支出为1776美元，而中国仅仅为397美元；同时，中国每万名劳动者拥有的研发人员数量不到60人，而德国为160人，韩国则高达180人。

2. 现代金融支撑力度不够

美国的金融市场比较成熟，金融对于制造业等实体的关系密切，对制造业的支持力度比较大，美国的很多大型制造企业的发展都与华尔街的金融支持密切相关。而中国的现代金融体系还不够完善和发达，对实体的支持力度不够。中国以银行业为主力的金融体系长久以来偏重于间接融资，金融垄断等问题还有待改观，现代金融在服务制造业创新发展能力的模式上还有很大的提升空间。另外，中国金融体系与制造业的发展需求存在严重的脱节现象，对服务中小微制造企业的现代金融培育不够，金融系统的运转效率不够等这些因素严重制约了中国制造业的发展。除此之外，从中国金融体系的投资偏好来看，银行业等金融机构为了保值增值的考核目标，多偏好发展比较成熟的中后期阶段企业，对于早期的制造企业很少有金融支持举措。

3. 高端人才资源结构性供需矛盾突出

经过多年的高等教育投入之后，中国的人才总量十分丰富，但高端人才的结构还存在很多不合理的地方，主要表现在高端研究人才和高级专业技术人才的缺乏。学历教育不能完全取代技能教育，中国受过高等教育的一般性人才供给较多，但从事先进制造产业的人才缺口较大，这部分人才的供需结构性矛盾突出。中国的劳动力资源相对富余，但人力资源则发育不足，与现代先进制造业的发展需求严重不匹配。

此外，人力资源错配的问题也很突出，很多理工科专业毕业的高端人才纷纷进入金融行业等收入较高的行业。个人对于职业的选择自然无可厚非，但这种个人的"理性选择"带来的"集体错位"现象值得研究者深思，其对于中国制造业的人才资源，实际上构成了某种程度上的浪费。

（四）中国制造业的发展环境亟须改善

制约中国制造业发展的内外部环境因素较多，其中，内部的制约因素包括营商环境不优、机制体制改革不到位等，外部的制约因素主要是市场竞争越来越激烈。

1. 营商环境有待优化

根据世界银行发布的全球营商环境排名，中国在 2020 年排第 31 名，比之前有了大幅度的提升，这证明中国政府在改善营商环境方面的付出有了巨大回报。但是这样的成绩与美国排名世界第 6 位相比，存在差距。中国整体的营商环境还需要发力持续改善。

2. 加强资源配置效率的市场机制有待优化

当前，中国制造业发展要素市场化改革还不彻底，国有企业的改革还没有完全落实到位，市场的竞争还不够充分，民营资本进入制造业尤其是高端制造业的金融支持不够、市场准入门槛过高、隐形的竞争壁垒还存在，加之企业的税负负担过重、公共服务不足等。这些因素导致加强资源配置效率的市场机制没有完全有效发挥，制造业发展的市场要素体系不健全，严重制约了中国制造业的发展壮大。

3. 国际竞争加剧

一是美国等主要发达国家意识到产业空心化带来的威胁，明确提出了制造业回流的战略，并利用其具备的产业优势，辅之以减税、财政支持等政策，鼓励和引导海外的制造业回归本土。二是越南、印度尼西亚等新兴经济体也加快了制造业的引进力度，吸引了大量制造企业落户，尤其是在纺织业、代加工业等劳动密集型产业方面，这些新兴经济体的劳动力成本比中国更具有竞争优势，导致了中国部分制造企业将加工厂迁出，原本选择在中国建厂投产的国际制造企业也转而选择新兴经济体国家。

第三节　中国物流业与制造业联动发展问题分析

在经济增长由高速度向高质量发展的新形势下，经济增长速度的放缓，在一定程度上也引起制造企业与物流企业的利润的下降，从而引发诸多矛盾。通过进一步促进制造业与物流业的融合发展，提高两业的核心竞争实力，从而加快中国产业的转型升级，推进制造业和物流业大国建设目标的实现。推进两业融合虽然已经上升为中国的国家产业发展战略，但制约制造业与物流业联动发展的因素仍然存在。

一　中国制造业与物流业联动发展存在的问题

制造业与物流业在中国的联动发展，受政府政策推动的因素较多，市场的自发性推动因素较少，这主要是因为物流业在中国的现代化发展程度还不够完善，围绕制造业进行的产业布局还不够协调；两业衔接标准还不统一、设备设施的协同化程度不够，相应的市场环境还不够成熟。此外，两业联动区域发展呈现不平衡的状况，在东部沿海等经济发达地区，物流业和制造业的发展都相对较为成熟，两业发展起步早，与国际接轨的程度高，发展理念先进，信息化等技术运用手段较为成熟，因此在经济发达区域，特别是在长三角、珠三角、环渤海经济圈等中国市场活跃度最高的城市经济圈，两业融合发展的趋势明显，取得的成绩更为显著。区域经济和产业发展的不平衡，导致两业融合发展程度不平衡的状态在中国将持续一段时间。

制约两业融合发展的因素还包括以下几个方面。

(一) 物流的社会化程度低

当前，制造业对物流的需求虽然已经开始向综合的方向迈进，但现代化的物流运作和管理方式还没完全展开，制造企业习惯沿用传统的物流体系，习惯于自主采购、运输以及存储等，交由第三方物流公司完成物流服务的意识较为淡薄，物流外包多在供应链的末端环节，不但导致了物流资源的浪费，也不利于物流企业的良性竞争。中国制造企业之间的竞争激烈，制造企业担心引进第三方物流会导致自己的核心产品和发展战略信息被泄漏，而中国的制造企业普遍缺乏相关的风险控制措施，所以制造企业不敢也不愿引进第三方物流服务，而是选择进行自营物流体系的建设。而自营物流体系无疑要投入巨量的人、财、物资源，企业的投入成本高，但一旦建成后，企业又无法承受退出自营物流体系带来的损失。

(二) 物流的专业化服务能力不足

中国的物流企业多偏重于传统物流服务领域，能够提供全方位的或者定制化、专业化的物流服务的供应商较少。物流服务的层次较低，鲜少有企业能够根据客户的需求"因需制宜"制订物流方案和提供物流服务，现有的物流资源并没有得到完全充分的利用。此外，中国物流企业运用信息技术进行企业治理和管理的水平较弱，大多数物流企业不能很好地利用信息技术对传统的物流服务和管理模式进行更新。

(三) 政策环境不优、产业支持力度不够

两业联动发展是一个系统的、综合的、协调共进的过程，如果没有国家的政策支持，很难实现两者的联动。而中国目前虽然出台了相应的鼓励政策，但政策缺乏可操作性，缺少具体的落地实施指导细则，且各地在执行的程度上也不尽相同。制造企业和物流企业在实践中也缺乏可以沟通的平台，两业在信任度和沟通度等方面的工作还不够。一是制造企业的物流布局较为分散，没有进行社会化需求转化。二是物流企业的专业化程度不够。物流企业也无法真正掌握制造企业的需求，制造企业质疑物流企业的真实运输能力和服务水平，两者之间的信息沟通不畅。

二 制造业与物流业融合发展的问题及路径：以上海市为例

上海作为中国的经济引擎，一直在制造业和物流业方面发挥着至关重要的作用。这座城市不仅在国内具有举足轻重的地位，而且在全球经济版图中也占有一席之地。上海的制造业一直是城市经济的重要支柱。多年来，上海、深圳、苏州一直被誉为中国制造业三大主城，其中上海制造业主要涵盖了汽车、电子信息、生物医药等多个关键行业。近年来，随着技术的进步和市场的变化，上海的制造业呈现出快速的发展趋势。特别是在高新技术制造领域，上海不仅满足国内市场的需求，而且在全球供应链中扮演着越来越重要的角色。这不仅彰显了上海制造业的实力，也凸显了其在全国乃至全球范围内的影响力和地位。

与此同时，上海也是国际知名的物流枢纽。上海市拥有先进的物流基础设施，包括现代化的港口、机场以及庞大的交通网络，这些都为物流业的发展提供了坚实的基础。上海在物流服务能力和技术水平方面长期走在全国乃至全球的前列。近年来，上海积极推动物流业的数字化转型，通过引入先进的信息技术和智能化系统，极大地提高了物流效率和服务质量。这不仅加强了上海作为物流枢纽的地位，也对整个城市经济的发展起到了重要的推动作用。

在全球化和数字化的大背景下，上海的制造业与物流业融合发展呈现出新的态势。制造业与物流业的紧密结合，不仅对两个行业的发展产生了深远影响，也为城市经济的转型升级提供了新动能。然而，在融合的过程中，也出现了一些问题和挑战，需要被认真对待和解决。

（一）合作模式的困境

目前，尽管制造业与物流业在一定程度上实现了合作，但合作模式往往局限于传统的供需关系，缺乏深层次的战略合作。这种表层合作限制了资源共享和优势互补的发挥，导致合作效果不甚理想。针对这一问题，创新合作模式是突破困境的关键。这主要体现为推动制造业与物流业之间的深度合作，超越传统供需关系，建立更为紧密的战略伙伴关系。例如，通过共享资源、联合研发等方式，增强两个行业的互补性和协同效果。

（二）技术应用的障碍

虽然信息技术和智能化在制造业和物流业中的应用日益增多，但技术集成和应用效率方面仍存在不少问题。例如，数据孤岛现象普遍，阻碍了信息的流通和资源的最优配置。因此，上海市需要加强技术集成与应用，促进信息技术和智能化系统在制造业与物流业中的更好集成，解决数据孤岛问题，实现信息流与物流的高效对接。

（三）供应链管理的挑战

上海的供应链系统虽然在规模和效率上有显著提升，但在面对市场波动和外部冲击时，供应链的灵活性和韧性仍显不足。供应链中断的风险在某些情况下依然较高。由此可见，优化供应链管理对于上海两业融合而言至关重要，这需要提高供应链的灵活性和韧性，对抗市场波动和外部冲击。主要包括采用先进的供应链管理软件、建立多元化的供应商网络，以及提升应急管理能力。

（四）协同效率低下

制造业与物流业在融合过程中，协同作业的效率并不理想。由于缺乏有效的协同机制和统一的标准，各环节之间的衔接存在摩擦，影响整体效率。相关政策的出台是解决这一问题的关键，政府应出台相关政策支持制造业与物流业的融合发展，如税收优惠、资金扶持、技术创新奖励等，可以有效地提高制造业与物流业协同作业的效率。

（五）供应链存在脆弱性

在快速变化的市场环境中，供应链的脆弱性成为制约融合发展的一个重要因素。如何在保证供应链效率的同时，增强其抵御风险的能力，是当前面临的一大挑战。上海市需要基于两业融合的发展经验不断优化供应链，增强融合稳定性，不断降低融合风险，增强供应链强度，才能够让两业融合长久顺畅发展。

展望未来，上海的制造业与物流业有望在融合发展中实现更大的突破。随着技术的进步和市场的深入开发，两个行业将更加紧密地结合，创造出新的增长点和竞争优势。同时，融合发展也将带来新的机遇，比如新的商业模式、市场拓展以及更加可持续的发展路径。

第四章

制造业与物流业联动发展对策研究

在过去的几年里,随着制造业规模的持续扩大,以及云计算、大数据、人工智能、物联网等前沿技术的广泛应用,物流业也得到了飞速发展。如今,制造业与物流业的相互依存关系已经获得了自上而下的广泛认同,两业的融合渗透和联动发展变得至关重要。这种协同发展不仅是中国制造业提升其核心竞争力的重要途径,同时也为物流业自身的提升提供了有力的支持。

对于地方政府、行业组织和相关企业而言,推动物流业与制造业的协同发展是一项重要的任务。为了实现这一目标,以下方向值得关注。

(一)积极响应国家政策

制造业和物流业的联动主体,应从宏观上观察判断两业联动的整体进度,坚持在政府主导下认清地方和行业特点,从自身组织内部着手动员,积极分步实施参与,注重从联动中收获实效,不断互利共赢。物流业应认识到国家政策所倡导的联动方向,不断努力创新工作管理方式,提升服务质量,从思想认识上将经济环境的优化意义纳入两业联动发展的总目标中,以提升产业整体的竞争能力和服务能力。

(二)促进物流业与制造业联动发展的机遇

现代工业生态体系以创新推动工业供应链体系建设、助推中高端制造为重点,为促进物流业与制造业的联动发展带来了新的机遇。从这一趋势中可以看出,推动物流业与制造业深度融合,可以从以下几个方面创造机遇。

一是开展工业供应链创新,政府与企业加强智能制造共享平台的建设,加快淘汰落后产能,并实现工业产品的智能化定制。二是发展制造业协同供应链，鼓励工业产品的整合优化，推动工业企业上云和工业互联网建设，助力互联工厂和数字车间的实现。三是发展制造业服务供应链，通过资金推动制造业发展，支持产品开发和技术改进。同时，中小企业服务云平台为中小企业提供全方位服务，助力其发展。四是发展制造业智能供应链，以智能化技术助推供应链创新和中小企业的发展。

（三）提升监管与管理能力

从政府监管方的角度来看，应对两业联动所处环境、具体过程加强行政监督，完善审批制度，规范行政执法，更新行业规范，进一步完善两业联动有关的法律法规体系。为了实现物流业的健康有序发展，提高两业联动效率，需要政府不断加强对物流企业经营运作行为的一系列监管，从市场、交通、安监等领域，健全对物流业的监管体制。同时，政府还应广泛借助现代信息网络技术，对物流网络运行系统中不同节点上企业的实际行为，进行网络化实时有效的监管。

（四）积极建立中国物流市场征信体系

完整有效的诚信体系，是保证两业联动不断协作发展的重要支持条件。目前，中国物流业内仍然有大量传统物流运作方式的存在，其中主要问题如企业诚信缺失、相关监管不力、部门间沟通不畅等，导致了市场乱象的出现。建立科学的物流企业信用体系，就能将交通、市场、金融、保险、司法、税收等政府各监管部门的信息融合，用于科学全面地评价物流企业的服务能力，也为建立有效的激励和惩戒机制奠定了基础。

（五）优化商业环境

良好的商业环境，能保证两业联动始终处于稳步上升阶段中，但环境优化不可能一蹴而就，也不只是政府单方面行动即可缔造，它离不开政企深入地沟通与协作。

为优化商业环境，制造业和物流业企业必须增强政策意识，改变长期错误观念。企业应与政府携手，从自身做起，塑造公平公正的商业行为，提高市场效率，以此逐步优化所处的商业环境。

在当前的行业态势下，信息技术服务业和软件产业正逐渐成为驱动力。随着技术的不断进步，信息技术不仅助力于创新和研发，还在加强企业间的通信、提高生产效率等方面发挥了重要作用。这为制造业与物流业的深度融合提供了有力的技术支撑。

服务业，尤其是电信、金融和电商，正与日俱增地对物流产生更高的需求。这样的发展势头要求物流业务不仅要满足基本的运输需求，更要提供增值服务，如实时追踪、速递服务和定制化解决方案。

另外，工业经济持续发展，新兴产业如高技术制造、数字经济、新能源和光电子器件产品等都在急速崛起，这也给物流业带来了新的机遇和挑战。

然而，制造业的集聚式发展与物流业的发展局限性也形成了某种矛盾。为解决这个问题，建议更多地探索将物流业与制造业的网络更深度地结合，实现双方的协同发展。这样的联系不仅有助于提高资源利用率，还能缩短信息反应时间，促进双方更加高效地合作。

总体而言，行业之间的深度合作和相互支持是优化商业环境、确保制造业与物流业健康发展的关键。

第一节　中国制造业与物流业联动发展目标

物流业发展与制造业息息相关。物流业不仅能支持制造业提高核心竞争力，更能夯实国民经济发展基础，推动战略性和先导性产业。物流业应将营造良好的行业营商环境，赋能区域产业布局竞争力，同时将提升供应链的价值创造力、培育新兴产业等，定位为与制造业的协同发展目标。

一　两业协同发展的必然性

物流业与制造业之间的关联不仅深刻而且复杂，这种协同发展的必然性源于两个行业在经济发展中的互补性和相互依赖性。为什么说两业协同发展是必然的呢？

首先，从制造业的角度来看，物流业是其重要的支撑和保障。制造业的生产、销售、售后服务等环节都离不开物流的参与。随着市场竞争的加剧，制造业对于物流效率和成本的控制要求越来越高。而物流业通过优化资源配置、提高运输效率、降低物流成本等方面，能够为制造业提供更加专业、高效的服务，从而增强制造业的竞争力。

其次，从物流业的角度来看，制造业是其发展的基石。物流业的存在和发展是为了满足制造业不断增长的需求。随着中国制造业规模的不断扩大，物流业的市场空间越来越大。同时，物流业通过技术创新和管理优化，提高物流服务水平，进一步推动制造业的发展。

再次，两业协同发展有利于促进产业结构优化升级。制造业与物流业深度融合，可以推动产业链向高端发展，提升产业链整体竞争力。例如，通过物流业的协同发展，可以实现原材料、半成品和成品的高效流通，降低库存成本，提高生产效率，从而促进制造业的结构优化。

最后，两业协同发展有助于实现绿色可持续发展。物流业通过优化运输方式、提高能源利用效率、降低排放等手段，可以有效地减少制造业在生产过程中对环境的影响。同时，物流业还可以为制造业提供绿色物流解决方案，推动制造业实现绿色生产。

物流业与制造业之间的协同发展是必然的，这种协同发展有利于提高中国制造业的国际竞争力，推动产业结构优化升级，实现绿色可持续发展。因此，中国政府和相关部门应积极推动两业协同发展，出台相关政策举措，加强基础设施建设，培育现代物流体系，为制造业提供有力支持。同时，制造业和物流业也要加强自身创新能力，不断提高协同发展水平，共同推动中国经济高质量发展。在物流业与制造业的协同发展中，创新是推动两业深度融合的关键。创新不仅包括技术创新，还包括管理创新和模式创新等方面。

首先，技术创新是推动两业协同发展的基础。随着物联网、大数据、人工智能等技术的不断发展，物流业和制造业都有机会通过技术手段实现更高效、更智能的生产和服务。例如，通过物联网技术，可以实现生产设备的实时监控和数据采集，提高生产效率；通过大数据技术，可以对海量数据进行挖掘和分析，优化物流路径，降低运输成本；通过人工智能技术，可以实现智能物流规划，提高物流自动化水平。

其次，管理创新是推动两业协同发展的保障。在制造业中，生产管理、质量管理、供应链管理等都是非常重要的环节。同样，在物流业中，运输管理、仓储管理、配送管理等也是至关重要的。两业协同发展需要双方在管理上进行有效的沟通和协调，通过管理创新来提高效率和降低成本。例如，可以通过建立信息共享平台，实现双方信息的实时交换和共享；可以通过制定统一的管理标准，提高两业协同的规范性和效率。

最后，模式创新是推动两业协同发展的动力。随着市场的变化和消费者需求的变化，制造业和物流业都需要不断创新服务模式来满足市场需求。例如，可以建立制造业与物流业紧密合作的模式，实现从生产到销售的一体化服务；可以通过提供定制化的物流服务，满足消费者的个性化需求。

创新是推动物流业与制造业协同发展的关键。只有通过不断创新，才能提高两业的效率和竞争力，实现高质量的发展。因此，政府、企业和研究机构应加强合作，共同推动两业的创新发展。同时，我们每个人也应该积极关注和支持两业的协同发展，为中国经济的繁荣和发展做出贡献。

二 两业协同发展的目标

制造业与物流业联动发展是中国经济发展的重要战略方向。近年来，中国致力于推动制造业降低成本、提高效率、实现产业升级，以及促进物流业提高整体服务水平、调整优化产业结构、转变经济发展方式。为实现这些目标，中国政府和相关部门制订了一系列政策和发展规划，如"中国制造2025"战略和"互联网+"行动计划等。

在制造业与物流业联动发展过程中，共生理论成为重要的分析框架。产业共生系统包括共生单元、共生模式和共生环境三个要素。共生单元指的是制造业和物流业之间的关系，共生模式描述了两者之间的互动方式，而共生环境则影响了共生发展的外部条件。通过对共生理论的应用，我们可以深入剖析制造业与物流业联动发展的内在机理，探寻有效的联动发展模式，并评价其效率。

在制造业与物流业联动发展的过程中，共生度的计算是一个关键环节。通过分析不同地区制造业与物流业的共生度，我们可以了解各地制造业与物流业之间的依赖程度，进而找出达到对称性互惠共生所需的时间。此外，以宝供与宝洁的联动发展为例，可以探讨双方联动发展模式的演化过程，为其他企业提供参考。

为加快制造业与物流业联动发展，中国政府和相关部门可以采取以下措施：①优化政策环境，降低市场准入门槛，鼓励制造业与物流业深度融合。②加强基础设施建设，提高交通运输效率，降低物流成本。

③推动产业技术创新，应用现代物流管理技术，提高两业联动发展的智能化水平。④培育专业化、规模化、现代化的物流企业，提高物流业整体服务水平。⑤引导企业加强内部物流管理，提高制造业企业对物流服务的满意度。⑥加强人才培养，提高两业联动发展的专业素质和综合素质。⑦推动区域间合作，发挥各地优势，形成制造业与物流业联动发展的产业集群。

通过以上措施，中国制造业与物流业联动发展将实现以下目标。①降低制造业成本，提高制造业核心竞争力。②优化物流业结构，提高物流业整体服务水平。③促进产业升级，推动经济结构转型升级。④提高资源配置效率，实现产业链协同发展。⑤促进区域经济发展，实现产业绿色可持续发展。

总之，制造业与物流业联动发展是中国经济发展的重要战略方向。通过深入研究共生理论，探索有效的联动发展模式，并采取切实可行的政策措施，中国制造业与物流业将实现高质量发展，为全面建设社会主义现代化国家、实现中华民族伟大复兴的中国梦奠定了坚实基础。

三 两业联动的达成措施

党的二十大提出，到2035年要实现经济实力、科技实力、综合国力大幅跃升，人均国内生产总值迈上新的大台阶，达到中等发达国家水平。当前，制造业是实现该战略目标的重要力量，承载着将产业从做大到做强的光荣使命。众所周知，制造业是国民经济的主要支柱，也是中国全面走向新型现代化经济的保障，是国家安全环境、群众生活幸福的来源，也是决定国家或地区自身实力与对外竞争力的主要指标。通过发展制造业与物流业之间的联动，能积极推动中国创新发展，加快经济转型。

（一）供应链协同创新

政府应支持物流与制造企业在市场主导的方式下，积极创新供应链共建模式。在新的供应链中，企业主体能相互提升响应能力，积极应对市场环境和需求的变化，应对外部的突然冲击，提高自身竞争能力，同时也能通过建立互利、共赢的战略合作关系来促进两大产业融合发展。

（1）在对供应链进行协同创新过程中，制造企业应结合实际需要，对原本分散在企业内外的物流服务能力进行资源整合，其中包括采购、制造和销售等环节上的服务能力，还包括运输、仓储、配送等原有的存量资源，从而形成专业化、高质量的综合服务体系。

（2）政府在引导和参与供应链协同创新过程中，必须积极遵循创新改革主线，紧扣内需"大循环""双循环"的建设主题，将产业布局和流通空间精准体现在规划中，努力融入"一带一路"、西部陆海新通道、西部大开发等国家和地区层面的战略中。地方政府应确保自身可以从战略高度，认识创新建设物流通道网络的意义，从而将高质量供应链服务深入融合到制造业供应链中，打造更具有优势的产业融合布局。

（二）强化两业前景规划的有机对应衔接

地方政府应在国土资源、产业规划等方面，强化两业的有机衔接，将工业园区等制造业设施与铁路、公路等专用物流设施的规划科学布局衔接，尤其要做好用地安排。对具备条件的地方政府，还应积极推进国家级物流枢纽建设，充分发挥这一级别枢纽所能带来的运输能力，以促进物流资源的集聚优势发挥，进而支持制造业集中优化发展。此外，地方政府还应努力支持建设为大型工业园区配套的专用线路、仓储设施、运输能力等，应吸引具备条件的社会化物流企业进驻，并引导制造企业从这一环境中获取高端物流服务能力。

（三）地方政府要加强物流业和制造业互相融合，协同发展

一方面鼓励制造企业和物流企业合作，根据生产制造流程，在生产基地规划、厂内设施布局、销售渠道建设等方面配套相应的物流设施设备，有条件的企业也可以投资建设专用的物流设施。另一方面可以推动物流企业加快发展高端定制物流，为制造企业量身打造专业系统的物流服务，提供供应链管理库存、线边物流、供应链一体化等解决方案，帮助企业提高制造的敏捷性和柔性，增强制造企业竞争力。

（四）地方政府应积极推动制造业与物流业的信息资源融合共享

现代科技革命发展日新月异，以物联网、大数据、云计算、人工智能等广泛应用为代表，一系列新技术的组合运用，推动着中国的产业变革，也改变了产业原有的组成结构、运行逻辑、组织形态和发展趋势。

在这一大背景下，中国政府更应推动制造业和物流业，秉承其在大数据等技术应用上的原有优势，推动产业组织的智能化构建，为实现"大循环""双循环"下的供应链服务体系创造基础。此外，还应积极

推动物流系统的智能化改造,积极推动工业互联网技术在物流业建设中所发挥的价值,树立大型制造业和物流企业的示范作用,强化物流在产业之间联系的角色,加快挖掘和构建智慧化供应链资源。

以德国工业4.0战略为例。工业4.0战略是德国政府在2011年提出的高科技战略,目标是通过智能制造,将德国制造业带入一个全新的数字化时代。这一战略的核心在于整合先进的信息技术与工业制造过程,从而实现更加灵活、高效且个性化的生产模式。

德国工业4.0战略的实施以物联网(IoT)为基础,通过将工厂设备、产品和系统相互连接,实现数据的实时采集与分析。在这一框架下,传统制造业的各个环节——从设计、生产、物流到服务——都得到了数字化转型。例如,智能工厂中的机器人和自动化系统能够实时响应供应链的变化,动态调整生产计划以优化库存管理和资源配置。

此外,德国工业4.0战略强调了生产过程中的个性化和灵活性。通过高度定制化的生产,德国企业能够更有效地响应市场需求,减少过剩生产,从而提升整体供应链的效率。例如,汽车制造商可以根据实时数据和预测模型,精确调整生产线上的车型和数量,以适应市场需求的快速变化。

技术创新在德国工业4.0战略中发挥了关键作用。人工智能和大数据分析等技术的运用,不仅提升了生产效率,也使物流管理更加智能化。之后通过智能化生产,德国企业能够减少能源消耗和废弃物产生,同时提高资源利用率。这不仅减轻了对环境的影响,也降低了生产成本,提高了企业的市场竞争力。

中国在推动两业联动的信息基础设施建设时,可以充分借鉴德国工业4.0战略的理念和策略,结合更高端的现代科技,加强数字物流基础设施建设、物流工业互联网平台建设等。通过智能化协作平台,尽快实现物流供应链上下游内采购、生产、流通等不同环节信息的实时采集和全面共享,确保制造业和物流业的深度融合。

另外,通过政府引导建构平台,及时准确提供物流信息,能有效促进制造企业和物流企业之间的协作。在此基础上,行业能进一步探索并推进区块链、大数据等新兴技术的应用,以建立新一代的物流信用信息共享体系。

（五）政府应积极建设推进标准规范化的沟通渠道

政府应积极搭建内部工作沟通规则与机制，对于有关物流与制造业联动的管理事项，应积极响应国家标准、行业标准和地方标准，在立项、审核、发布等环节，全方面、多维度吸取相关部门和企业的意见与建议，严格按照标准规范进行规划发展。

政府还应支持行业协会等社会团体，积极研究制定两业联动的集体标准，利用标准来引导和规范两业融合创新。例如，政府应鼓励制造企业对产品外包装进行重新设计，充分考虑现代物流标准化作业需要，向物流业学习如何普及标准托盘、标准包装的标准，提高装载单元的标准化和循环化程度，以适应现代物流的需求。

第二节 中国制造业与物流业联动发展规划

作为中国国民经济的重要组成部分，制造业同样也是全社会物流需求的重要基础。打造制造业与物流业的联动，能有效地推动经济社会的发展进步。正因如此，中国政府尤其重视制造业与物流业的联动发展规划。在《振兴规划》中，提出应积极对物流市场需求加以扩大，并大力推动物流服务的社会化和专业化进程，这一目标充分体现了规划的意义和价值。

为确保制造与物流业联动发展规划的实现，各地政府应充分利用现代物流体系中的通道、网络和枢纽建设，将之作为精准对接国家各项重要战略的发展契机，打造高质量的物流建设体系，完善物流通道与网络，强化地域和城市的各类物流发展要素，提高物流对制造业等产业的服务能力。

在经济社会进入新发展阶段后，政府和行业通过完善对物流业的规划，能促进布局的优化从而建立长远优势，以便物流业可以进一步成为服务行业中的引领力量，实现经济发展总成本的降低。

一　促进制造业与物流业联动发展以达到产业链延长

为了实现制造业与物流业之间高质量高效率的双驱动发展，地方政府不仅需要引导各产业提高自身发展质量，还需要依托服务业等集聚产业集群，以及其他相关产业组织，完善供应链的整合。

通过从供应链和价值链两个方面确保制造业、物流业的顺利对接，能准确把握制造业和物流业的组织和生产过程。一旦其中涉及两个或两个以上的对接点，便可以进行扩展，形成产业链，推动制造业和物流业联动发展。这一过程的关键，是确保产业链的完整。作为产业链上的核心部分，制造业与物流业的联动发展，才能推动产业链的延长。

（一）产业链的延长

产业链是产业经济学概念，是指以技术经济关联为基础，根据特定的逻辑关系和时空布局关系，在不同的产业部门之间客观形成的链条式关联关系形态。

产业链可分为狭义产业链和广义产业链两部分。

其中，狭义产业链是指各生产部门在对原材料和最终产品的制造过程中所形成的、以特定制造环节为主要目标的完整产业链。

广义上的产业链，是指在狭义产业链基础上，提高可扩充性而形成的新产业链。关于其扩展性的延伸，可以细化为两个方向，即向上游延伸和向下游延伸。向上游延伸，指产业链向基础行业深化，技术研发向纵深发展。向下游扩张，意味着向消费市场扩张，在消费市场上进行拓展。

总体而言，实现不同行业企业间的关联，才是产业链的核心本质内涵。进一步地，可以将之理解为各行业企业间的供求关系。

1. 产业链的问题

在制造业与物流业联动发展过程中，始终存在某些问题，并表现为产业链问题。近年来，随着中国不断发布政策，推动制造业和物流业形成更深入的联系，制造业与物流业的联动发展实现了突破性进展。尽管目前取得较大进步，但仍存在潜在不足。例如，在高速发展的同时，制造业与物流业的联动发展依然存在产业链短、融合层次浅等问题。

因此，在中国制造业和物流业联动发展取得阶段性成效的同时，也应结合实际分析产业链的问题和解决方法，尤其是通过对自2020年以后对于产业链的冲击情形加以分析后，能得出以下结论。

（1）加强规划引导。事实说明，围绕制造业和物流业之间的紧密联动，应被视为中国经济转型升级的重要战略举措。政府应加强有序引导，加大对现有优秀企业的培养与宣传力度，使之成为制造业与物流业联动发展的典范之作。

（2）完善产业结构。政府可以全方位支持产业群企业扩大发展、争取项目、多层次合作，不断扩大集群规模。通过一系列措施，努力促进产业集群扩大规模、提升档次、提高水平，使制造业和物流业得到较大限度的提升，这也能使产业规模化、规范化、集约化、专业化，并形成更加完善的体系。

（3）实施政策扶持。各级政府应不断加大政策扶持，出台优惠政策，推动制造业和物流业深层次多维度发展。例如，可以采用税收、优惠方案同时进行方式，降低企业投资本金，提升企业对于促进制造业与物流业发展的积极性。

此外，推行数字化策略指导下的联动机制，是物流业和制造业积极联动以推进产业链延长的重中之重，政府和行业组织应以治理和创新为基础，提高各产业链组织之间围绕各相关因素的协同合作。其最终目的在于产业延长性的提升，加速建设产业链的治理框架。同时，还应利用现代化平台，积极推动物联网的发展，促使治理能力的提高，以优化并升级产业链能力，改善现代化经济结构，与中国制造业的大方向协同发展。

与此同时，产业链还具有区域性、跨界性和跨国性等显著特征，在打造中国高质量现代化产业体系同时还需要了解产业链特征，从而增强中国对全球产业链、价值链的把控力。

（二）完善产业规划布局

各地政府应根据各自资源禀赋和发展现状开发适合自身的开放型经济主导产业，全面提升产业开放水平。

以苏州市为例。苏州作为中国重要的先进制造基地，其经济发展和产业升级都取得了显著的进展。针对其"优势型"产业如半导体、电子制造和纺织业，苏州通过与全球顶尖供应商的合作、技术引进和并购等方式，旨在构建高度竞争力的跨国企业网络。对于"成长型"产业如生物技术、新能源和环保产业，苏州持续扩大市场份额，力争成为各自领域的领军者。针对"潜力型"产业如传统工艺、食品加工等，市政府采取措施加强对外贸易和推进自主品牌的建设，希望挖掘其潜在的市场价值。

为了吸引更多的外部投资和技术合作，苏州市政府实施了"精准招商"的政策，并采用"引外入内"策略，即利用自身在高新技术、生物科技和先进制造等领域的产业基础，吸引国内外大型企业入驻，从而形成了一个高度集聚和互补的产业体系。

在学习上述经验基础上，各地还要持续深入优化营商环境，持续打造市场化、法治化、国际化营商环境。

（三）产业链延长的重要作用

在中国不断从"制造大国"迈向"制造强国"的路上，物流业是横亘运输、储存、信息流通等多行业的多维度复杂产业，由于其涵盖领域广，涉及部门多，因此扮演重要的支撑角色。

同时，想完成制造业的转型与升级，必须得到物流业的强有力支持。物流业的重要属性在于生产服务性。为打造完整的产业链，就必须将制造业与物流业的各方面加以联系。除这一客观要求外，现阶段中国物流需求的最主要来源，也离不开制造业物流需求。正如《振兴规划》所指出的，"物流业对其他行业的调整具有服务和支撑作用，而第三方物流的发展能够促进制造业和商贸业优化内部分工，围绕核心业务，在提高这些行业竞争力的同时降低物流成本"，为了实现产业振兴，从产业链延长中获得收益，制造业和物流业联动发展是不可替代的重要因素，其重要作用将在以下方面得以体现。

1. 有利于资源合理配置

产业链得以延长后，商品流通的成本将大大降低，通过完善产业链上各方的衔接配合后，再建立沟通协调机制，能使产业节点充分衔接互动，从而达到提升技术水平、推进结构调整、优化资源配置的理想效果，以降低生产和物流的综合成本。因此，遵循传导逻辑完善产业链，就能使生产成本整体降低，推动价格下降，使全社会为之受益。

2. 有利于供应链竞争力的提升

在制造业和物流业联动发展下，建立更深层次的衔接和沟通，将更有利于增强供应链的整体竞争力，实现绿色供应链，从而实现更多制造企业与物流企业的合作，以达到双赢成果。

3. 有利于提升企业对市场风险的抵御能力

产业链的延长，还能最大限度地提升产品附加值，增强企业对市场风险的抵御能力。

二 促进制造业与物流业联动发展以达到供应链成本降低

完善的供应链，能将供货商、制造企业、物流企业、批发商、分销商和最终用户连接在集成化的功能网络结构中。这一结构可以从原材料供应环节就予以全面支持，经过中间产品和最终产品的制造，并通过配送网络，将产品发送给消费者。

目前，制造业和物流业的联动在全球供应链竞争环境中取得巨大进步，为企业发展创造了机遇。与此同时，制造业和物流业的共同发展以及高新尖技术和理念的推广，也十分有力地促进了制造业和物流业资源的合理配置，发展下沉式、多维度、多方面的合作模式，以此实现产业之间的互惠互利，积极推动制造业和物流业转型升级。

（一）供应链成本降低重要性理论分析

随着中国物流业的升级，以及各地物流业发展规划的出台和执行，物流企业迅速发展，业务呈"井喷式"增长，其核心技术的竞争力也在不断增强。凡事均具有双面性，在看到物流业飞速发展的同时，也应注意到其存在生产外包水平低、物流服务能力不足、供应链管理不善，尤其是整体成本过高等一系列现实问题，阻碍了制造业与物流业的紧密交流。这些问题也阻碍了制造业与物流联系的发展和改善，导致其无法形成更为完善的运作体系。

实际上，供应链层面的物流业务，主要应通过优化决策、流程再造和数据挖掘等先进技术，不断提高物流服务水平并降低成本，以提高供应链的竞争力。此外，还应基于网络的可持续特性来发展合作，提高过程的标准化、信息集成和决策智能。

有理由相信，随着企业供应链管理运营模式的不断优化，物流外包水平的逐步提高，制造企业和物流企业的合作将逐步紧密，以促进供应链活动的优化。

以杭州市制造业供应链管理与物流业联动为例。2009年6月，杭州市发改委、市经委、市信息办等部门编制了十大产业的调整振兴行动计划，率先与中央、省规划相衔接，并从杭州的本地产业优势、产业特色和产业模式出发，重新规划了杭州市制造业的重点发展方向。

杭州市制造企业供应链管理现状的调研结果显示，50%的杭州制造企业外包了物流业务，40%的制造企业拥有了专属物流服务商。在达成供应链改善基础条件后，还有31.58%的企业将80%以上的物流业务外包。这些情况显示，物流供应商已成为杭州为制造业服务的主力军，其发展壮大，积极改善了供应链的管理。由于该案例十分成功，其模式具有大面积推广的可能性。

在新的竞争压力不断形成，市场分工越来越密集的趋势下，两业联动成为必然而持续的趋势。单纯传统的贸易合作，已无法满足两大产业各自发展需要，也满足不了其所在市场的需求。政府和企业都应着眼于供应链管理的角度，将制造业和物流联动的发展分为三个阶段，分别是供应物流、生产物流和分销物流。随后，再根据各阶段特点，合理配置所需的不同资源，降低供应链整体成本。

（二）降低合作发展供应链的成本

发展制造业与物流业的联动，是一项复杂的系统工程，包括制造企业的业务流程重组、部门重组和人员重组等，涉及范围相当广泛。

下面是企业降低合作发展供应链成本的具体措施。

1. 加强监督管理和责任量化

每一个部门的相关负责人都应当严格遵守监督职责，每月或每季度进行部门间的绩效评估，并实行部门或地区之间的表彰制度，以此尽快确定可以贯穿整个制造企业流程的成本控制系统。为有效提升自身经济实力，制造企业要制定明确的目标、遵守严格的纪律、明确考核机制，做到及时反馈和责任量化。

2. 软件更新及加强员工培训

制造企业管理软件的应用应在价值链成本控制概念不断发展的基础上，保持同步更新和及时调整。企业想要对未来的发展方向做出准确合理的有效预测，就必须不断研发出更多、更高级、更强大的功能，合理地预算未来的成本支出。为了提高在市场中的核心竞争力，应注重资本的使用效率以实现资本最大化的增值，制造企业在充分合理利用有效资源的同时，应该主动为员工提供更多专业知识的培训机会。有必要增强企业内部员工的自学能力，并增加产品知识和专业管理课程的提供，特别是针对与公司有长期合作服务和产品外包的员工。对于内部员工，不仅应专注于技术沟通培训，还应充分挖掘综合型人才作为公司的管理储备力量。另外，应特别重视对企业管理层的培训，这样，制造企业内部的每一位员工才可以充分地欣赏到公司的人性化服务，有助于营造更加和谐的工作环境。

3. 加强业务流程控制和预算控制

制造企业应根据公司的发展状况，针对不同部门做出及时的全面费用预算，其中应包括研发费用、销售费用、员工工资等。特别是在招待费用层面，企业应合理地定量预算并根据每个部门的特殊性制定，同时应考虑各个部门之间个人的实际情况采用有针对性的目标预算。在此过程中应该对使用哪个 KPI 评估标准以及如何制定授权标准进行衡量，这有利于促进公司内部所有员工加深对制造企业长短期发展目标的了解，为获取最大的收益提供了一定的保障，同时，也有效地激励了职工以更高的效率做好本职工作。在其业务流程方面，公司可以让供应商及早参与新产品的定制，从而设计出多种产品的解决方案，从中选择最合适的零部件和材料。以制造企业自身为起点，从产品最初的研发设计，到零部件的采购，再到对原材料的加工和生产，最后面向市场进行销售，其中的每一个环节都必须严格遵守规定的管理制度。例如，财务报销系统、营运资金管理系统、R&D 成本管理控制系统、供应商成员资格系统、价格定价系统等，以确保成本控制概念得以贯彻制造企业生产环节的始终。

（三）降低供应链成本的主要考虑因素

目前，中国制造业与物流业的合作不断深化。大量企业实现了采购、运输、存储、销售和资源回收等信息系统模块的无缝衔接。加强供应链企业之间的合作，也已成为共识。同时，随着中国对外开放趋势不变，越来越多的跨国物流公司涌入中国，这些外国企业开始与中国本土公司进行商业竞争，使国内物流业关于生存和发展的危机意识日益加深。因此，该产业当前所需要做的，就是多角度思考如何改变现状，包括提高物流服务水平、提高产品质量、融入精益制造、延迟制造、采用柔性生产等高新技术。为使制造业和物流业供应链网络的综合效益最大化，制造业和物流业之间的合作还应迅速发展到更高层次，从而有效降低供应链成本并确保双赢。

在日趋激烈的物流供应链竞争形势中，有关如何通过联动将利益最大化，更多应考虑 S（客户满意度）、F（企业柔性）、A（协同能力）、C（成本）、T（时间）等供应链合作因素。其中，C（成本）、T（时间）可以使用直接测度获得的定量数值进行计算，而 S（客户满意度）、F（企业柔性）、A（协同能力）等因素，由于较为抽象，无法得出精确值域，所以综合考量后应从严谨的科学角度出发，采用百分制计分。

指标的具体注解如下。

C（成本）。为物流提供的所有服务而消耗的费用。计算方法是首先测算每个步骤、环节的花费，其次计算其总和，单位为人民币元。

T（时间）。完成整套物流服务的时间，按照天为单位。

S（客户满意度）。服务完成后客户的满意度调查问卷，投诉案例，以及电话回访，再由行业专家进行打分，采用百分制。

F（企业柔性）。对企业时间、服务、距离、业务范围、能力等方面的综合考量，并由行业专家进行打分，采用百分制。

A（协同能力）。将整个流程信息共享速度以及处理突发性事件的效率与公关能力为主要参考指标，由行业专家进行打分，采用百分制。

通过针对以上因素指标的衡量，所计算获得的结果，虽然可能并不是最科学的数据，但已经更接近动态事实。因此，物流供应商完全可以利用这些数值，运用综合评价方法，明确最佳成本方案选项，以此将有限的资源配置集中于对供应链上下游环节的整合、监控上，提升客户期望值、满意度。

三 促进制造业与物流业高联动带动经济发展

出口量是指国内货物销往国外的数量。大量经济发展实践表明，出口贸易对一国的经济发展而言，有着非常重要的意义，是促进经济增长的三大重要手段之一。在参与国际贸易的过程中，一国不仅能实现产业贸易优势，还能提高经济发展水平和民族福祉。在经济全球化、改革开放不断深入发展的今天，制造业与物流业的互联发展对市场出口量有着非常重要的影响。

以瑞典的宜家为例，据 2008 年 9 月 1 日至 2009 年 8 月 31 日的统计，宜家产品到达了全世界 100 多个国家，在不同的 40 个国家建立了 267 家商场，销售总额高达 215 亿欧元。数据显示，2012 年，宜家已经建立起了完整的物流链，在全球 55 个国家拥有 1220 家供应商，在全球

26个国家拥有31家经销商、28家商场配送中心（DC）和11家客户对接中心。

宜家在每个国家的物流中心都配备了自动化、立体化的仓库。除此之外，考虑到供应链、资产管理链、信息和人员管理的复杂性，宜家通过在全球范围内建立配送中心并引入供应链管理技术，协调生产、供货、储藏、配送的时空交错的矛盾。

作为全球家具制造业的领导者，宜家依靠全球供应网络和协作，以及高效、灵活和经济高效的供应链管理，最终凭借出口贸易在全球经济竞争中取得了强势的成功。

宜家的成功，说明制造业与物流业的高联动，可以充分带动经济发展，尤其带动国际出口贸易。

（一）产业联动对出口市场的影响

目前，受全球经济环境低迷对生产和物流运输造成的影响，中国制造和物流业的增长效率有所放缓，市场出口量也呈下降趋势。从世界范围来看，制造业涵盖了生产、设计、采购、运输、订单处理、销售等领域，但中国从"制造大国"到"制造强国"的转变尚未完成，这也对中国市场的出口量产生了一定的影响。

在此基础上，尤其应关注以下因素对两业联动和出口市场的影响。

1. 国内生产总值（GDP）

国内生产总值反映了国家经济和发展的总体水平。不同的经济发展条件对市场出口量有不同的影响。一般来说，国家或地区的国内生产总值越高，其市场出口额越高。国内生产总值较低的国家或地区出口较少。

2. 国家外汇储备

外汇储备是一国货币当局所持有的以外币计价的资产和对外债权。外汇储备是一个国家或地区经济实力的重要体现，它在国际经济舞台上扮演着举足轻重的角色。外汇储备不仅可以控制国际收支平衡，保障对外支付，维护国际声誉，增强对外融资能力，而且可以作为一个国家或地区国际贸易的稳定器。下面将从以下几个方面详细阐述外汇储备在国际贸易中的重要作用。

首先，外汇储备有助于稳定汇率。一个国家或地区的汇率波动会对国际贸易产生重大影响。外汇储备充足时，央行可以通过干预外汇市场来稳定本币汇率，降低汇率波动对出口企业和进口企业的冲击，从而有利于国际贸易的稳定发展。

其次，外汇储备可以应对国际金融风险。全球金融市场波动较大，外汇储备充足的国家或地区在面临国际金融风险时，具有较强的抵御能力。这有助于维护国家金融稳定，为国际贸易创造良好的金融环境。

最后，外汇储备有利于促进国际投资。充足的外汇储备意味着一个国家或地区具有较高的国际信誉，从而吸引外国投资者。这对于引进外资、推动国内产业发展、扩大国际贸易具有积极作用。

此外，外汇储备还可以用于国际援助和应急资金。当国家或地区面临自然灾害、经济危机等突发事件时，外汇储备可以提供必要的资金支持，帮助国家和企业渡过难关。

然而，外汇储备并非越多越好。过高的外汇储备可能导致资源配置不合理，国内货币供应过剩，引发通货膨胀等问题。因此，国家需要根据自身经济发展需求和国际经济形势，合理调控外汇储备规模。

总之，外汇储备在国际贸易中发挥着至关重要的作用。一个国家或地区应当充分利用其外汇储备，维护国家经济金融稳定，促进国际贸易发展。同时，要关注外汇储备规模的管理，实现内外部平衡，推动国家经济持续健康发展。

3. 汇率

汇率是两种货币之间的交换比率，它也可以被视为一国货币对于另一国货币的价值。这包括一国货币与另一国货币的比率或比较，或以另一国货币表示的价格。汇率波动是一个国家或地区进出口贸易平衡的稳定的关键因素。主要表现在两个方面。一是收入的变化是由于受影响进出口的汇率波动造成的。二是本国货币升值或贬值的最明显例子是汇率的变化。以中国本土货币人民币作为最易理解的例子。例如，在正常情况下，随着人民币升值和购买力的提高，同一单位的人民币可以购入较多商品，然而在国外，同一单位却只能购买更少的产品，如此情况会大大削弱了中国产品的国际竞争力，在国际竞争中失去显著优势，导致出口率下降。

（二）促进制造业与物流业深层次联系并提高市场出口量的举措

从 2008 年下半年的国际金融危机开始，世界贸易增长放缓，美元稳步下跌，中国对美国等高需求市场的出口急剧放缓。在国内需求疲软、竞争日趋激烈的情况下，制造业的生产过剩率约为 35%。国际金融危机发生后，银行对风险承担更加谨慎，限制了企业融资，从而加大了中国制造业的压力。

2020 年后，受航运、港口运输和国际货运代理受阻的影响，物流业也无法幸免，成为制造业之外的最大受害者，导致一段时间外贸物流产业向国内产业链发展，东部发达地区向中西部地区发展。在物流需求市场和油价上涨的双重压力下，大型物流公司的收入和利润率下降。许多中小企业面临物流困难，这严重影响了运输和仓储等独特服务。基于如此种种不利条件，在不断变化的国际经济环境下，发展制造与物流业的关系已成为中国经济进一步发展的必要条件。

物流是支撑国民经济发展的基础性、战略性、主导性行业，制造业是全社会物流需求的主要经济主体和主要来源。目前，中国物流业一体化趋势增强。随着市场竞争的加剧，物流行业链正转向提高制造企业市场竞争力、降低成本、创造利润机会等重要业务领域，物流企业与制造企业整合迫在眉睫。那么，应该如何刺激制造业和物流业之间的联系以及市场出口？

1. 营造两业联动发展良好环境

中国多省份的两业联动发展正处于快速发展期，尚没有形成完整的促进两业联动发展的良好环境。因此，尽快建章立制，营造良好的综合环境，成为促进两业联动加快发展的迫切任务。当地政府应以机制体制完善为抓手，在国际惯例、人力资源、政策法律、社会信用等方面切实为两业联动发展提供保障。通过环境优化带来制造业产量上升，高新技术产业产能增加。

2. 加大两业联动发展政策扶持力度

政府应积极完善相应政策。首先，应出台并落实鼓励制造业物流外包的税收政策。重点针对制造企业实施物流流程再造时出现的闲置物流设施和富余物流人员，给予专门的优惠政策，保障闲置物流设施的合理利用，维系富余物流人员的正常生活水平。其次，政府应制定制造业物流布局政策,鼓励、引导物流企业进入为制造业配套的物流中心和物流园区,实现制造业物流系统的布局优化,并吸引相关商会、银行、中介服务进入,构成产业集群。上述政策的出台,将会带动产销量的增加。

3. 组织实施两业联动发展示范工程

按照循序渐进、逐步接轨的原则,采用先进的物流运作模式。例如,在磷铝资源型产业、先进装备制造业以及电子信息制造行业等产业中,积极推进两业联动,通过联动示范工程的现实,教育广大制造企业与物流企业解放思想,走两业联动的道路,促进制造业物流业社会化和专业化水平,有效降低制造业运营成本。通过示范工程,带动专业化水平上升,进而带动市场对于产业产品的需求量,从而实现两业双赢。

(三)两业联动对增强市场出口份额的重要意义

在现代市场中,物流的发展是制造业发展的必然要求。经济全球化导致了买方和卖方的地域分散性较强,这也被认为是供应链管理者面临的最严重问题之一。为解决问题,应充分有效地利用现有资源,释放管理、技术、人才和信息的潜力,积极深化社会分工,提高核心业务的专业化水平,统筹发展"两大支柱产业"的制造业和物流业。其中,满足大规模生产、适应性强、生产灵活的物流需求,能促进制造业和物流业高质量发展,对扩大市场出口至关重要。

1. 降低成本,确保竞争力

物流是最重要的生产环节之一,其供应、生产和分销过程贯穿于整个制造业进行的过程当中。实际调查结果显示,在商品的生产和销售过程中,加工和生产流程大约只需要 10% 的时间,而物流却几乎需要 90% 的时间去完成。从成本来看,直接劳动力成本占总成本的不到 10%,物流的花费约占原材料总成本的 40%。为此,高效的物流服务,是有效管理供应链以降低成本和保持竞争力的重要组成内容。

2. 促进社会和经济稳步发展

目前,中国大部分地区和行业正处于不同的工业化阶段,制造业在经济中所占比重较高,服务业所占比重相对较低,制造业仍是物流业发展的引擎。刺激国内物流需求是促进物流业和社会经济发展的重要途径之一。

据统计,制造业所产生的附带物流活动,占中国全部物流活动的

70%以上，占全部物流总值的88%左右。在外贸物流需求下降的背景下，制造业物流需求社会化水平需要不断提高。物流与生产、消费密切相关，在经济社会发展中发挥着越来越重要的作用，对促进流通、生产、消费和生活水平的提高，发挥了积极作用。尤其是近年来，中国快递业发展迅速。在新发展模式下，快递业还应进一步拓展服务网络，推进物流业发展，完善城市物流，通过服务于零售业而拓展与制造业融合之路。

3. 加强应对国际经济环境变化的能力，充分认识深度一体化发展的重要性

《振兴规划》中，制造业和物流业联合发展项目被明确列为物流业重要发展项目之一。为贯彻落实国务院物流产业结构调整和振兴方案精神，推进制造业和物流业有机融合和互联互通，加快产业价值加工和发展方式转变，2010年，国家现代物流跨部门会议办公室提出了促进制造业和物流业协调发展的建议，建议地方政府适应当地实际情况，推进制造业和物流业对接发展的工作。深度融合和创新发展是以两部门结合为基础。

深度一体化是指物流与制造业在整个供应链中战略合作、相互渗透、共同发展。当然，这并非指各类型企业回归传统的自助物流模式，而是在专业化的基础上，进行更深层次、更多维度、更多方面的交流与合作。其中的创新发展，具体体现在物流管理模式和服务提供模式的不断创新与融合。结合制造企业多方面实际来看，应更快更好地适应物流变化新趋势，优化升级制造业生产流程，发展新的生产方式如重组生产等，从而引领提高物流业和制造业的市场竞争力和附加值能力。类似措施，对于提高中国企业应对国际经济环境变化的能力，具有重要意义。

四　促进制造业与物流业联动发展达成集约化产销

集约化产销，是指通过对要素优势加以集合从而节约成本并充分提高企业经济收益。通过集约化产销，企业可以对资金、人才、技术等生产营销资源加以整合，并在对其充分利用的基础上，集中构建现代管理体系，积极发挥资源的潜在价值，对企业的生产和营销等工作效率予以提升。

现代产业中，基于可持续发展的视角，为了建立更大规模的现代化

机械制造产业，必须推进高效、集约化的产销体系，并将其确定为中国未来制造业与物流业联动发展的整体方向。

（一）两业联动形成集约化产销的影响因素

从20世纪80年代开始，西方主要工业国家就开始了现代化集约产销体系的建设，其建设实验最初发生在禽类养殖行业。随着技术发展，相关行业的生产能力水平和自动化程度逐步提高，在确保产品质量的情况下，有效扩大了生产规模、提高了产品标准、统一包装和物流的形式，提高了整体盈利效率。

与西方发达国家相比，中国两业联动发展产销集约化的基础较为薄弱，同时还存在以下不利因素。

1. 生产技术水平不足，机械化程度较低

根据国家统计局在2021年发布的数据，中国人口已达到14.1亿人，占全人类总人口数量的18%。有鉴于中国目前的人口数量依然是世界上最多的，国内劳动力资源在总量上相当丰富，因此中国制造业的资源结构总体仍然倾向于劳动力密集模式。

近年来，物联网、云计算、大数据、人工智能等先进的现代化生产加工技术得到越来越多的高质量运用。但在直接制造生产加工领域和物流运输等服务环节中，依然以人力直接服务为主。这导致相关环节不仅生产技术水平的现代化发展程度不足，且同一产业甚至同一行业中，始终存在较为明显的差距。例如，部分具有规模的制造企业，已经实现了自动化生产，而其他大部分普通的制造企业，在自动化方向的转型升级道路上依然步履蹒跚，导致与其相关的两业联动发展成效不足。

2. 缺少专业化的产业规划和供应链服务能力

产业链缺乏规划、结构简单而未能充分闭环，类似问题很容易导致两业联动发展陷入困局。通常情况下，制造企业在成立之初，大多受限于投资不足、规划不够、理念不到位等原因，而没有主动对物流环节进行充分规划设计。这造成其所生产产品在进入物流环节后，即便不发生停滞，也会出现迟缓、逆流、堵塞、错乱等浪费现象，进而导致供应链运行的不合理。将这些问题归纳起来，说明两业联动面临的最大问题并不完全在于自身，而是在于缺乏相互配套衔接的生产布局，也就无法进行生产资源的相互配合与延伸，无从进行集约化产销服务。

当然，物流产业本身也存在其服务范围和程度上的不足。中国物流供应商往往是从传统服务企业转变而来的，或者擅长传统运输，或者熟悉传统仓储，导致其能提供的服务大多局限在既有的业务领域，而缺乏提供全覆盖服务的能力。尽管经过组织结构和市场营销上的自我进化，部分融入了现代物流企业的队伍，但实质上真正能全方位提供物流服务的并不多。这一客观发展程度上的不足，也成为影响中国两业联动发展的主要阻碍。

3. 集约化程度不足

总体而言，中国的制造业与物流业目前依然处于各自独立、互不干涉的产业发展阶段，且其中相当多数的制造企业生产能力弱、生产规模小，产品数量少、销售范围狭窄，因此难以接触到集约化能力强的物流企业，即便可以接触，也因市场地位悬殊而造成议价能力不足，无法进行有效连接而难以集约化，难以满足客户需求。

(二) 两业联动集约化产销的方法

通过以下方法，可以将两业联动同集约化产销加以更好集合。

1. 构建行之有效的集约化产销体系

政府应引导行业龙头企业通过合法、适度的竞争，在市场淘汰中，利用合作、兼并方式，将更多资金、人力、技术、机器等资源集中起来，形成充分的竞争优势。这样，制造企业和物流企业都能获得规模上的扩大、市场地位上的增长，其自身生产和服务体系也能有效更新迭代，形成系列化、多层次化的竞争能力。这将有效地增强中国两业联动后形成的综合市场竞争力，并促进两业之间的联动收益提升。

2. 由分散走向集中

想要建立集约化产销体系，不仅需要发挥行业带头企业的示范价值，更要通过政府引导和行业协调，将原本分散的中小制造企业、物流企业进行充分整合，使其能通过工业园区等形式加以集中，打造出当地的特色产业集群。利用产业集群，能发挥集约效应，形成一致对外的集约化产销体系，从而提高生产制造和服务的经济效益，带动两业联动可持续的健康发展。

(三) 两业联动与集约化产销体系的具体价值

面对激烈的全球化市场竞争，两业联动需要结成动态的联盟共同运行。在此过程中，任何一家企业都不可能做到独善其身，必须积极行动，和众多伙伴企业携手合作，克服彼此文化、能力、目标上的差距，形成共同利用和开发生产与服务资源的联盟。在联盟运行中，如何进行有效的前期整合，如何能确保利益分配的机制合理，从而使联盟运行通畅并达成多赢目标？这一问题的解决有赖于集约化产销体系的作用。

1. 集约化产销体系能妥善分配联盟的利益

两业联动成功的重要因素，在于不同企业所结成的联盟能向其中每位成员提供其所需要的最大利益。尽管在不同类型的联盟中，存在组织结构、具体目标的不同，但归根结底，任何两业联动联盟，其运行都是为了在激烈多变的市场竞争中，确定自身的经济利益而形成契约。正因如此，两业联动联盟需要引入集约化的产销体系，通过集约化来吸纳资源，再分配基于资源而产生的利益。

例如，由于有了集约化产销体系，联盟中的不同伙伴企业才会产生足够的信任，并愿意为合作投入资金、时间、品牌知名度、机器资源、人力资源等各类资本，同时愿意承担各类市场风险、合作风险、技术风险等。同时，集约化产销体系也能基于市场协作关系，自动调整同盟伙伴企业之间的关系，将不同企业在联盟中的地位、角色予以确定，并形成各方所能接受的利益分配规则。

2. 集约化产销体系能实现虚拟融合

虚拟融合，是产业之间为适应多变的市场需求和竞争环境而形成的动态经营观点。这一观点建立在企业内外资源的积极整合基础上，致力于内部机构的有效精简和外部资源的充分利用，强调灵活性、适用性，将企业与其所在供应链的供应商、服务商、生产商、客户所相互结合，是一种动态变化的合作网络。

在集约化产销体系基础上，两个或更多的企业为了实现各自经营目标，在现有利益共同点基础上充分共享资源，并以各自所拥有的优势资源如品牌、技术、资金等为核心，通过物流、信息流、价值流等加以联合，获得竞争优势。

利用集约化产销体系所形成的虚拟融合，本质上并不涉及企业的所有权，而是以法律协议为基础形成的互存关系。维系这种虚拟融合的不只是法律法规，还有通过产销体系集约化而形成的资源共享环境。通过资源的积极共享，就能协调联盟各方利益，使之最大限度地促成竞争力的发挥和提升。

3. 集约化产销体系能推动企业之间的共同治理

在这一体系基础上，传统的企业边界被打破了，单独的企业能在这一体系中获得原本并不属于自身的高效资源，从而得到发展的助推力。

集约化产销体系所塑造的共同治理方式，主要包括两部分：一是共同的治理结构，例如投资、并购而形成的新股权结构、企业股东、管理团队等。二是共同的治理机制，如联盟内的监督、管理、用人机制等。集约化产销体系的效率越高，共同治理效率就越高，其形成的助推力就越强。

江苏海隆国际贸易有限公司（以下简称"江苏海隆"）的发展过程中，选择了集约化产销体系。其具体做法是，将全资子公司淮安市淮阴大地绿色食品发展有限公司（以下简称"大地食品"）的相关资产、人员和业务进行整体剥离，通过资本重组，与其他企业进行合作，成立了淮安市海隆冷链物流有限公司（以下简称"海隆物流"）。该公司在法律上完全独立，用于同其他制造企业建立新型合作联盟关系。在新的合作体系中，双方实现协同运营、融合发展，走上了转型升级道路，并取得良好成效。

江苏海隆主动建立了一体化的冷链物流运作机制，利用集约化产销体系，将原本下属的物流资源，投入集约化产销体系中，与制造企业客户寻求优势互补。正是这样的合作形式，能让专业化的物流企业不仅占领规模化高地，还能集约化运营，将制造企业原本面临的服务能力不足问题加以解决的同时，也有效地增强了物流企业自身设施设备资源的利用效率，降低了开展业务成本，实现了双方共同发展、互利共赢的产业联动目标。

五 促进制造业与物流业联动发展发挥国家物流枢纽功能

两业联动发展的促进过程中，物流枢纽是必不可少的关键因素。通过建设国家物流枢纽，能构建出高效运行的物流网络，并保障原有的重要物流通道。因此，在物流枢纽建设初期，必须经过科学严谨的规划，对全国各省份的物流园区进行科学优化部署，进一步提升空间使用效率，大力推进相关建设。

国家物流枢纽，是指由国家发改委和交通运输部共同规划指导建设，将物流设施群和物流活动组织集中于一处所形成的物流体系基础设施核心群。国家物流枢纽能有效实现货物的集中、储存、输送、流动，能使制造产业出现更强的集聚效应，提供更优秀的服务功能，产生更高的运行效率。国家物流枢纽能因此在全国物流基础设施网络中发挥关键而重要的作用，承担节点和骨干的重任。

国家物流枢纽的发展，来自近年来中国物流业迅猛发展的大背景。近年来，物流业面临的"小、乱、散、差"等问题缺乏根治，导致物流运输效率不高，制造企业的物流成本难以下降。其背后原因在于物流业的供应和需求存在衔接问题。而对国家物流枢纽的有效规划建设，正是为了对该类矛盾的有效化解。国家物流枢纽能将制造业、物流业、交通运输业等加以连接，形成集约黏合效应，以提高物流业整体服务效能。

围绕两业联动与国家物流枢纽功能，有如下要点值得关注。

（一）国家物流枢纽的建设举措

中国国家物流枢纽建设共分为 3 个阶段。其中，2019—2020 年为建设起步阶段；2021—2025 年为建设加速阶段；2026—2035 年为综合建设提升阶段。在第一阶段已初步建成 30 多个国家物流枢纽，其辐射带动能力较强、现代化运作水平较高、相互连接较为紧密。在第二阶段，将布局建设有 150 个左右的国家物流枢纽。到第三阶段即 2035 年，将建设与现代化经济体系相匹配的国家物流枢纽综合体系。

建立国家物流枢纽网络，是从现代化物流运行的原理层面出发，通过硬件配备和建设，明确在物流体系建设中从政府到经营者再到物流企业的各自职责。通过利用先进科学技术，从国家层面建设物流运输网，为制造业和经济发展形势提供价值。

在国家物流枢纽网络建设中，主要运用了以下举措。

1. 高起点建设，优化网络布局

以山西省太原市的国家物流枢纽建设为例。近年来，太原市对其现代物流枢纽科学规划、精准建设，布局了以"5+7"物流枢纽网络。其中，5 即五大国家物流枢纽，分别是太原国际物流港、中鼎物流园、清徐综合物流园、武宿物流园和大孟物流园。其中，中鼎物流园为太原陆路开放口岸作业项目，清徐综合物流园主要服务于清徐化工新材料园区，武宿物流园为太原航空开放口岸，大盂物流园则位于太忻一体化经济区核心地带。7即七大辅助物流园区，包括阳曲县南塔地穗华综合物流园、袁家庄—中车综合物流园、姚村—传化物流园、皇后园物流园、山西中鲁物流园、古交物流园、娄烦物流园等。当地政府通过科学布局，精准打造物流枢纽门户，从而有效建设能引领中部并为全国经济服务的现代物流体系，聚焦于实现双循环战略目标，作出应有贡献。

2. 借助智慧物流产业的建设，进一步推动国家物流枢纽建设

智慧物流产业的建设，能充分利用云计算、仓储自动化设备，并建设无人场站、智能化仓储等新一代物流管理设施，从而协助统筹布局物流技术规划。通过这一建设协作重点，有效支持新型物流业态，推动各类互联网平台物流业的发展，并从中获得对国家物流枢纽建设的技术支持。

3. 充分降低物流业整体成本

通过建设国家级物流枢纽，能将制造业和物流业通过多种形式有效串联，提高流通效率，优化税费体系，最终降低综合成本。

例如，国家物流枢纽建成后，大宗商品物流运输设施得以完善，铁路运输量在相关运输中占比增加。通过多式联运的普及，可以进一步运用智能化建设，对战略装车点进行基础设施设备改造，提升物流的效率。

又如，在国家物流枢纽平台上，能充分发挥高铁、航空物流的输送优势，保障工业制造需求的满足，也能促进与民生有关的快递物流业提升质量。此外，利用国家物流枢纽管理平台上的智慧信息技术，能对信息资源加以充分有效整合，以此确保产业链环节的充分串联。

（二）两业联动对发挥国家物流枢纽功能的意义

发展国家物流枢纽功能，对促进两业联动、创优智慧生态、增强国家综合实力具有十分重要的意义。

1. 有利于加快与优化物流基础设施平台建设

物流主管部门经过统筹规划、合理布局物流基础设施网络，能够形成综合的、专业的、多层级的、一体化的物流基础设施网络，为现代物流业的发展创造良好的基础条件。在此基础上，物流主管部门应积极推

进物流信息化建设，提升物流行业整体竞争力。通过引入先进的物流管理系统、搭建物流信息平台，实现物流业务数据化、智能化，提高物流运作效率和服务质量。

2. 有利于搭建跨行业交流平台

随着物流金融、物联网等新交易方式及新技术的蓬勃兴起，有关政府部门和各行业协会组织可以积极召开制造业与物流业联动发展专题大会、组建跨行业协调机构、共同制定行为规范，为制造业与物流业联动发展搭建跨行业的交流平台，促进制造业、物流业、金融业、电子信息业等多行业的共同发展、合作共赢。

3. 有利于进一步推动物流信息平台建设及物流标准化建设

对于地区性、综合性的物流信息平台建设，单凭个别企业的一己之力，很难建成并高效运作，因而需要有关政府部门或者行业协会进行牵头、推动。

4. 有利于进一步完善后期政策支持

在税收减免、企业评估、资金奖励等后期政策方面进一步加大支持力度，鼓励制造业进行制造业与物流业联动发展。

5. 有利于充分发挥行业协会的纽带与集聚作用

物流协会、货代协会等行业协会可以牵头制定行业制度、规范，可以促进物流业及货代业的集聚，产生规模效应，行业协会还可以对物流企业、货代企业进行资质认证、等级评价，促进物流企业、货代企业进一步提高自身水平和服务能力，行业协会可以作为制造企业与物流企业、货代企业之间的纽带，搭建相关行业之间沟通、交流的平台。

第三节 中国制造业与物流业联动发展重点

国内外经验表明，制造业与物流业的充分联动，能有效提高制造业资源的利用率，降低产业链成本，从而提高产业核心竞争力，对整个国民经济结构的调整有着极大的促进作用，能实现经济发展的高效节能化转变。

以成都市为例分析，成都市政府近年来推进了多个产业的发展。其中，电子信息产业，特别是集成电路产业，已成为该市的标志性产业。

早在2008年，成都市的电子信息产业便突破千亿元大关。成都不仅吸引了众多国内外的集成电路企业入驻，而且鼓励企业在研发、生产、销售等各个环节与当地的物流企业深度合作，以提高整体的产业效率。此外，成都在新能源汽车、航空制造、生物医药等产业也取得了明显的发展优势。成都市政府预测，到2025年，这些产业的总产值将达到一个新的水平，推动城市经济进一步增长。

而在软件和信息技术服务业方面，成都也展现出了强大的发展势头。为了响应国家在数字经济方面的发展战略，成都市政府也将软件和信息技术服务业纳入其主要的工业发展板块；同时，成都市也着重于吸引和培养高技术人才，以支持该产业的持续发展。

成都市的经验表明，各个城市在其发展过程中，都应根据自身的地域、资源和产业基础，明确制造与物流业的联动重点，能够有效提升城市主体产业的发展速度与效果。

正如成都市政府做出的规划，中国各省份、各行业，都应针对自身优势特色，厘清两业联动发展重点。结合中国现代制造业的发展趋势与特点，本节对中国制造业与物流业联动的近期发展重点进行了如下分析。

一 稳固磷化工基础产业，实施补链强链

一直以来，磷化工基础产业是中国国民经济中重要的战略性产业之一，该产业主要以磷矿石为基础原料，用化学方法将矿石中的磷元素加工成广泛应用于农业、工业、食品、医药等领域的含磷化工产品。近年来，随着中国对磷肥、六偏磷酸钠等有机磷酸系列产品需求的提升，磷化工及其相关产业的产能不断提高，科技进步和经济社会的发展，也让相关产业实力显著提高，诸如农业磷氮比例失衡等问题也得到了彻底解决。目前，中国的磷化工产业位居世界前列。只有实现产业联动的可持续发展，科学利用磷矿资源，全面发展磷化工及其相关产业，加强环境保护，才能保证磷化工基础产业的稳步发展，让其更好地发挥战略性作用。

（一）磷化工产业面临的现状

尽管中国的磷化工产业的发展环境和技术水平均有较大的提高，但由于资源供应紧张，国内化工原料硫磺供不应求，对进口原料依赖度较

高，目前产业面临严峻挑战。

1. 产业分散，技术水平低

2019年中国磷矿矿石查明资源储量259.1亿吨，仅次于摩洛哥和西撒哈拉。但中国磷矿分布于27个省份，产业集中度不高，且缺少具备先进磷矿采选技术的大企业，更多的是设备和技术较为落后的小型企业，因此存在严重的采富弃贫和回采率低的问题，极大地破坏了磷矿资源，导致可利用的高品位矿石日益减少。

2. 产业结构不合理，布局不均衡

大部分企业主要生产黄磷、三聚磷酸钠、磷酸氢钙等初级磷化工产品，而生产深加工磷化工产品的企业较为缺乏。同时，中国磷化工产业主要分布在云、贵、川、鄂等磷矿资源较为集中的省份，产业布局不均衡。

（二）磷化工产业发展措施

充分利用有限的磷矿石资源，加大技术发展力度，提高资源利用效率，是稳固磷化工基础产业发展的必然选择。在技术创新方面，行业可以大力发展湿法磷酸净化及其深加工、黄磷深加工，提高磷矿及其伴生矿物、废弃物的开发利用率，充分利用新能源电池产业的强劲发展势头，积极探索磷系新材料技术研究应用，推动产业结构调整和转型升级，适应中国新能源产业发展需求，夯实新能源产业原料基础。

目前，中国多个地区的磷矿伴生资源产品产值远低于中低端磷化产品，相关制造技术和装备不够成熟，资源回收利用不够。稳固磷化工基础产业，要大力发展湿法磷酸净化及其深加工、黄磷深加工、磷矿伴生资源开发利用、磷化工废弃物综合利用。积极探索磷系新材料技术研究应用取得新突破，抓住该轮新能源动力电池产业窗口期，实施招商引资工作及项目落地建设，推动全市现代化工产业结构调整和转型升级，为区域经济社会高质量发展提供有力支撑。

要做实产业体系，就要稳固磷化工基础产业，具体从优化产业布局、稳住磷化工基本盘、补齐基础化工板块以完善全产业链、抓住动力电池窗口期重点招商引资四个方面入手。

1. 优化产业布局，推进区域差异化发展

山东省、江苏省，作为中国重要的化工产业基地，均在全国扮演着关键角色。其中，山东凭借其丰富的化工资源和技术积累，逐渐形成了独特的化工产业链。在这里，黄磷深加工产业迅速发展，通过技术创新和产业升级，不断提升产品的档次与市场竞争力。同时，新能源领域中的磷酸铁、磷酸铁锂正极材料、双氟磺酰亚胺锂电解质及其回收利用产业也在这里获得了稳健的发展。

而江苏，以其先进的技术研发和市场渠道，推进了磷石膏建材等资源的综合利用，形成了一条高效的磷石膏资源综合利用产业链。在此基础上，新能源电池电解液、六氟磷酸锂电解质等产业也在此获得了持续发展，研发的精细高端产品和功能性产品逐渐填补了市场的空白。

由此可见，中国各个区域根据其自身优势，正在逐步明确化工产业的发展方向。通过不断优化产业布局、发挥各自的特色和优势，推进化工产业的区域差异化发展，从而实现产业的高质量、可持续发展。

2. 稳住磷化工基本盘，实施补链强链

充分利用中国相关企业湿法磷酸净化技术优势，大力发展湿法净化磷酸、磷酸盐新型肥料和中高端磷酸盐产品。深化产业链上下游产业间联动整合、产业组织功能环节集成整合，寻求合理的发展切入点，培育物流与产业融合发展场景，加快形成"物流+制造业""物流+商贸流通""物流+现代农业""物流+旅游""物流+金融""物流+信息""物流+供应链"等生态格局，培育产业集群协作创新、互促提升的发展环境。

3. 补齐基础化工板块以完善全产业链

加快规划建设30万吨氯碱化工项目，为磷化工产业发展提供配套的氯气和烧碱原料，支撑电解液VC添加剂、六氟磷酸锂配套，富余烧碱通过配套氧化铝、三元正极材料生产进行消纳，推动磷煤化工配套产业全面发展，补齐行业短板，延伸有机化工产业链条。

4. 抓住动力电池窗口期重点招商引资

抢抓新能源电池材料"风口"期，做大锂离子电池产业上下游规模。依托城市磷矿资源的基础优势，重点布局发展正极材料和电解液产业。培育产业集群协作创新、互促提升的发展环境。此外，还需要做好创新规划和引导，以通过技术创新破解作为原料的锂资源对外依存度较高导致供需紧张的难题。

（三）实施补链强链的措施

只有补链强链，才能稳固磷化工基础产业，促进制造业和物流业的有效联动。其具体方法如下。

1. 顺时借势，整体强链

当前形势下，产业、供应、服务、价值链叠加，数据、资本、信息、物流融汇涌动，磷化工产业链的整体强化，必须顺时借势，制定明确的发展思路，科学布局产业区域，大力发展支柱产业，培育出具备创新活力和核心竞争力的现代制造业产业集群。尤其在注重国企发展的同时，不断扶持中小微企业加大技术创新，帮助中小微企业提升产业竞争力，实现产业发展均衡。强主链，也要生支链，在人工智能、5G、高端装备制造等新基建领域，更要积极地推动相关支链发展。

2. 内外联动，拓展延链

内外联动是产业链强化的关键。首先，要强化优势产业链，大力发展主导链产业，强链才能更好地吸引外链，不断延链，拓展产业领域，形成高附加值的产业链，实现产业链、价值链、创新链的联动发展。

内外联动，拓展延链，政府就应积极促进各类要素融合发展，促进各类资源流通共享，打造以技术、信息、人才等各类要素和资源为支撑的强链优势。

3. 扬长避短，补链强链

在强化优势产业的同时，中国也要针对弱势短板加以提高效率，实现扬长避短。未来，针对中国磷矿资源数量多的优势，可以大力发展磷酸铁锂电池生产企业，其中，制造企业和物流企业可以通过股份合作、产业化经营、社会化服务等多重方式进行联合，利用"东数西算"、华为大数据等优势技术，进行产业链提升，形成高效完整的产业链，达成合作共赢。

二 依托铝资源产业优势，推动精深发展

从常识看来，矿产资源往往是不可再生类的资源，其储量是有限的，比如煤、石油等，它们用一些就少一些，不可能再重新产生。基于此，人们对所有的矿产资源都建立了类似的认识，但实际上，矿产资源并不全部都是不可循环再生的资源，有一些矿产资源就是可以持续循环再生的，铝就是其中之一。虽然说铝矿的蕴藏量也有限，开发一些就少

一些，但我们忘记了另一个方面——产品的使用。铝矿的产品铝是可以重复使用的，并且其重复使用率远高于钢铁等其他类产品，因此，完全可以将铝看作可以循环使用的可再生资源或者产品。而铝土也可以被看作一种可以再生的、可持续利用的矿产资源。

铝矿资源的这一特性极具优势，对于促进制造业与物流业精深联动发展有显著的作用。

（一）铝资源产业发展现状

2018年，中国供给侧结构性改革步伐加快，产业转型不断提升，产品应用面逐步扩大、开拓新市场的需求增大，对"废气、废水、废渣"的监控力度不断提高，减排要求日益严格，通过国内外市场达到产能优化，维护贸易秩序避免贸易摩擦，在这样的大环境中，中国的铝资源产业一路稳步高质量发展。但随着一些主要消费行业如房地产业、汽车行业出现消费疲软，贸易保护升温等方面的影响，铝资源产业逐渐出现发展速度趋缓、价格下降、效益减少、消费低迷等特点。

1. 产量持续增长，增速有所放缓

数据统计表明，2010—2018年，中国铝氧、电解铝以及铝材的产量稳步增长，但是增速却有所放缓。2018年，铝氧总产量为7253万吨，与上年同期相比增长了9.9%；电解铝的产量为3580万吨，与上年同期相比增长了7.4%；铝材的产量为4554万吨，与上年同期相比增长了2.6%，增速同比下降了7%。

2. 产业发展较快，基础研究相对滞后

中国在新型铝合金产业自主研发方面还比较滞后，更多是对国外研发出的新型铝合金进行相关研究。在美国铝金属协会中已注册好的铝合金牌号有700多个，中国只占了3个，可见中国的基础研究和自主开发相对滞后，同时也反映出中国对铝合金产业的科学研究还远远不够。

3. 铝加工产业经济效益下行，盈利下降明显

数据表明，2012—2016年，中国铝加工产业的平均利润率可达到5.2%。2017年起，盈利开始下滑，并且越来越低。2018年，中国铝加工产业产品销售收入为8931亿元，与上年同期相比增长了3.8%。利润总计254亿元，与上年同期相比下降了31.5%。平均利润率为2.84%，与上年同期相比下降了1.8%。

4. 产业结构亟须优化

中国的铝资源产业，虽然已经初步形成了"铝土矿—氧化铝—电解铝—铝加工"的产业链，但铝精深加工发展还不够，还需要进一步发展高附加值铝材产品，延伸产业链，提高产能，进一步优化产业结构。

（二）广西壮族自治区铝资源产业发展

广西壮族自治区是中国铝矿资源排名第 3 位的省份，拥有得天独厚的资源禀赋。在中国铝产业中，广西可以说是重要的一极，其在国内的铝资源和产业地位备受业界瞩目。广西的铝资源不仅储量丰富，而且品质上乘，为国家的经济建设和社会发展做出了突出贡献。

广西的铝业历史悠久，如今白色铝矿已经成为广西铝产业的强大支柱。这里不仅拥有优质的矿产资源，而且从铝矿开采到氧化铝、电解铝的生产，再到铝材的加工，形成了一条完整的产业链。

当然，广西的铝产业也面临着一些核心问题。首先，尽管广西拥有丰富的铝矿资源，在高端铝材的研发和应用方面还存在一定的差距。相对于国际上的先进技术，广西的铝产业在技术创新、产品研发上还有待加强。此外，虽然产业链基本完整，但其中的一些环节仍然存在结构问题，如在电解铝生产环节，存在与下游加工需求不匹配的情况。

其次，面对全球绿色发展的大趋势，如何在保障产业持续增长的同时，实现绿色、可持续发展，也是广西铝产业面临的挑战。近年来，广西壮族自治区为满足市场需求，同时在铝资源产业发展过程中确保环境保护、资源循环利用，采取了一系列有效措施。

1. 优化铝产业布局与明确发展重点

广西北接湖南、东邻广东、南界越南，这样的独特地理位置使其在铝资源的生产、加工与销售上具备强大的交通物流优势。这正是广西铝产业在国内外所持续展现的竞争力之源。

广西的内陆与沿海地区为铝产业的持续发展提供了充分的空间。考虑到从铝矿的开采到提炼、再到加工的整个产业链环节，广西可合理地将内陆地区用于矿产的开采和初步加工。沿海地区，凭借其物流与港口的优势，是进行铝材深加工和开展出口业务的理想之地。

对于发展的重点与方向，短期内，广西应加强技术研发与创新，以提高铝产业的核心竞争力为核心。通过优化产业结构，确保在铝的每一环加工环节都能够获取合理的利润。在市场多变的需求前，广西还需有所准备，如迅速扩大高端铝合金的生产和研发再生铝的先进技术。

而长远来看，广西铝产业在持续健康发展的同时，也应该积极地响应国家关于绿色发展的策略。这意味着在生产过程中要加大环保投入，提高资源的循环利用率，并在技术上追求更为绿色、高效的制造方式。广西还应该进一步开拓国内外市场，特别是与沿海和东南亚地区的经贸合作，进一步确立其在全球铝产业中的前沿地位。

2. 推进铝产业资源的优化配置

虽然广西拥有雄厚的铝资源和发展潜力，但要实现产业的持续、健康、高效发展，资源的优化配置至关重要。

（1）政策引导是资源优化配置的核心。政府需要进一步完善相关产业政策，为铝业的健康发展提供政策支持。这不仅包括税收减免、投资扶持、技术创新等方面的优惠政策，更包括鼓励铝业向绿色、智能、高效方向发展的长远规划。在这样的政策指引下，企业可以更有信心地进行技术改造、产品创新和市场拓展，进而实现铝业的可持续发展。

（2）广西应该结合其地理、交通和经济优势，合理配置铝产业资源。例如，可以在资源丰富的地区重点发展铝矿的开采与初步加工，而在交通便捷、市场辐射面广的地区，重点发展铝材的深加工和销售。同时，通过产业链的延伸和整合，形成上下游企业之间的紧密联动，使资源得到最大化的利用。

（3）广西铝业的发展不能孤立地进行，应该积极探索铝业与其他产业的联动与融合。例如，与现代农业、旅游业、物流业等产业进行合作，开发铝制农具、旅游商品、物流设备等多功能产品。这不仅可以拓宽铝业的市场，更可以实现产业间的互补与协同，为广西经济的整体发展注入新的活力。

总言之，广西铝产业的未来发展需要一个全面、协同、持续的优化策略，确保在竞争中始终处于有利位置，为中国铝产业经济发展做出更大贡献。

3. 广西铝产业具体发展方向与战略

作为中国铝业的重要基地，广西铝资源产业需要明确未来的具体发展方向和战略。从当代铝资源产业的发展趋势，以及广西铝资源产业的优势出发，广西铝资源产业的发展方向及战略主要体现在以下几个方面。

（1）新能源汽车铝材。新能源汽车是现代交通工具的发展趋势，而轻质化是其核心技术之一。铝材因其轻量、强度高和良好的导电性被广泛应用于新能源汽车的各个部分。广西可以依托其雄厚的铝材资源，大力发展新能源汽车铝合金的研发与生产，为汽车底盘、车身、电池盒等部件提供关键材料。

（2）锂电池铝材。随着电动车和移动电子产品的普及，锂电池的需求快速增长。铝箔作为锂电池的关键组件，有着巨大的市场潜力。广西应积极开展铝箔、铝塑膜等材料的生产和研发，满足新能源时代的需求。

（3）新能源铝材。除电池，新能源领域还有许多其他对铝材的需求。例如，光伏产业需要大量的铝合金框架和支架。广西可以利用其丰富的资源，开发与新能源产业匹配的高质量铝材产品。

（4）先进装备铝材。现代装备制造业，尤其是航空、航天和高速铁路，对材料的要求越来越高。广西可以重点发展航空航天用铝材、高铁车身铝材等高端产品，满足国家重大工程和战略性新兴产业的需求。

（5）包装铝材。随着消费者对食品和药品安全的关注，包装铝箔已经成为市场的热点产品。其优良的阻隔性和环保性使其在食品、医药包装领域有着广泛的应用。广西有机会发展包装铝材，提供给食品、医药等行业。

总体来说，广西铝产业面临着巨大的机遇，但也存在挑战。要想持续、健康地发展，广西需要明确自己的战略定位，充分挖掘区域优势，瞄准市场需求，加快产业结构的调整和技术创新，为实现铝业高质量发展创造有利条件。

4. 电解铝项目的发展及其战略重要性

广西铝资源产业中电解铝的发展在产业结构中占有关键地位。电解铝不仅是铝深加工的关键原材料，还是新材料、新能源等产业的基石。其发展对于广西乃至整个国家铝业的持续、稳定增长具有决定性影响。

近年来，随着中国经济的持续增长和产业结构的不断优化，电解铝的市场需求保持了稳健的增长态势。新能源、轻量化交通工具、高端制造等产业的快速崛起，使电解铝的需求进一步扩大。而从供应端看，由于环境政策的加强和原材料成本的上涨，部分电解铝项目逐渐退出市场，导致供需失衡。广西拥有丰富的铝矿资源和优质的工业基础，有望填补这一市场空白。

为了满足不断增长的市场需求和提高产业链的完整度，广西需要进一步加快电解铝项目的建设。首先，优化项目布局，充分考虑资源、能源、交通和环境等因素，确保项目的长期、稳定运行。其次，加大技术研发投入，引入先进、节能、环保的生产工艺和设备，提高产品质量和竞争力。此外，充分利用区域内的产业链资源，构建电解铝与上下游产业的深度融合，形成产业集群，进一步提高广西电解铝产业的整体竞争力。

电解铝项目的发展是广西铝产业持续、稳定增长的关键。只有确保电解铝的稳定供应，广西才能在铝产业链中获得更大的话语权，更好地服务于国家经济的高质量发展。

5. 赤泥资源综合利用及其对环境与经济的双重价值

赤泥作为电解铝生产的主要废渣之一，长期以来一直是制约铝业可持续发展的重要环境问题。传统的处理方式是在封闭区域内堆放，但这不仅占用了大量土地，还存在渗透、风化和二次污染的风险。然而，随着科技的进步和研究的深入，人们逐渐认识到赤泥中含有大量有价值的金属和矿物，如果得到合理利用，不仅可以减少环境压力，还可以带来经济效益。

近年来，赤泥综合利用的研究和实践逐渐成为热门。其中，最具商业潜力的方向包括提取铁、铝、钛等有价值金属，利用赤泥生产低品位铝土矿的替代产品，以及将其作为水泥、陶瓷和建筑材料的原料。此外，由于赤泥的矿物结构和高碱性，它还可以用于处理酸性废水、固定有害物质和修复土壤。

从环境的角度看，赤泥的综合利用可以大大地减少其对土地和水资源的压力，降低堆放造成的渗透和风化风险，同时也可以减少其他原材料的开采和生产对环境的冲击。从经济的角度看，赤泥中的有价值金属和矿物可以为企业带来额外的收入来源，同时，利用赤泥生产的新材料和产品也有着广阔的市场潜力。

总体来说,赤泥的综合利用为广西和全国的铝业发展提供了一条绿色、高效的路径。通过科技创新和产业升级,中国不仅可以更好地解决环境问题,还可以为经济发展注入新的动力。

6. 培育壮大广西本土铝业企业

在铝业竞争日益激烈的全球化背景下,广西铝资源产业发展单靠资源优势是远远不够的。本土企业的发展和壮大才是铝产业真正的核心竞争力。广西的铝业发展历程可以说是从零开始,但凭借地理位置和资源优势,经过数十年的发展,已经初步形成了从矿山开采、矿石加工、电解铝生产到深加工的完整产业链。

如今,广西已有吉利百矿集团有限公司、广西信发铝电有限公司、广西平铝集团有限公司等数家在国内具有一定影响力的大型铝业企业,而一批中小企业也在专业化、细分的领域中持续蓬勃发展。但总体来看,广西的铝业企业在技术研发、市场拓展、品牌建设等方面还存在一些短板。为了进一步壮大和优化这些企业,必须实施一系列有针对性的策略。

首先,政府应提供税收减免、低息贷款等政策扶持,特别是对于技术研发、环保投入等关键领域。其次,鼓励企业与高校、研究机构加强合作,以推动技术创新,提高产品的附加值。市场拓展也是其关键,需要帮助本土企业开拓国内外市场,尤其是"一带一路"倡议,让广西的铝制品走出国门、走向世界。最后,提供专业培训和吸引更多的国内外顶尖专家和人才是必不可少的。

品牌建设也同样重要,广西的铝业企业应被鼓励去打造自己的品牌,形成"广西制造"的良好形象,以增强在国内外市场的竞争力。通过这一系列综合策略,广西的铝业企业将有望在国内外市场中取得更大的成功。

7. 强化广西铝业品牌与推广策略

目前,广西的铝资源产业发展效果十分显著,但在品牌的建立与推广方面却相对滞后。在全球经济一体化的大背景下,铝业并不只是生产和销售,品牌的影响力也成了决定企业竞争力的重要因素。

目前,广西铝业的品牌认知度在国内外市场上仍然有限。尽管一些大型铝业企业已经开始意识到品牌建设的重要性，进行了初步的尝试，但大部分中小企业仍然停留在以生产为主的传统模式上。为此，广西需要从以下几方面入手，加强品牌建设与推广。

（1）充分挖掘广西铝业的独特文化和地域特色。广西不仅有丰富的铝资源，还有深厚的历史文化和多元的民族风情。这可以为铝业品牌注入独特的文化内涵，形成与众不同的品牌个性。例如，将广西的山水画、壮族歌舞与铝制品结合，创造出具有广西特色的铝制品。

（2）加强对铝业品牌的宣传和推广。可以通过参加国内外的展会、组织专业研讨会、与相关行业组织合作等方式，将广西的铝业品牌推向国内外市场。同时，利用新媒体和社交媒体等现代化手段，提高品牌在互联网上的曝光度和影响力。

（3）强化产品质量与服务，确保品牌承诺与实际产品相匹配。无论品牌宣传得多么响亮，如果产品质量和服务不能跟上，都将是徒劳的。因此，广西铝业企业要持续加强技术研发和品质管理，确保产品达到一流水平。

总之，强化广西铝业的品牌建设与推广，不仅可以提升产品的附加值，还可以进一步开拓市场，为广西铝业的持续健康发展奠定坚实的基础。

三　巩固农产品加工市场，拓展辐射面积

农产品加工业是对各类农业相关产品进行加工生产活动的总和，主要依靠劳动力，与人民的生活质量、安全健康密切相关，是实现农业现代化的重要力量，也是中国经济的重要产业之一。虽然目前产业取得了较大的发展，但产业大而不强、发展不平衡不充分的问题仍很突出，缺乏核心竞争力。农产品加工业与物流业有效联动、融合发展，一方面能加速农产品加工业的产业结构升级；另一方面能加强物流业的服务企业能力，有效提高企业运营效益。

（一）农产品加工业发展现状及重点

中国部分地区对于农产品加工业的重要性认识不够，没能很好地发展和巩固农产品加工的现有市场，也没有进一步拓展新的市场，造成农产品加工业的社会参与度不高，技术水平和规模不高，目前来看，中国的农产品加工业主要有以下几个方面的问题。

1. 采购供应缺乏一体化布局

农产品独具季节性和上市集中性的特点，导致企业收购计划往往存在不确定性，生产原料的供应也存在不均衡。农户的种植水平高低不一，企业在采购供应时缺乏控制，造成原材料品质或数量常常不符合生产需求。同时大部分企业与农户之间只是单一零散的交易行为，并没有形成稳定的长期供应关系，联系不够紧密，缺乏一体化布局。

2. 产业规模不足

中国农产品加工企业，大部分规模都不大，没有形成自己规模化的、成系统的农产品生产加工优势。

3. 缺乏特色，品牌效应低

虽然中国作为一个农业大国，有一些较为知名的农产品，如新疆的棉花、寿光的蔬菜、赣南的脐橙等，但是大部分农业地区并没有根据自己的优势特点来发展农产品加工业，没有打造出具有地域特色的农产品，从而导致农产品加工市场的品牌效应较低，辐射面不广。

（二）巩固农产品加工市场，拓展辐射面积促进企业转型升级

农产品加工业既是现代农业的重要组成部分，也是中国经济的重要产业，它对农业的战略调整起到了风向标的作用；既能增加农民收入，也对地区的经济增长起到非常重要的作用。

以四川省农产品加工为例。四川省地处中国的西南部，因其得天独厚的地理和气候条件而成为国内著名的农产品生产大省。四川位于长江上游，拥有丰沛的水资源，加上其亚热带湿润气候，使其农业生产具有显著的季节性优势。

随着四川经济的快速发展，农产品加工业也日益成为该省的支柱产业。成都、绵阳、德阳等地已建立了数个农产品加工园区，这些园区集中了大量的加工企业，形成了一定的产业集聚效应。例如，成都现代农业园区便吸引了许多大型农产品加工企业入驻，涵盖粮油加工、食品饮料、肉类加工等多个领域。

四川的农产品加工技术不断进步，许多企业已经引进了国际先进的加工设备和技术，大大提高了生产效率和产品质量。随着技术的进步，四川农产品的附加值也在持续提升。例如，传统的辣椒干磨粉已经逐渐转变为多种口味的辣椒酱、辣椒油等深加工产品。此外，四川农产品加

工企业在品牌建设上也做得越来越好,像"五得利""泸州老窖"等品牌已经在全国乃至国际市场上树立了良好的形象。

凭借丰富的农产品资源和先进的加工技术,四川已经在农产品加工领域取得了一定的市场地位。然而,随着全国农产品加工业的竞争日益激烈,四川面临的挑战也越发严峻。为了巩固和提升其在这一领域的优势,提出以下策略和措施。

(1) 建设与升级食品加工园区。四川应当加大对食品加工园区的投资,吸引更多的农产品加工企业入驻,形成产业集聚效应。这不仅可以带来规模经济的效益,还能有效地整合资源、共享设施、降低生产成本。同时,园区的建设也应考虑到环境保护和可持续发展,确保加工产业的长远发展。

(2) 延链强链。提高农产品的附加值和打造市场品牌。简单的农产品加工已经不能满足市场的需求,四川需要进一步深化农产品的加工,如将辣椒加工为各种口味的辣酱、辣油等,提高产品的附加值。同时,品牌建设也是农产品加工业发展的关键。四川应借助其丰富的农产品资源,打造一系列有特色、有竞争力的品牌。

(3) 拓展辐射面,促进农产品走出四川、走向全国。四川不应仅满足于本地市场,而应将目光放得更远。通过建立全国的销售网络,以及与其他省份的合作,四川的农产品和加工品可以更好地走出四川,服务全国的消费者,实现更大的市场份额和更高的经济效益。

在此基础上,四川省为了进一步拓展农产品加工市场的辐射面积,还可以采取了以下策略。

1. 物流与供应链的优化

目前,四川的农产品物流仍然面临一些挑战。许多农产品在采摘后需要尽快送达市场,但受限于地理环境和交通条件,部分地区的农产品仍存在运输延误、储存条件不佳等问题,导致农产品损耗严重。同时,农产品的物流成本相对较高,增加了农产品的最终售价,降低了其市场竞争力。另外,四川的供应链管理相对较为传统,信息流、资金流和物流之间的配合不够紧密,影响了整体的运营效率。

针对这一情况,四川省可以采取优化供应链、提高物流效率的措施。这些措施的具体实施可以从以下几点入手。

（1）数字化供应链管理。借助现代信息技术，如物联网、大数据和云计算等，构建数字化的供应链管理平台，实现农产品从种植、加工到销售的全流程信息化管理，提高决策效率和响应速度。

（2）完善农产品冷链物流体系。加大对冷链物流设施的投资，如冷藏车、冷库等，确保农产品在运输和储存过程中的新鲜度和品质，减少损耗。

（3）建立物流配送中心。在四川各大城市建立农产品物流配送中心，实现农产品的集中分拣、储存和配送，提高物流效率，降低成本。

（4）拓展多式联运模式。结合四川的地理和交通条件，推进道路、铁路和航空的多式联运，缩短农产品的运输时间，满足远程和跨境市场的需求。

通过这些措施，不仅可以优化四川的农产品物流体系，提高供应链管理的效率，还能为农产品提供更广阔的市场空间，促进四川农产品加工业的持续、健康发展。

2. 与现代技术模式融合

在现代经济背景下，传统农业面临众多挑战。要在这样的大环境下持续发展，提高效益，就必须实现与现代技术和经营模式的深度融合。

现代信息技术为农产品提供了一个更为便捷的销售渠道。四川可以利用电商平台，如淘宝、京东、拼多多等，将本地的特色农产品推向全国乃至全球市场。通过线上销售，可以直接对接消费者，减少中间环节，提高农民的收益。同时，利用大数据分析，可以更加精准地把握市场需求，为农产品种植提供决策支持。此外，电商直播、短视频营销等新型模式也为四川农产品提供了全新的宣传与推广手段。

另外，四川拥有丰富的自然景观和文化遗产，是旅游业的重要省份。农旅结合就是将农业与旅游业相结合，提供一种全新的旅游体验。游客可以来到四川的农场，亲身体验农耕文化，品味新鲜出炉的农产品，与当地农民进行深度互动。这不仅可以提高农产品的销售，还可以为农民带来额外的收入。同时，四川还可以探索与其他产业的联动，如与健康产业、文化产业等结合，开发出更多有特色的农产品，拓展市场。

（三）巩固农产品加工市场，拓展辐射面积的措施

2009年3月10日颁布的《振兴规划》提出，强力推动制造业与物流业联动发展，加强建设农副产品批发市场，对于生鲜农产品加强配备全程冷链物流设备设施，提高冷藏运输比例，大力发展农村、农资物流配送中心。3月26日颁布的《物流业调整和振兴专项投资管理办法》，明确了对物流重点工程建设（含农产品冷链物流、制造业与物流业融合联动发展）进行贴息或投资、补助。由此可见国家大力发展农产品加工业，强力推进制造业与物流业的联动发展的决心和力度。具体采取的措施如下。

1. 建立一体化冷链物流运作机制

农产品大多容易腐坏，其对温度的要求较高，在存储、运输配送时需要专用的设施、高质量物流服务，才能保证产品的品质和安全。建立冷链储运配送一体化的物流运作机制，可以最大限度地保证农产品质量，提高产业化效率，提高物流服务水平。

2. 建立农产品溯源系统

农产品与人民生活质量和安全健康息息相关，除要加强把控生产过程中的产品质量，还要建立产品溯源系统，一旦出现质量方面的问题，可以及时、准确地找到根源。企业可以将农产品生产加工中各个环节涉及的各类信息进行记录，能通过数据识别号在网络上对产品查询，可以了解其在各环节中的相关信息，实现农产品加工全过程的追溯管理。

3. 优化业务流程

科学合理优化加工流程，明确每个流程的工作主体，提高农产品的生产效率、物流的准时率，更好地降低企业成本。同时，通过对出入库环节制定操作规范，有效地保证了公司采购储存的原料品质和出品品质。

4. 调整组织结构

农产品加工企业普遍是将市场部和采购部分开，各自由不同的管理者管理，这种组织机构的设置，虽然职责明确，但是也存在问题，在运营管理过程中既不利于决策层面信息互通，也不利于操作层面的互相协调，易导致企业的管理导向变成以采购为中心，也影响总经理协调资源。因此，调整组织结构，是更好地适应市场竞争和满足客户需求的要

求。将组织结构扁平化,把市场部门、采购部门、物流部门和信息部门统一到单一的管理者权限下,可以极大地提高企业的决策效率,增强对市场变化的反应速度。

四 推动经济高质量发展,发展开放型经济

开放型经济,是指在经济全球化进程中,一个国家积极主动参与国际竞争和分工的经济发展模式。开放型经济所强调的重点在于开放,即该国应重视国内国际市场相互的对接协调,强调对国内外因素应着重使用市场经济进行调配,同时意味着尊重全球贸易投资的自由化进程,遵循多边平等的国际贸易准则。开放型经济尤其看重本国应如何发挥自身的各种优势,主动参加到世界经济发展建设分工和协作中。

(一)开放型经济对经济高质量发展的重要性

开放型经济,是推动中国经济高质量发展的重要因素,发展开放型经济,对中国综合国力提升和人民幸福指数提高,能发挥重要价值。

开放型经济对经济的高质量发展,主要有如下作用。

1. 合理配置资源

在开放型经济体系中,发展经济的要素包括商品、资本、服务等,应该能在法定条件下自由流动,以此保证实现最佳经济发展效率。通常情况下,国家经济发展水平越高,其内部经济市场化水平就越高,资源配置越合理,也就越能呈现出开放型经济的特点。

2. 贸易投资自由化

改革开放进程中,中国有相当长时间利用发展开放型经济,成功地和国际社会开展多重渠道、多种层次、拓宽领域的进行经济往来,使对外贸易成了推动中国国民经济不断稳步、健康而高质量发展的重要源头。通过发展外向型经济,中国企业逐步具备了参与国际竞争的意愿和能力,这一举措推动了国内制造企业的技术进步和产品升级换代。此外,中国还通过积极开放,吸引外资进入,为经济增长注入了新的动力。

(二)开放型经济下的两业融合

在改革开放下,中国通过开放型经济取得了巨大的成就,经济水平获得高质量的持续发展。但和世界发达国家相比,中国经济还存在结构不合理、参与竞争不够、整体竞争力不强等问题。为此,中国应进一步结合制造业和物流业的融合，扩大开放型经济范围，提升开放型经济的竞争能力，在参与国际经济竞争的过程中展现出更高水平。

在开放型经济下的两业融合，能发挥如下的影响作用。

（1）聚集外资。通过高端物流基础设施的完善，提升物流对制造业的服务能力，这将可以吸引更多资源投入相关行业中，也能吸引更多直接的外来投资，为开放型经济打下良好的基础。

（2）直接拉动对外经济发展。由于两业融合会带动物流服务能力的发展，而供应链的高效化，又可以为对外贸易降低成本、拉动发展。因此，两业联动能直接通过发展物流和优化结构，为地域乃至全国的开放型经济确定新增长点。

（3）间接带动地区经济发展。开放型经济不可能是无本之木，必须有坚实的地区经济实力作为其基础。通过两业联动，可以促使经济结构获得优化，并通过物流业的集聚效应，为经济提供助推力量。当物流产业集中后，就能更高效地聚集不同资源，并辐射到农业、服务业、商贸业、零售业等相关产业，实现对传统产业的升级换代，优化开放型的经济结构。

（三）开放型经济下的物流业发展"瓶颈"

改革开放以来，在建设开放型经济的大背景下，中国物流业能力有了大幅度提高，但也存在相应的发展"瓶颈"。主要表现如下。

1. 基础服务资源水平需要提高

物流的基础服务资源水平，主要包括交通运输网络设施设备、物流基础设施设备、高端设施设备等。其中高端设施设备，包括第三方物流、现代化物流园区、物流信息平台、高素质物流人才队伍建设等。

在交通设施设备中，一些地区的交通运输网络尚需完善，路网建设的水平与不断增长的物流需求难以匹配，交通拥堵、道路问题不断出现，城市交通设备提升缓慢。造成物流基础服务水平遭遇"瓶颈"。

在物流基础设施设备方面，部分地区或城市的运输企业数量不足，总量比较低，且企业规模小，在地区物流市场份额中占比不高。这些都导致物流发展动力不足，面临无米之炊的困境。同样，在类似地区，高端物流设施设备就更加欠缺，企业或者因为资金不足或者因为能力不高，不同程度地面临着信息技术水平偏低的问题。

2. 物流业理念较为传统，面向国际的物流新兴业态有待增强

以国际物流业常见的金融模式为例，这一模式在中国出现时间较晚，市场实践不足，导致物流金融业发展面临阻碍。

此外，物流业标准与国际接轨程度不够。相比较国际物流标准规范化的成熟程度，中国物流标准化意识不强，建设工作起步较晚。这导致很多行业或地区的物流国际标准化还有相当距离的路程要走。尤其是很多物流企业都属于中小型企业，其基础设施设备原本就不足，物流信息技术不强，都造成了其服务所执行的标准远不能达到国际标准。

（四）两业联动促进开放型经济高质量发展

通过两业联动，提升高端物流服务能力，能促进开放型经济的高质量发展，其具体措施如下。

1. 构建发达通畅的交通运输网络

各地政府应积极推进道路网络建设，优化道路网络结构，搭建高运量通道，构建海陆空一体化物流交通。

2. 完善物流基础设备设施

政府方面，应有意识提高对物流基础设施建设的投资，同时也要利用政策优势，吸引更多资金进入本地的物流产业，进一步完善基础设备设施。

3. 积极加快物流升级速度

政府应鼓励本地物流企业通过并购方式，对原有的物流资源进行整合升级，也可以通过建立联盟方式，建立具备实力的物流业联盟。同时还要推进技术创新，运用物联网、大数据、云平台等先进智慧物流技术。

4. 加快商圈建设步伐，实现制造的消费的良性互动

认真贯彻落实中央实施扩大内需战略的决策部署，坚定不移实施振兴商贸业攻坚行动计划，持续推进"百场千店万铺"建设，加快商圈建设步伐，培育壮大消费增长新动能，为经济社会高质量发展提供强大动力，通过商贸业的振兴，带动物流业与制造业的进一步发展，促进物流业与制造业的产业发展。

努力加速商贸业的转型和升级，实行"三大倍增计划"。总体规模、商业载体以及业态的倍增，强化一线城市及新兴城市中央商务区的建设，推出一系列高品质的商圈、特色商业街区和中高端消费综合体，进一步巩固其作为现代服务业发展中心的地位，同时树立为区域性消费中心城市的标杆。鉴于当下消费市场向个性化、多样化发展的趋势，中国应积极响应，提供更多高品质的产品和服务，把握新元素、新场景、新模式与各类商业业态的深度融合机会，刺激消费需求的增长。

五　制造业物流重点建设工程

长期以来，中国大部分制造企业往往更重视产品品质、内部工艺，却忽视了对外服务质量的提升。因此，他们对如何优化物流环节认识不够，没有将物流管理提升到作为资源管理重要举措的程度来进行。实际上，物流的竞争是目前制造业最重要的竞争领域。加快制造业物流重点建设工程，才能帮助企业适应当下的经济发展环境，才能促进社会资本对物流业增加投入，实现经济增长的稳定发展。

（一）重点建设工程的目标和内容

制造业物流体系，是指两业联动发展后所诞生的新的物流体系。当前，中国经济进入转型时期，而制造业物流体系面临的不仅是压力，同样也有更多的发展空间。为此，制造业物流体系重点建设工程项目被提上日程。

2015年，国家发展改革委发布《关于加快实施现代物流重大工程的通知》（以下简称《实施通知》）。《实施通知》指出，为积极实现国家战略，引领社会资本参加包括"一带一路"、京津冀协同发展、长江经济带、自贸区等国家战略的物流工程，为着力推动物流业转型升级，将建设覆盖全国主要物流节点的物流基础设施网络。《实施通知》拉开了制造业物流重点工程建设的序幕，现代物流服务体系建设开始在全国范围内有序推进。

具体而言，制造业物流重点建设工程的内容是确保物流基础设施的运作方式更为流畅，能在全国范围内形成集聚资源、辐射地域的物流园区，并在其构建的物流网络中建成重要的物流节点。通过这一体系的运作，提升信息化和供应链的管理水平，提高物流企业的经营能力，形成能主动积极参与国际竞争的大型物流企业。

《实施通知》要求各地政府引领企业开展的制造业物流重点工程内容，还包括建设与企业紧密配套的仓储设施设备、物流信息平台等，并将物流能力向供应链上下游覆盖，以提供采购、运输、流动等不同的高效服务。

（二）无锡市制造业物流工程发展现状

位于江苏省东部的无锡是长江三角洲的核心城市之一，拥有深厚的制造业基础与丰富的物流资源。近年来，作为中国东部沿海地区的重要制造业基地，无锡在制造业物流工程的建设上取得了显著的成就。这不仅为本地制造业提供了高效、便捷的服务，还使无锡逐渐成为全国制造业物流的代表性城市，对整个国家的制造业供应链产生了深远的影响。

在工程与基础设施方面，无锡市近年来加快了多个现代物流园区的建设，如无锡新区物流园和无锡高新技术产业开发区，为制造企业提供一体化的物流服务。配合其完善的交通网络，包括无锡机场、高速铁路、高速公路及内河航运，实现了与江浙沪等邻近地区以及全国其他主要城市的快捷物流联系。同时，无锡正在推进物流信息化建设，智能物流平台和数据中心的成立，有助于实现物流数据共享与供应链优化。

在技术方面，无锡物流业在近年不断进行技术创新，采纳了如无人仓库、物流机器人和智能分拣系统等先进技术，为提高物流效率和精确度做出了突出贡献。同时，通过品牌建设与市场开发，无锡的物流服务也获得了广泛的认知和好评，成为该地区物流服务的标杆。

为进一步提高制造业的核心竞争力和市场反应速度，物流作为关键的支撑行业，其重点工程建设显得尤为重要。为此，提出以下策略与措施，确保物流为制造业的持续发展注入新的活力。

（1）高速路网与物流中心建设是基础。无锡已拥有发达的高速公路网，但随着城市和周边地区的经济快速发展，传统的交通网络已经无法满足高效、快捷的物流需求。建议进一步扩展和升级高速路网，特别是连接主要经济带和工业园区的干线道路，确保物流的通畅。同时，建设多个现代化的物流中心，配备先进的信息化管理系统，能够对货物进行高效的集散和分拨，满足制造业的生产需求。

（2）制造与物流业的深度融合与合作模式也显得尤为关键。过去，物流与制造业往往是分开操作的两个环节，但在现代经济环境下，两者之间的合作和融合显得越来越紧密。建议无锡的制造企业与物流企业建立长期的战略合作伙伴关系，共同研发物流方案，分享风险和收益。这不仅能够降低物流成本，提高效率，还可以通过共享数据和信息，更好地预测市场需求，实现生产和供应链的优化。

（3）提升物流服务质量，满足制造业多样化需求是持续发展的关键。目前，全球各国的物流行业发展都在以提升物流服务质量，满足制造业多样化需求为发展重点。例如，美国的（第三方物流）3PL 行业，其中最具代表性的 UPS 和 FedEx 两家企业率先在企业内引用了先进的追踪和路由优化技术，这些时代前沿科技的运用，目的是确保货物准时、安全地送达目的地，同时提供实时的运输状态更新。而这正是 UPS 和 FedEx 在满足制造业多样化发展需求中进行的创新服务，这也为两家企业带来的巨大的市场竞争力。

随着无锡制造业产品的不断创新和市场的多样化，对物流服务的需求也日益多样。物流企业应不断提高服务质量，提供个性化的物流解决方案，满足不同企业和产品的特殊需求。这包括提供更为灵活的运输模式、更为高效的仓储服务，以及更为便捷的信息查询和反馈系统，确保制造业在全球化的市场环境中保持领先地位。

（三）推进制造业物流重点工程建设的措施

为了不断完善中国制造业服务环境，引导资本进入物流产业，对制造业物流重点工程建设的推动，应通过如下措施进行。

1. 培育第三方物流企业

尤其重视培育那些拥有先进技术水平、突出业务能力并具有优良核心竞争能力的物流企业。各地、各行业应尽快培育具有国际竞争意识和服务能力的物流服务商，并利用其对所在供应链进行资源整合，实现专业化的制造业物流服务，相互融合发展。

2. 完善物流与制造业的配套，建设先进物流设施和信息平台

通过推进产业聚集，为制造企业建设配套物流设施和平台，积极提供优质的采购、交付、仓储、转运等服务，同时集成供应链金融、供应链信息等高端物流服务。

3. 升级供应链管理

各地应优先选择不同行业、不同区域、不同业务领域的重点制造企业，将它们与发展态势良好的物流企业加以整合结对，实施物流流程再

造，结为供应链合作伙伴。通过供应链合作伙伴关系，形成发展试点，从而为重点工程建设营造良好氛围。

4. 积极开展两业联动发展创新工程

各地需要通过集中优势企业、重大项目，对技术、标准、应用等物流环节进行统筹，确立通过重点工程推动两业联动的新模式。尤其应根据当地情况，组织实施重大创新工程，培育物流领域的骨干示范企业。

5. 积极开展两业联动发展集聚工程

各地有必要利用产业布局规划的契机，将先进制造产业和现代物流产业充分集聚，构建两业示范产业园区，形成公共服务平台。

同时，还应注重发展与物流相关的生产性服务业，包括工业设计、工业信息、物流金融等服务，以创造对两业联动集聚工程的支撑条件。此外，各地还应结合实际情况，制订制造业物流建设发展的专项规划，形成稳定的政策环境。

6. 积极开展两业联动发展推广工程

在政府发挥引导作用的基础上，要进一步发挥市场作用，完善产业融合的主客观障碍。例如，通过行业内部重组兼并，推动制造企业与物流企业主动实施联动，扶持重点建设工程。

第五章

中国制造业与物流业的发展趋势研究

工信部最新统计显示，2023年第三季度中国工业增加值同比增长3.6%，超过40万亿元，连续多年成为世界上最大的制造业国家。中国制造业发展势头迅猛，但"大而不强"的特征依旧很明显，在与制造业强国的竞争中核心竞争力不足。作为制造业的重要支撑，中国物流业起步较晚，发展较为滞后，目前仍无法全面承担制造业的多样化需求。但随着数字技术与信息技术的全面普及，中国制造业与物流业将迎来新的发展机遇，成为支撑国民经济发展的中坚力量。

第一节 中国制造业与物流业发展的主要趋势

制造业是中国的经济命脉，对于驱动中国经济发展与提升国际地位有着重要的作用。制造业还与科学技术有着密不可分的关系，科学技术进步往往能给制造业带来新的发展机会，制造业需求不断增长也促使着科学技术不断进步迭代。

当前中国制造业正面临产业附加值低于产能过剩的困境，因此精益生产与产业融合成为制造业高质量发展的首选方向。

一 中国制造业的发展趋势

科学技术的发展使全球工业化转型的进程加快。西方发达国家意识到产业转型带来的红利影响深远，率先开始了产业布局，如美国的工业互联网，德国的工业4.0战略。制造业作为强国之本，对于推进经济结构转型具有重要意义，因此国务院结合中国基本国情，发布了以强国战略为核心的"中国制造 2025"行动纲领。以下为中国制造业的发展趋势。

（一）由中国制造转变为中国"智"造

科学技术变革的浪潮汹涌而来，传统制造工厂的生产效率与经济效益已经难以和拥有遍布自动化设备的智能工厂相提并论。这既是一个全球性的趋势，也是对制造业未来发展的必然要求。

在欧美、日本等发达国家，制造企业总量大且以中小型企业居多，这些企业普遍采取智能化和自动化的生产方式，迅速占领了全球工业市场的大量份额。而在中国，虽然制造业发展迅速，但智能化、自动化、数字化进程却相对缓慢。大部分企业仍然难以适应科技变革带来的冲击，因此政府应加大力度引导制造企业采取适当的转型策略，逐渐提升智能化水平。

传统制造工厂的局限性日益凸显，而智能工厂则展现出巨大的优势。智能工厂以自动化设备、传感器、互联网等为基础，能够实时监测生产过程中的各种数据，从而实现生产过程的自动化、信息化、智能化。这不仅可以提高生产效率，降低生产成本，而且可以提高产品质量和减少产品不良率。

面对科技变革的浪潮和激烈的市场竞争，中国制造业必须加快智能化、自动化、数字化的进程。这需要政府、企业和社会各方共同努力。政府可以出台相关政策，引导和支持企业进行智能化转型；企业则需要积极探索和实践智能化转型的方案；社会各方可以积极推动制造业技术创新和人才培养等方面的发展。

中国制造业要实现由"大而不强"到"大且强"的转变，就必须紧跟科技变革的步伐，加快智能化、自动化、数字化的进程，从而提升自身的竞争力和可持续发展能力。

中国制造企业结构较为复杂，其发展路径主要经过以下四个步骤。

1. 自动化生产

这一阶段是制造业智能化转型的初始阶段，制造企业通过引进自动化设备，实现生产流程的自动化。这种转变使传统制造业从资本密集型、劳动密集型产业向技术密集型产业转变。自动化生产的实施，大幅提高了生产效率，降低生产成本，并提高产品质量，使企业更具竞争力。

2. 数据联网

在自动化生产的基础上，制造企业通过数据联网技术，实现生产数据的实时采集和高效处理。这种技术使企业能够实时监控生产过程，及时发现和解决生产中出现的问题，提高生产效率和质量。同时，通过数据联网技术，企业可以实现安全监控，确保生产过程的安全性和稳定性。

3. 数据协同与应用

制造业的高价值发展首要目标便是实现精准生产。在数据联网的基础上，制造企业可以实现数据的协同和应用。数据协同有利于企业全方位把控产品从"无"到"有"的整个生产环节，实现生产流程的精细化管理。这不仅可以提高生产效率，还可以降低生产成本，提高产品质量和客户满意度。

4. 智能生产与运用

这是制造业智能转型的最终阶段。在这一阶段，制造企业可以实现智能生产和运用。通过大数据分析与信息化技术，企业可以实现智能排班、生产预测和智能化决策。这种智能化的生产方式可以提高生产效率和质量，同时降低能耗和成本，实现可持续发展。智能生产和运用将为企业带来更大的商业价值和社会价值，推动中国制造业向更高水平发展。

（二）自主研发使中国制造业核心竞争力不断提升

根据价值链曲线，自主研发和自主品牌提升是提升工业附加值的两个重要方式。中国大部分传统制造企业都在走代工生产的模式，随着印度和东南亚等国家对中国劳动市场的冲击，中国制造业可替代性强和附加值低的问题逐渐凸显。自主研发和自主品牌提升意味着更高的成本投入，但它能显著提高产品附加值与行业竞争力，是中国成为"制造业强国"的必经之路。

中国制造企业开始重视自主研发和自有品牌孵化。许多制造企业为了提升核心竞争力，将重心向自主化和品牌化转移，逐渐诞生了一批"国货之光"。例如，大族激光、中联重科、徐工机械等企业通过不断提高自主研发能力，践行品牌战略，不仅大大地提高了产品附加值，还成了各自领域的领军企业，在全球市场中享有盛名。

作为制造业龙头企业，2021年中国制造企业500强研发费用约为8900亿元，较上年增加约1200亿元，增幅达16%。这表明中国制造企业研发强度正不断增强。不仅如此，制造企业500强的专利数及发明专利数也呈现较强的上升趋势，2011年制造业500强持有专利数量达113万个，同比增长18.5%，在全球专利申请量中稳居前列。通过这些数据可以看出，中国在专利市场一路高歌猛进，创新意识超前提高，品牌意识不断加强。随着科技变革与产业转型的进程加快，中国在全球制造业中将拥有更多的话语权。

（三）精准生产、柔性制造促进制造业高质量发展

库存压力一直是制造业发展的关键制约因素。对于制造企业来说，理想的状态是按需生产，但生产具有滞后性，因此如何最大化减少库存压力与增加生产弹性，成了中国制造业发展壮大必须探讨的问题。为了实现精准生产、柔性制造，中国制造企业开始重视生产决策，其中"U"形生产线改造、零部件模块化、生产数据协同等方式得到了广泛应用。

"U"形生产线改造是将传统大批量的流水线转变为小单元的"U"形生产线，各个"U"形单元既可以协同工作，也可以相互独立，能有效提高制造企业的生产弹性。这种改造方式打破了传统流水线生产模式的限制，更加适应市场需求的变化。

零部件模块化是通过提高零部件的通用率来减少库存积压，提高组装效率。不同产品之间，除个性化的模块以外，其他零部件都是通用的，大大提高了生产效率。这种方式的优点在于可以减少库存积压，加快产品上市速度，提高产品质量和客户满意度。

生产数据协同对于数据的协同应用要求极高，它是通过销售数据、生产数据、订单数据等多维数据进行建模分析，从而做出能适应市场需求的生产决策。这种方式的优点在于可以提高决策的准确性和效率，降低库存积压和成本，提高企业的竞争力。

综上所述，中国制造企业通过"U"形生产线改造、零部件模块化、生产数据协同等方式，不断提高生产决策的准确性和效率，最大化

减少库存压力与增加生产弹性,为中国制造业的发展壮大提供了强有力的支撑。

二 中国物流业未来发展趋势

物流业并不是只有单一的货物运输,而是综合了运输、仓储、货运代理甚至信息技术等多种业务的复合型服务产业。经济的快速发展,使贸易往来更加频繁,作为经济发展的重要支撑产业,物流业的重要性不断提高。物流业不仅是劳动密集型产业,还是技术密集型产业,因此物流业对于中国拉动内需,提高就业率具有重要意义。"十四五"规划明确规定了中国发展经济的战略导向是构建新发展格局,物流业作为国民经济的支柱产业,将成为推动产业变革与建设现代化经济体系的中坚力量。

(一) 国家不断加大对物流业的投资力度

从宏观层面看,中国在建立物流新业态、新模式上取得了重大成就。先是在跨长江经济带等经济示范区试点跨区域物流,而后积极开发无人货运试点城市与试点企业,这些举动无不证明中国对物流业的重视程度。

从政策层面看,国务院、工信部、商业部等多部门的文件中都提及了物流产业对国民经济重要支撑作用,例如国务院发布的《振兴规划》中提到了物流业对于促进中国产业结构调整与增强国民经济综合竞争力具有重要意义。不仅如此,政府还大力投资物流基础设施建设,尤其是铁路、公路等交通路网的建设,确保物流业在持续快速发展的同时,带动相关产业的调整与发展。

(二) 规模化、智能化将成为物流业发展的主趋势

大多数中小企业仍在使用传统的物流模式,导致中国物流业产业转型进度缓慢。对于物流企业来说,规模化与智能化是今后的发展趋势。因此,政府既需要完善相关政策,规范市场秩序,还需要引导物流企业之间形成合作关系,共同应对物流市场的变革。例如,通过参股控股或兼并重组的方式,集合各物流企业的资源,成为具有一定规模的"物流协作联盟"。

物流市场的竞争激烈,不适应竞争压力的企业在市场中将难以生存,而高效率的物流企业不仅能在市场中挖掘新的发展机遇,还能通过

不断兼并收购小企业扩大规模，巩固企业的基本盘。

科技变革对各产业的发展影响深远。为了提升物流业整体运输效率、降低物流成本，交通运输部在国内多城市试点无人货运的运输模式，不仅如此，自动化、智能化设备等物流基础设施的广泛应用使物流业的服务效能不断提高，制造业、商贸业等多个行业在物流业的支撑下发展更加稳健。

（三）第三方物流与供应链物流兴起

第三方物流，指的是制造业为了提高产品的核心竞争力，集中精力发展主业，将物流业务直接外包给物流企业。制造企业可以通过物流信息系统实现对货物流通的整个过程进行管理。随着制造业竞争加剧，制造企业对第三方物流的需求不断释放，第三方物流迎来了新的发展机会，规模效应逐渐凸显，灵活性不断提升，核心竞争力不断增强。第三方物流在发展的过程中，与客户建立了良好的关系，服务范围不断扩展，开始涉足物流金融、信息技术服务等业务，逐渐由第三方物流升级为供应链物流。

（四）大数据与5G技术助力智慧物流发展

"十三五"时期以来，中国对大数据的重视程度上升到国家战略层面，要求加强各产业与大数据的结合。物流业作为国民经济的支撑性产业，对于信息、数据的应用要求较高，因此物流业与大数据的融合能大力促进"智慧物流"体系的建设。

以5G通信技术为主的信息技术不断发展成熟，"5G+物流"的应用成为物流业降本增效的重要方式。通过信息的高速传输与大数据分析，物流企业可以实现车辆与货物信息的智能匹配，实时跟踪货物仓储、运输甚至是理化状态等数据。大数据与5G通信技术的充分运用，中国"智慧物流"体系已初具雏形。目前，中国物流业仍在不断挖掘更多能与新兴科学技术融合的场景，其中货物运输路线规划、物流中心选址等功能已成为物流企业的重要决策工具。

三　物流业与制造业融合发展

步入新经济时代，中国经济发展的方向已从追求速度转变到追求质量。于是政府通过政策法规不断规范市场行为，对各产业的发展提出了更高的要求。在这些形势下，支撑国民经济的重要产业制造业、物流业深受影响,增速放缓导致消费者需求与企业供给出现较大矛盾,因此物流业与制造业的融合发展成为破局之选。实践证明,物流业与制造业的融合发展能提高中国经济发展的速度与质量,对于中国在全球地位的提升具有显著作用。

(一)推动物流业由"传统物流"向"现代物流"转型

受计划经济的长期影响,中国物流体系长期沿用"传统物流"的发展模式,但随着市场需求不断扩大,"传统物流"在速度与质量无法迎合新兴市场的需求,因此物流业不得不朝"现代物流"的方向发展。通过物流业与制造业联动发展,物流业获得了更多企业、产品、供应链、客户等方面的资源,借助现代科学技术,物流企业可以从中挖掘出更多的物流需求,从而拓展业务范围。另外,两业融合可以使信息高度协同,有利于物流企业进行数据分析,达到提质增效的目的。

(二)有利于充分激发物流业与制造业的产业价值

中国已连续十几年成为世界上最大的制造业国家,但在自主研发与创新上,仍与发达国家有较大差距,近年来,中国通过产业转型与技术升级,不断缩小与制造业强国之间的差距,提升国际地位。物流业与制造业的融合,对推进不同产业联动,构建新型战略合作关系,有着深远的影响。物流业与制造业融合能充分发挥两者的优势,挖掘两者的产业附加价值与叠加价值,从而形成优势互补与资源共享的格局,为经济结构转型提供有力的支撑。

(三)推动制造业深化改革,降低生产成本,提高生产质量

对制造业而言,原材料的采购、产品制造、产品销售等生产环节都离不开物流企业的参与,因此物流成本常常占据生产总成本的较大比重。物流业与制造业的融合,一方面可以显著降低制造企业的物流成本;另一方面可以让制造企业在市场竞争中以"速度""质量"取胜,提高核心竞争力。制造业全身心地投入主营业务的经营中,将物流工作承包给专业的物流企业,不仅可以显著提升产品的物流时效,还能有效保障产品质量。

(四)有利于带动物流产业创新发展

物流企业的发展需要足量的市场需求。物流业与制造业联动发展可以充分释放制造企业的物流需求,从而直接推动物流企业持续稳定发展。

当物流业发展到一定阶段时，激烈的市场竞争会促使物流企业对发展模式做出改变，物流企业在不断提高服务质量的同时，还会采用创新的发展模式来提高企业的核心竞争力，从而促进整个物流业的规模与水平。

第二节 中国制造业与物流业发展中的全球化战略

中国制造企业规模庞大，但中小型企业占比较大，导致中国制造业在产业转型的过程并不顺畅，对内需要满足消费端不断上升的需求，对外需要应对发达国家制造企业的竞争压力。因此，为了提升中国制造业的核心竞争力，作为国民经济支柱产业的制造业和物流业必须以全局视角来应对转型带来的危机，制定适应中国制造业与物流业发展的全球化战略。

一 中国制造业的全球化战略应对

虽然中国制造业与制造强国的科学技术和管理方式有一定差距，但中国市场规模总量大，政府积极引导企业创新升级，以及发展完善的产业体系，为中国制造业的创新发展提供了坚实的基础。随着中国科技实力不断增强，中国制造业在全球市场中开始崭露头角，制造业领军企业成为中国对外发展的中坚力量。面对复杂的市场形势，中国制造业的全球化战略应以充分发挥自己的优势为主，其次再通过资源整合寻求突破口。

（一）整合国内外资源

贸易全球化的浪潮席卷而来，产品的分工越来越精细，许多制造企业因地制宜，在多个国家设立工厂。总的来说，每个国家在生产阶段的不同环节优势不同，资源不同，因此只有通过不断整合内外部资源，去粗取精，选取具有优势资源的环节进行合作，才能提高产品或者制造企业的核心竞争力。

（二）发挥自身优势，不断打造差异性

中国制造业的优势是门类齐全、基础设施完善，许多制造业强国虽然掌握先进的生产技术，但缺少产业配套。因此中国制造业应充分发挥自身优势，开拓更广阔的供给市场。近年来，中国制造业越来越重视自主研发与创新能力，实体经济根基不断得到巩固，并涌现出一大批如徐工机械、隆基股份等在全球范围内具有影响力的制造业巨头。

为了推动制造业高质量发展，增强全球化的竞争优势，中国制造业需要从以下几个方面发力。

1. 政府和企业需持续增加科研经费

中国制造业与水平的差距主要原因在于起步较晚以及缺乏研发和创新能力。一直以来，中国的制造业都以代加工为主，近年来，东南亚国家抢占了部分代工份额，对中国制造业造成不小的冲击，因此中国制造业必须以此为鉴，加大科研经费的投资力度，提高自主创新水平，才能避免被发达国家"卡脖子"的问题。

2. 宏观布局要具备全球化的思维

科技变革的速度加快，使全球经济发展都处于"紧绷"状态，制造业既是强国之本，也是国家的经济命脉，因此制造业的布局要充分考虑世界各国对中国的影响。因此中国制造业应奋力前进缩小与制造强国的差距，防患于未然，抵抗来自多方面的冲击。最重要的是，要从危机中寻找机会，成为"领跑人"。

3. 加快自由贸易区的建设

自由贸易区在吸引外资设厂和促进内外经济发展有着得天独厚的优势。中国市场规模总量庞大，对于海外资本具有很强的吸引力。通过建立自贸区，降低海外资本投资中国相关产业的门槛，可以深化中国与海外市场的合作，完善中国制造业的供应链体系。

4. 推动制造业数字化转型

突发事件给全球制造业的发展带来许多不确定性。由于中国制造业的基础设施及配套产业较为完善，整体增长仍然保持上升的势头，其中高新技术制造业的增长最为迅猛，这充分展示了产业数字化转型的必要性。传感技术、信息技术、人工智能等先进的科学技术发展不断成熟，为制造业转型奠定了坚实的基础。因此为了迎接难以预知的市场变化，制造业的数字化转型进程必须加快。

二　中国物流业的全球化战略应对

与制造业相似，科技变革对物流业的影响同样深远。借助先进的科学技术，中国物流业已由劳动密集型逐渐转变为技术密集型。为了适应国际物流市场的变化，中国物流业的发展重心逐渐由基础设施的建设转移到人才培养与企业培育。只有物流企业与人才都具备全球化的思维，物流业才能在国际市场站稳脚跟。

（一）建立物流信息管理系统

2014年，国务院发布的关于物流业发展中长期规划的通知中，明确提到了要加强物联网、大数据、云计算等先进信息技术在物流领域的作用，通过信息协同与数据共享，实现物流业与供应链之间的高效衔接，提高物流资源的利用率。

（二）单证制作与操作流程标准化

为了提高物流作业效率，易于信息传输，物流单的制作要符合国际规范，做到标准化。物流设备的操作与物流环节的进行需要严格符合作业标准，确保作业效率与作业质量。

（三）积极参加国际物流规则的制定

国际物流规则的制定是为了规范各国物流业的行业秩序与行为标准。中国物流业的市场规模巨大，参与到国际物流规则的制定不仅可以保护中国物流活动的基本利益，还能提高中国在国际上的地位。

（四）基础设施全面布局

作为物流业的基础，中国交通基础设施的完善程度在世界处于领先地位。为了实现交通基础设施的高效利用，物流业的发展要以区域体量与行业性质为基点，构建海陆空全方位覆盖的现代物流体系。海外市场是中国物流业的重点发展方向，近年来中国大力发展跨境物流，形成了多个以港口为核心的国际货运枢纽，其中舟山港、上海港等港口在国际货物流通中占据重要地位。

（五）健全物流保障机制

网络购物的兴起使得消费者的购物需求更加旺盛，这给物流业带来更广阔市场的同时，也对物流网络的完善程度提出了更高的要求。目前，中国通过大力投资物流园区的建设，完善城市配送网络，形成了辐射范围广、运输速度快的物流保障体系。

（六）基于大数据与云计算技术发展"云物流"

科技变革驱使着中国物流业朝着信息化与数字化的方向发展，通过大数据、云计算、物联网等信息化技术，物流企业对物流资源和相关数据进行深度挖掘，为中国"云物流"奠定了坚实的发展基础，有利于实现物流业提质增效的目标。

(七)重点培育具有国际竞争力的物流领军企业

近年来,中国政府不断加大对物流业的投资力度,因此国内物流企业应抓住这一机遇,将传统物流理念转变为现代物流理念,通过创新的发展模式,提高自身服务水平,广泛利用先进的科学技术,才能在激烈的全球物流市场中脱颖而出。中国物流企业众多,因此应先重点培育一批具有竞争力的领军企业,通过领军企业的示范作用与先进经验,带动中国物流业的全面发展。

(八)重视培养高端物流人才

许多物流企业只重视物流基础设施的建设与技术装备的更新,但当企业发展到一定阶段时,没有先进的物流管理体系就无法对当下市场做出统筹规划。企业的竞争归根结底是人才的竞争,当下中国高端物流人才极度匮乏,因此物流人才的培养也是物流业发展的重要环节。为了缓解人才压力,物流企业可以通过与高等院校或科研院所合作的方式,保障物流人才的供应,实现中国物流业的全面发展。

(九)积极招商引资,扩大对外合作路径

以贵阳市为例,贵阳市正加快招引物流领域的龙头外资企业,提高贵阳市本地的物流服务能力,改变当前物流业普遍存在的散、乱、小、微等问题,做大做优物流产业,使贵阳市物流业向集约化、智能化、标准化方向发展(见表5-1)。

表5-1　　　　　　贵阳市物流业外资招商潜在企业

招商方向	目标企业
物流	日通国际物流(中国)有限公司、联合包裹物流上海有限公司、日立物流(中国)有限公司、普洛斯投资(上海)有限公司、马士基(中国)有限公司、路凯深圳投资控股有限公司、潘世奇(上海)物流有限公司、嘉里物流(中国)投资有限公司、乔达国际货运(中国)有限公司、飞格国际物流(上海)有限公司

第三节　中国制造业与物流业发展展望

中国制造业的发展目标是由中国制造转变为中国"智"造。物流

业是连接各行各业的复合性服务业,大数据、物联网、云计算等信息技术的应用,使物流业的发展更加高效与智能。因此,关于制造业与物流业未来的发展方向,都离不开一个"智"字。

一 中国制造业的发展畅想——中国"智"造

随着人工智能、物联网、区块链等技术的加持,未来的制造业将以自动化和智能化为主。科技解放生产力,很多重复的工作已经不需要人类动手,单单靠自动机器人就可以快速高效地完成工作。物联网技术日益成熟,原材料、设备状态、产品质量等都成为可以实时监控的数据,操作人员根据数据可以做出更好的生产计划。工业机器人与区块链深度融合的模式,能为制造企业带来更加个性化的生产模式。制造业智能化在产量、精度以及生产预测等方面有许多传统制造业无法比拟的优点,相信随着中国制造企业全面普及应用数字化、自动化、智能化技术,中国"智"造不再只是个畅想。

中国劳动和社会保障科学研究院最新数据显示,接下来的 20 年,机器人至少能取代 8 亿个工作岗位,即便是自动化技术发展缓慢的情况下,未来 10 年,机器人也将至少能取代 4 亿个工作岗位,而且机器人的工作效率至少是人工的 3 倍。制造业是一个国家的基石。为了提高中国国际地位,抵御巨大的转型冲击,中国制造业必须加快智能化、自动化的转型进程。与制造业转型息息相关的技术是人工智能,人工智能已成为智能经济的基础,但中国人工智能企业数量占全球智能企业数量的比例为 25%,这有利于中国制造业率先占据技术高点,率先完成智能化转型。

在全球范围内,与中国"制造业+人工智能"转型模式竞争最大的国家是美国。美国在科技领域与工业基础方面较中国有先发优势。为了解决中国制造业受发达国家先进技术"卡脖子"的问题,中国应尽快在人工智能与工业互联网等技术方面寻得突破,并将其广泛利用至各个工厂。目前,全球科技变革速度加快,拥有更多智能工厂和掌握先进制造技术的国家必然在全球制造业中有更多的话语权。近年来,美国商务部对中国多个高新科技行业进行技术封锁,而中国存在严重的进口依赖,这导致中国制造业遭遇了前所未有的发展危机。面临严峻的市场环境,中国制造业亟须在先进的数字化、智能化技术等方面寻求突破。

然而，经过几十年的发展，中国制造业已经奠定了坚实的发展基础。面对这次科技与产业的挑战，中国有十足的信心与实力在全球竞争中实现"弯道超车"。

（一）用户基数与市场空间

中国人口基数全球最大，因此产生了多样化的需求，为人工智能、物联网、大数据等技术提供了广阔的发展空间。尤其是互联网的移动应用，中国在世界范围内处于领先地位。数字化技术与信息化技术的发展往往需要海量的数据作为支持，而中国在这方面有坚实的发展基础。

（二）中国与发达国家的技术差距正逐渐拉近

近年来，中国在国际科技领域非常活跃，其中发明与专利申请量连续九年排名世界第1位。中国政府与企业积极投资建设实验室与研发机构，科研氛围浓厚，吸引了大批优秀的技术人才归国创业，实现了多项核心技术的突破。其中作为信息技术基础的超级计算机取得了重大突破，目前，中国已超越美国，拥有世界上运算速度最快的超级计算机，而且拥有超级计算机的数量也是全球第一。

（三）创新和自主研发能力提升

截至2022年，中国制造业的产值已超越美国，成为当之无愧的"世界工厂"。其中关乎民生领域与新兴技术的智能制造体系已初步形成且高度自主化。为了填补技术空白，中国政府大力支持科学技术研究，制造企业的创新创业热情空前高涨，自主研发能力不断提升，培育了一批在国际市场中富有竞争力的领军企业。

（四）资金雄厚

一方面，政府大力投资引导科学技术研究，为科技企业提供政策支持。另一方面，民间资本普遍看好制造业的智能化趋势，纷纷入局人工智能、物联网、5G通信等新兴技术领域，中国在智能制造领域欣欣向荣，蓄势待发。

中国在制造业智能化发展的过程中，拥有政策、工业基础、人才、资金等方面的多重优势，但我们仍需清楚地认识到制造业的转型与升级任重道远，国际市场对中国的冲击不断加强，因此中国"智"造的进一步推进，需要政府、行业协会、企业、人才的共同努力。只有如此，智能高效、协同互通的智能制造时代才能早日到来。

二　中国物流业的未来畅想

受经济全球化的影响，各行业竞争加剧，因此资源的合理配置与生产或服务成本的降低成为企业突围的重要方向。物流活动是企业经营的重要环节，因此物流成本常常占据生产总成本的较大比重。为了降低物流成本，提高物流服务质量，中国正在构建以信息化、智能化、环保化为核心的现代物流体系。

（一）物流业发展趋势

1. 信息化趋势

信息网络技术赋能物流业，通过建立公共物流信息平台，实现中国物流业的信息化转型，有利于中国物流业在国际物流市场竞争中占据优势地位。在公共物流信息平台中，物流资源和物流信息高度协同，因此对于物流信息安全技术的研究也是物流业信息化转型不可或缺的一分子。

2. 智能化趋势

物流智能化是在信息化的基础上，通过广泛利用无人技术与自动化设备，如无人叉车、无人搬运车、自动分拣机等实现物流作业的高效管理。物流智能化不仅仅运用在作业过程中，对于供应链管理也同样适用，如基于区块链与大数据的虚拟银行，可以实现更快的业务处理效率与更长的服务时间，有利于打造中国物流业在国际物流市场的差异化特征。

3. 环保化趋势

物流业不仅是经济发展的支撑性产业，也是社会发展的基石。现代物流体系在提质增效的同时也非常重视可持续发展，由此衍生出绿色物流的理念。绿色物流的本质是通过充分利用物流资源减少浪费和使用绿色资源减少对环境的破坏。例如，为了向环保型物流与循环型物流转变，很多物流企业开始使用纯电动小货车，在减少尾气排放的同时还能节省用车成本，在包装方面，很多企业开始使用可降解的包装材料，并提倡循环利用。由此可见，中国在贯彻绿色物流理念时做出了大量的努力，充分展示了中国物流业可持续发展的决心。

4. 全球化趋势

经济全球化使各个行业不仅面临国内的市场竞争，还得抵御海外市场的冲击。激烈的市场格局之下，中国物流业必须加快转型步伐，快速融入国际市场。为了打开更广阔的市场，中国的物流设施、物流服务、物流技术等已全面和国际物流接轨。基于中国完善的物流基础设施建设，"走出去"不仅利于物流企业学习发达国家的先进物流体系，还能直接促进全球物流资源的合理配置，实现更高效的全球物流调配。

5. 服务优质化趋势

随着新兴产业的不断发展与产业变革速度加快，各行业的物流需求更加多样化。传统物流企业只需要将货物以最快的物流时效送达目的地即可，现代物流追求"又快又好"，不仅对物流时效有了更严的标准，还对产品和物流服务的质量提出了更高的要求。

（二）物流业发展展望——智慧物流

从20世纪50年代初到经济全球化的今天。物流业的发展经过计划经济下的传统物流、改革开放后的社会性物流、第三方物流，以及目前的智能化物流四个阶段。如今，物流业已成为影响国民经济命脉的支撑型产业。物流业发展到今天，人们已不仅是关注物流服务本身，而是将目光转向了拥有巨大市场空间的供应链。物流业与供应链密不可分，因此一旦物流业完全步入智能化时代，整个物流业都将会迎来绝无仅有的发展机遇。其具体表现为以下发展特征。

1. 自动化发展特征

自动化发展特征是指通过机器人等自动化设备来完成运输、堆码、检测等物流作业。自动化物流作业效率高，能减少人工成本，因此中国物流业在发展初期就大量引入机器人等自动化设备，但设备之间相互独立，无法协同完成工作。随着信息技术的发展，物流业借助物流信息管理平台与集成系统实现了协同管理。设备之间高效协同，物流系统运作更加顺畅，不仅大大地提高了物流作业的效率，还能促进物流资源的合理配置。

2. 数字化发展特征

数字化发展特征是物流业信息化、智能化、国家化的基础。通过数字化，物流企业可以与新兴技术，如区块链、大数据、云计算等实现密切融合。物流业的数字化不仅可以使现代物流体系的管理更加高效，还能借助传感技术，实现可视化管理。数字化是物流业未来发展中重要的一环，随着行业纷纷转型，物流业的数字化，将能打开更广阔的市场空间。

3. 无人化发展特征

主要是随着人力成本不断上涨，许多企业开始尝试无人化作业。无人化作业相比人工作业更加高效，而且工作时间更长，有利于物流企业提高效益，降低成本。目前，许多国家开始着力建设能完成大部分物流环节的无人化物流中心。例如，中国武汉中心城区的无人化物流中心可以实现无人化巡检、无人化管理、无人化货物传递等功能，相信随着信息技术与数字化技术的不断成熟，无人化物流将会为物流业，乃至中国的经济发展注入新的活力。

4. 智能化发展特征

智能化发展特征是综合使用多种信息化技术的体现。通过新兴技术与自动化设备的结合，使得物流业的管理更加高效，决策更加智慧。对于物流业来说，智能化的物流需要实现6个"正确"，包括时间、地点、质量、数量、价格、货物的正确。一旦能实现这6个"正确"，物流业的服务水平与物流资源的利用都将实现质的飞跃。

第六章

中国物流业与制造业联动发展案例经验

物流业与制造业联动发展近年来在全国各地纷纷得到重视，以下案例在物流业与制造业联动发展研究中，对中国各地发展两业联动均能带来一定借鉴意义。

第一节 马钢物流与宝武钢铁生态圈建设融合创新

马钢物流与宝武钢铁生态圈是钢铁制造业与物流业积极融合的成功典型。

一 案例背景与问题

（一）宝武钢铁物流运输服务水平急需提高

当前，钢铁行业的发展环境发生了巨大的变化，供给侧结构性改革、环保技术升级改造都给行业发展带来了新的机遇，然而日益激烈的国际竞争和全球市场，钢材用户企业对物流运输的准确性、效率、可靠性、灵活性等方面的要求越来越高。对物流服务过程中关于货物的保护和防护等货物物流质量的要求越来越多。宝武钢铁生态圈企业对物流服务升级的实际需求日益迫切。大力发展以集装箱为重点的多式联运，充分发挥集装箱多式联运货损小、高效率等优势，显得尤为必要。

（二）钢铁企业物流运输装卸污染急需降低

钢铁企业原有的一些物流运输方式和采用的装载器具在运输和装卸的过程中对环境造成了较大的污染，例如，马钢炼铁需要采购的焦炭原先都是从河南和山东等地通过铁路普通敞车运输到厂进行卸车作业，在卸车过程中扬尘极大，卸车场地附近100米都被焦炭粉末所污染。随着国家对钢铁企业运输的环保要求日益规范，企业迫切需要一种在运输和装卸环节中全密封的装备来控制中途转运、装卸过程中的扬尘，减少对环境的污染。

二 解决思路

（一）成立马钢集团物流有限公司提升物流运输服务质量

马钢集团物流有限公司（以下简称马钢物流）于2015年9月2日正式成立，将公司原先分散在不同部门的采购物流、生产物流、销售物流进行整合、归并、重组，实现集中管控与高效管理。为支撑公司物流提质增效，在满足马钢股份集装箱多式联运需求的同时，与马鞍山铁路货运中心合作，开展公铁多式联运，与马鞍山港中心港区、郑浦港合作，依托长江黄金水道开展水铁、公水联运。目前，公水、公铁等成熟多式联运组织模式已经初步形成。

（二）打造高质量钢铁生态圈打造绿色物流

马钢物流依托宝武钢铁生态圈丰富的货物资源，加强合作、协同共享，大力发展集装箱多式联运业务，最大限度地利用集装箱运输的安全、环保、高效、降本优势，充分发挥多式联运的组合效能，推进企业向智慧制造、绿色发展转型升级，全面助推中国宝武高质量钢铁生态圈的建设。

三 典型做法和经验

马钢物流围绕交通强国战略，满足物流降本增效、绿色低碳发展要求，着力提高服务水平，延伸服务链条，布局多式联运企业发展战略。对解决中国多个城市制造业面临的物流服务成本高、效益低等问题、促进两业融合有重要借鉴意义。

（一）顶层设计，布局集装箱多式联运发展战略

1. 促进物流降本增效的重要抓手

发展集装箱多式联运能够有效整合资源，最大限度地利用水路的环保优势从而减少长途货运对公路运输的依赖，充分发挥不同运输方式的整体优势和组合效能，有力地推进运输服务业集约高效和绿色发展。

2. 推动区域经济协同发展

采用多式联运，为生产企业带来更大的经济效益，提高企业竞争力，促进区域内经济活力，增加企业国内外经贸合作力度，带动区域经济进一步发展。

3. 助力"企业物流"向"物流企业"转型升级

马钢物流通过马钢集团、蒙牛乳业、山鹰纸业、华骐环保等稳定货源，实现公水、公铁多式联运，逐步构建服务中部、辐射长三角的区域多式联运服务体系，助力马钢物流从企业物流向钢铁行业具有一定影响力、区域市场具有较强竞争力的物流企业转型升级。

（二）建设多式联运公铁物流港

马钢股份新料场地块毗邻国家铁路和公路，距港口仅为4千米，是发展多式联运综合物流基地的"天然良港"。将新料场及周边区域打造成多式联运综合物流港基地，其主要布局包括：一是铁路产品外发中转集散地，通过公路或铁路将出库时间要求紧或需要仓储的马钢外发产品运送至园区进行分拨集散。二是多式联运集装箱"集疏运"基地，联合铁路局货运中心吸收马鞍山市周边的铁路集装箱发运和到达业务。三是铁路物资再生资源循环利用基地，承接上海铁路局、南昌铁路局、济南铁路局管内铁路设备设施回收与深加工循环再利用业务，建成铁路报废弃物资循环再利用马鞍山产业示范基地。

（三）开创国内干熄焦集装箱绿色运输新模式

马钢、临涣焦化与八达物流（路方承运商）三方合作，共同组织临涣定制焦的生产、运输。马钢物流采用篷布遮盖的集装箱装运焦炭，根据需求，专门定制了550个集装箱，组成5列平板（每列50车平板100个集装箱）在线运行，半列平板配空上线，以专列的形式运行，单列每72小时完成一次送重、回空的循环作业。此种采用集装箱专列运输焦炭、建设专用集装箱焦炭卸车线为国内首创，不仅解决了干熄焦的防水问题，而且从根本上解决了运输及装卸过程中产生的扬尘、抛撒问题，具有运行过程受控、长距离工序保障、焦炭含水率和破损率指标优化等特点，实现了绿色环保运输，该箱被铁路总公司作为35吨敞顶箱的标准方案使用。

（四）落实运输结构调整，推进自产矿集装箱多式联运

2019年8月，马钢物流响应国家运输调整政策，在上海铁路局的支持下，启动自产矿集装箱"公转铁"多式联运，对运输模式进行创新，设计姑山矿集装箱公铁联运方案。

对装车、中转、卸车等多个环节进行深入研究，高效协同，设计集装箱公转铁解决方案。2019年9月以来，马钢物流克服了运输成本高、场地硬化度不够、厂内专列小运转开行和对位配合不够等一系列问题，每月完成自产矿集装箱公转铁多式联运约4万吨，年约50万吨，在超额完成国家运输结构调整公路货运向铁路转移20万吨任务的前提下，确保经济、环保、可持续运行。

（五）共商共建培育多式联运示范线路

示范线路一。社会货源：蒙牛乳饮料、山鹰纸制品。运输路径：马鞍山铁路物流港至全国销售地（广州、成都、南昌、武汉、上海）。设计流程：该线路主要由公路运输、站场装车、班列运输、到站卸货、公路短驳等几个关键环节构成。

示范线路二。社会货源：环保过滤材料。运输路径：马鞍山市华骐环保公司慈湖工厂—马鞍山港中心港区—上海港—天津港—天津北站—呼和浩特站。

与众企业共商共建多式联运示范路线，使马钢物流克服了运输成本高、场地硬化度不够、厂内专列小运转开行和对位配合不够等一系列问题，从而达到降本增效、绿色低碳发展的目标。示范项目流程主要由公路运输、港口换装、内河航运、海上运输、港口卸货、站场换装、班列运输、仓储配送等几个关键环节构成。

四 应用成效

（一）成功入选第二批国家多式联运示范工程企业

2017年11月10日，由马钢物流牵头申报的"依托长江黄金水道，立足皖江城市带，马鞍山多式联运示范工程"项目入选第二批国家多式联运示范工程。

（二）经营成效显著增长，保障能力不断提升

企业经营成效显著增长，2020年主要经济技术指标同比均有较大幅度提升。三年累计完成实物物流2.45亿吨，实现稳定高效保供，满

足生产需求。三年累计为马钢股份的物流优化降本 1.34 亿元，降本成效显著。

（三）多式联运线路示范效应显著

姑山矿"公转铁"示范线路利用马鞍山姑山矿至马钢生产基地既有铁路线，实现中短距离公路运输向铁路转移，运行线路为姑山矿—毛耳山站—马鞍山站—马钢厂区，2020 年完成 16828TEU。公铁联运模式示范线路将蒙牛乳业、山鹰纸业产品通过集装箱运输广州、成都、南昌、武汉、上海等市，运行线路为工厂—马鞍山站—产品销售地区，2020 年完成 7266TEU。示范线路稳定顺行，客户满意度不断提升。

（四）助力于环保升级和提质增效

临换—马鞍山集装箱循环列全新设计的特种集装箱方案定型后，采用机械化操作，装卸效率高，解决了干熄焦的防水问题，使焦炭破损率降低，品质得到有效保障，从根本上解决了运输及装卸过程中产生的扬尘、抛撒问题，践行了绿色发展、智慧制造的发展理念。

（五）品牌影响力持续提升，人才团队不断增强

公司获评钢铁行业第一家 5A 级综合服务型物流企业、国家高新技术企业、国家品牌创新企业、两化融合示范企业；成功举办了"马钢杯"第六届全国大学生物流设计大赛；着力打造懂物流、善管理的核心团队，精心培育爱物流、能创新的人才梯队。

第二节　振石集团多模式物流与供应链一体化创新

振石控股集团有限公司（以下简称"振石集团"）位于浙江省嘉兴境内桐乡经济开发区，历经 50 余年的创新发展，从创立初期总资产不足 5 万元的小企业，逐步拓展成为资产超过 300 亿元的多元化大型集团。2004 年，振石集团实施第二产业、第三产业分离计划，将服务型业务从制造业中分离，和嘉兴市宇翔国际集装箱有限公司实行资产重组，成立浙江宇石国际物流有限公司（以下简称"浙江宇石物流"）。

一　案例背景与问题

浙江宇石物流成立后，主要面临的问题包括物流成本高、货物装载率低、前端供给不及时、末端产品销售渠道不畅通、仓储资源不足等。

二 解决思路

(一) 利用专业车队力量,降低物流成本

浙江宇石物流不断摸索,充分发挥浙江宇石物流专业车队力量,利用供应链管理模式,为集团降低物流成本,提高货物配载效率。

(二) 利用供应链管理技术,促进供给关系

在此基础上,浙江宇石物流充分利用物流与供应链管理技术,有效解决制造业前端原料生产需求及末端产品销售渠道问题,并在货物储存和产品制造资金链风险问题上带来新的突破口,进一步带动了两业之间的联动,促进双方合作共赢。

三 典型做法和经验

浙江宇石物流采用传承物流服务、定制物流服务、甩挂运输服务以及多式联运运输模式来有效提高制造业物流运输效率,提升物流速度,降低物流成本,对其他城市两业融合起到重要借鉴作用。

(一) 全程物流服务模式

浙江宇石物流从自身角度出发,除了提供最基本的物流运输服务外,还为其原料提供入库仓储和采购代管服务,为产成品提供成品仓储和货运代理服务。

通过该模式,浙江宇石物流利用物流业内部所独具的信息资源,实时了解市场价格波动,及时为客户制定供应链方案,并依靠自身强大的运输能力保障方案落地执行。这一条从原料至产成品的服务,加强了与客户的沟通,提高了客户满意度,实现双方共赢。

(二) 定制物流服务模式

对于桐昆集团、新凤鸣集团两家大型上市化纤企业,浙江宇石物流从实际角度出发,通过考察制造企业生产现场,全程参与生产线改扩建,为其定制专业的物流方案。该方案的要点在于转变了传统PTA(精对苯二甲酸)粉料袋装运输的模式,提出罐式挂车运输的定制服务模式。浙江宇石物流用自身专业化的物流服务补齐制造业发展中的短板,实现双方联动发展。

(三) 甩挂运输服务模式

作为全国首批甩挂试点企业,浙江宇石物流积极将甩挂运输模式运用到两业联动中。基于大型制造企业分厂分点、线路繁多的情况,浙江

宇石物流采取"一线多点，循环甩挂"模式，通过线路优化、车挂分离，在当地制造企业生产基地发货端、国内客户群体收货端、上海码头堆场货物进出口端之间形成有效衔接。同时，凭借自身站场优势，开展桐乡市范围内站场与生产基地间的循环甩挂。不需要客户完全承担整趟物流作业产生的费用，也降低了物流成本。

（四）多式联运服务模式

大型制造企业在生产经营过程中，原料需求大，产成品数量多，部分制造企业还有特种大件货物，有时单靠汽运无法满足全部运输要求。结合自身情况，浙江宇石物流于2017年投资建设了一座拥有6个500吨级泊位的多用途码头，通过采用短驳甩挂和水陆联运结合模式，将部分制造企业原料及产成品通过码头船舶走水路转运，或者借助海河联运模式将货物运抵国外客户手中。这种多式联运的模式，对降低物流成本、满足运输需求、确保货物安全具有显著作用。2020年年初，公路运输全面受限，浙江宇石物流借助水路运输，有效保障桐昆集团、新凤鸣集团的货运业务，同时还积极承接嘉兴大明卷钢2000吨到货业务，做到集装箱、散杂件作业两不误，缓解陆路运输压力，增强码头效益，实现逆境中的增长。

四 应用成效

（一）经济效益

浙江宇石物流自与制造企业开展联动以来，经济效益持续增长。2010年营业收入为4.2亿元，2020年营业收入突破20.02亿元，10年时间内营业收入同比增长377%，实现了跨越式发展。近年来，浙江宇石物流多次被评为桐乡市经济开发区纳税十强企业，为地方财政做出积极贡献。

从物流效率角度来说，浙江宇石物流通过整合自身业务，从两方面促进物流效益的显著提升。首先，在业务沟通层面，据统计，在两业联动平台端口实现对接后，浙江宇石物流的平台订单准时率从82%提高到了99.3%，完成周期从15天缩短到10天。其次，在运输安排层面，通过甩挂运输和多式联运模式，公司整体行驶里程增加9.5%，运输时间减少54%，里程利用率达到92%，载重行驶里程提升109%，周转量增加109%，物流效率显著提升。

从服务效益角度来说，浙江宇石物流为当地化纤企业提供的定制物流服务，解决了客户难题，实现双方的共赢。其中，原料库存由原来每日备用 7600 吨降低为 500 吨，极大地缓解了制造业仓储成本；装货效率由原来的 12 吨/小时提高至 30 吨/小时；在成本管控上人工、包装成本也降低了 13 元/吨，依照 2020 年运量 160 万吨计，可为制造业节省 2080 万元。

（二）社会效益

根据 2020 年数据统计，浙江宇石物流采用甩挂运输模式服务制造企业，全年实现甩挂运输里程 1365 万千米，甩挂运输量 172 万吨，根据实际运作计算，全年降低运输成本约 2481 万元，减少燃油消耗 156.9 万升，相当于减少消耗标准煤 2279 吨，减少二氧化碳排放 4963 吨。

此外，浙江宇石物流通过注资、以资产为纽带与振石集团进行联动合作的模式，成效显著，在桐乡当地树立起物流标杆和示范效应。当地大型制造企业也开始委托具有专业化物流服务管理模式的公司进行操作。

第三节　云铝物流氧化铝绿色运输模式创新

云南云铝物流投资有限公司（以下简称云铝物流）位于云南省昆明市，是中铝集团旗下云南铝业股份有限公司（以下简称云铝股份）为推动集团化物流产业大发展而设立的专业化物流全资子公司。目前，云铝股份已形成集铝土矿—氧化铝—碳素制品—铝冶炼—铝加工为一体的完整产业链，年物流量已超过 2000 万吨。氧化铝作为铝冶炼的核心原料，是云铝物流主要运输产品之一，预计到 2022 年前后云铝股份的电解铝产能达 400 万吨，氧化铝年需求量达 800 万吨。

一　案例背景与问题

氧化铝是白色粉末状晶体，风轻轻一吹，便四处飞扬，给物流运输增加了不少困难，若不精心处理，就会造成粉尘飞扬，不仅带来环境污染，还会造成经济损失。传统的氧化铝包装及运输方式为：采用一次性包装袋的公路袋装高边车运输、铁路袋装整车运输、铁路袋装集装箱运输。然而上述包装及运输方式存在一定弊端。其中常见问题如下。

人工问题，劳务人员逐步老龄化，人工成本越来越高。

仓储问题，袋装氧化铝仓库占地面积大，堆存需要中转、码高，均会产生费用。

环保问题，在装卸运输过程中，容易因外力破坏造成包装破裂，以致物料发生散落、污染等问题。

效率问题，装卸时因装掏箱作业效率、人工及仓库容量等因素影响，作业效率相对较低，作业成本偏高。

二 解决思路

近年来，云铝物流积极实施氧化铝包装和运输模式技术革新，通过多项措施，如推动氧化铝"汽运灌装"、引入包装袋循环使用，推动氧化铝铁路集装箱运输等一步步地开启了氧化铝绿色运输新模式。

三 典型做法和经验

目前，中国多个城市的磷铝产业都在受运输过程中污染环境的困扰，云铝物流实施氧化铝运输"汽运罐装""去包装化"，实现运输"低碳化"，对磷铝产业与物流业融合具有重要借鉴意义。

（一）氧化铝运输"绿色化"

2017 年，云铝物流推动了氧化铝"汽运灌装"，2018—2019 年引入了包装袋循环使用，自 2019 年起，云铝物流积极推进氧化铝运输"公转铁""散改集"工作，2020 年启用氧化铝铁路集装箱运输，直接将干散氧化铝装入密封良好的集装箱进行运输。该方式主要利用自卸车将散装氧化铝集装箱运输到原料库房，与卸料斗上边沿形成无缝对接后打开集装箱门，并控制好仓门流量和自卸车起升油缸幅度，让氧化铝散料在重力作用下流到卸料斗中，而飞扬起来的氧化铝粉尘则通过与除尘器相连接的收尘系统的集尘罩、收尘管进行回收利用。

随着氧化铝运输"去包装化"工作的全面铺开，云铝物流实现了从氧化铝厂到电解铝厂的全程散装运输，简化了包装、吊装、堆存、拆包等作业流程，极大提高了运输效率，降低了包装装卸费用和用工成本，更重要的是从源头上解决了一次性包装袋消耗以及氧化铝扬尘污染问题。

（二）氧化铝运输"低碳化"

云铝物流积极响应国家"公转铁""散转集"号召，努力探索多式联运、散货船运输、驮背运输、"小班列"运输等新模式。云铝物流积极与中国铁路南宁局、昆明局、成都局等铁路路局集团公司以及北部湾港、钦州港等港口建立了稳定的合作关系，规划建成了昆明七甸专用线集装箱场站、红河建水专用线集装箱场站、大理西邑专用线集装箱场站、昭通集装箱场站和曲靖白水专用线集装箱场站，形成了"点线连接、线线联通"的网络布局，大力发展公路和铁路融通、互通的多式联运。近年来，云铝物流采用公转铁方式，全面提升发运效率和保障能力，最大限度地降低物流成本。

昆明云铝七甸专用线于2016年7月成功取得了铁路集装箱运输业务资质，向绿色物流发展迈出了坚实的一步，红河州、大理州、昭通市、曲靖市4个城市先后开通，并实现稳定运行。截至2020年年底，云铝股份的货物运输结构明显优化，大宗工业品运输年物流量达860万吨，其中铁路运输比例达60%，较2019年提高了7个百分点。

四 应用成效

目前，云铝股份下辖曲靖、昭通、红河、文山、大理、昆明六个地区，电解铝生产制造企业的氧化铝运输去包装化运行成熟，在此基础上，云铝物流正在云铝股份其他电解铝企业及多条运输线路上积极推广散装氧化铝运输方案，全力开启绿色运输新模式。主要的应用效果体现为以下几个方面。

（一）经济效益

2017—2020年，云铝物流利用循环袋和散装共发运氧化铝208万吨，节省一次性包装袋134万个，降低包装费用超过4500万元。相较传统袋装氧化铝集装箱运输，散装氧化铝集装箱运输从提货到卸料共节省了6个环节，经实际测算，卸空一个集装箱所花费的实际时间仅在5—10分钟。

（二）社会效益

一是节约包装材料，践行绿色低碳。氧化铝从生产工厂至使用地全程使用散装运输，极大地节约了包装材料，同时优化了货物运输方式，降低了碳排放。二是减少货损，减少粉尘污染，改善工人作业环境。采用散装运输模式，极大地降低了货损，对减少粉尘污染、改善作业条件、提高劳动生产效率具有重要作用。

五 经验与启示

上述三个案例，均为物流业与制造业深度融合创新发展的经典案例，物流业与制造业深度融合的核心是如何实现降本增效，特别是对于流程型工业，物流模式的创新是实现降本增效的根本，两业深度融合创新发展体现在技术转型。

马钢物流依托宝武钢铁生态圈丰富的货物资源，加强合作、协同共享，大力发展集装箱多式联运业务，最大限度地利用集装箱运输的安全、环保、高效、降本优势，充分发挥多式联运的组合效能，推进企业向智慧制造、绿色发展转型升级，全面助推中国宝武高质量钢铁生态圈的建设。

浙江宇石物流与振石集团的联动融合，不只着眼储运，而且是从物流全流程服务和定制化服务极大地延伸了物流业价值链，不仅实现了自身从物流企业向供应链服务企业转型，也为制造企业构建了供应链全流程的服务。在供应链上游的采购环节，浙江宇石物流为制造企业提供原料预算储存、转存保兑等服务，有利于制造企业专注核心竞争力；在供应链下游，浙江宇石物流分享市场信息，提升客户体验，最终加强与客户之间的黏性。

云铝物流积极实施氧化铝包装和运输模式技术革新，通过创新实践，氧化铝包装运输方式经历了由"一次性包装袋"到汽车灌装、循环袋、散装去包装化运输4个阶段，通过包装运输改革，开启了氧化铝绿色运输新模式，取得了较好的经济效益。电解铝是全球消费量第二大的金属材料，随着铝材广泛应用于国防军工、航空航天、轨道交通、电子工业等领域，在未来5—10年中国全铝需求保持适度增长的趋势，因此电解铝产业推动物流业制造业深度融合创新发展，推广散装氧化铝绿色运输新模式，对于带动电解铝产业降本增效及践行绿色发展理念具有重要示范作用。

包装层面，按照目前云南、贵州、广西氧化铝总计1350万吨的产能计算，每年需要消耗编织袋870万条，而编织袋的生产需要消耗大量煤炭、电力、环保资源。在目前打赢蓝天保卫战、打好污染防治攻坚战的要求下，散装代替袋装可减少资源的消耗和编织袋的白色污染，从而节约资源、保护生态环境、提高作业流程效率和劳动生产率，"绿色物流"运输推动并保证绿色物流向规范化发展，强化物流业对生态文明建设的内生推动力。

运输层面，当前经济社会快速发展，国家"十四五"规划对节约资源能源、绿色发展、科学发展再次明确了新的方向，融合创新发展就显得格外重要，只有尽可能地提高生产效率，维护生态平衡，解决"最后一公里"物流运输细节问题，才能使生态环境进入一个可持续发展的良性循环，为今后的发展提供必要的条件。通过散装氧化铝铁路集装箱、公路灌装等多种运输方式结合和运输模式创新，打通一套"安全、环保、低成本"的氧化铝运输新模式，可节约过程成本、提高劳动生产率、加快淘汰落后的物流技术与设备，创新绿色运营管理流程与运作模式，全面推动包装、仓储、运输等环节的绿色工程，降低碳排放，推动企业全产业链绿色化转型升级发展、创新提质。在电解铝行业具有重要推广价值。

第四节　杭州市物流业与制造业联动创新模式

作为长三角经济带的关键城市，杭州拥有独特的地理优势和强大的经济实力。它与上海、南京和苏州等重要城市相邻，形成了一个密集的经济网络，为各种商业活动提供了广阔的空间。

杭州的经济实力不仅来自其地理位置，还得益于其作为中国现代互联网和电子商务的发源地。在过去的几年里，一系列杰出的互联网公司在杭州崭露头角，它们在电子商务、在线游戏、互联网金融和云计算等领域取得了突出的成绩。这些建立在杭州的公司不仅为当地创造了大量的就业机会，还吸引了大量的投资，助力杭州成了一个国际知名的互联网中心。

此外，杭州还坚定地致力于实现创新驱动的发展战略。作为一个重视技术和创新的城市，杭州一直在努力吸引和培育高科技企业。从生物医药到高级制造，再到现代服务业，杭州的产业链条既深又广，涵盖了各种先进技术。特别是在高技术产业方面，杭州拥有一系列成熟的产业园区和研发中心，为各种创新项目提供了充足的资源和支持。

从物流业与制造业联动创新模式的角度出发，杭州市的创新举措主要体现在三个方面。

一 智慧物流技术的引领与应用

杭州作为中国的互联网和电子商务中心，拥有深厚的技术背景，使其在智慧物流领域的探索与实践优势十分突出。如今，这座城市已经成为智慧物流技术发展和应用的前沿阵地，为中国乃至全球的物流业带来了创新的启示和模式。

从杭州的技术背景来看，随着互联网巨头的崛起和互联网经济的繁荣，该城市已经聚集了大量的技术研发、创新和应用人才。这为智慧物流的发展奠定了坚实的技术基础。无论是大数据、物联网，还是机器学习，杭州在这些领域都有着显著的成果和经验积累。

杭州的智慧物流首先体现在各种先进技术的实际应用中。例如，无人仓库技术正在这里得到广泛推广。通过高度自动化的机器人和智能货架系统，无人仓库能够实现快速、准确的货物拣选和配送，大大地提高了物流效率。此外，智能配送系统，如无人驾驶车辆和无人机，正在被越来越多的物流公司所采纳，实现了"最后一公里"配送的自动化与智能化。

大数据在杭州的物流业中也发挥着关键作用。通过对海量的订单、配送、库存等数据的分析，物流公司可以更加精确地预测需求，优化库存和配送路线，降低成本，提高客户满意度。

一些前沿技术，如区块链和人工智能（AI），也在杭州的物流业中得到了探索和应用。区块链技术的去中心化和不可篡改特性使其成为确保物流链条透明性和真实性的理想选择，尤其是在跨境物流中。同时，人工智能的应用，如语音识别、图像识别和自然语言处理，使物流服务变得更加人性化和智能化。

二 高端制造业与物流的协同创新

经过多年的发展，杭州已逐渐崭露头角成为高端制造业的重要基地。这一地位主要表现为该城市在机器人、医疗设备和高端电子产品等领域的不断投资与创新。

杭州在机器人领域有着深厚的积淀，其得益于丰富的研发资源、强大的创新能力和优惠的政策支持，杭州已成为中国机器人产业的重要集聚地，吸引了众多知名企业在此设立研发中心和生产基地。这些机器人不仅在制造、物流等领域得到了广泛应用，还为城市的智慧化建设提供了技术支撑。

在医疗设备方面，杭州的高端制造业又是另一大亮点。随着国家对医疗健康领域的重视和投入，杭州的医疗设备制造企业加大了技术研发和产品创新，生产出了一批在国内乃至国际市场上具有竞争力的高端医疗设备。

此外，高端电子产品制造也是杭州的一个特色领域。随着消费升级和技术进步，越来越多的消费者对电子产品的品质和功能提出了更高的要求，这为杭州的高端电子产品制造业带来了巨大的市场机遇。

为了更好地促进这些高端制造业发展，供应链的优化显得尤为关键。通过运用先进的信息技术，如大数据、物联网和人工智能，杭州的物流企业正在探索与高端制造业的深度融合，实现供应链的可视化、智能化和柔性化。这不仅可以降低物流成本、提高效率，还能为高端制造业提供更为精准、个性化的物流服务。

杭州通过协同创新的模式，正在推动高端制造业与物流业的深度融合，为制造物流一体化发展提供了有力的支撑。

三 政府、企业与市场三者的互动与合作

杭州的物流与制造业协同创新不仅体现为企业之间的商业事务，还涉及政府、企业与市场三者的密切互动与合作。

杭州市政府始终视物流与制造业为经济发展的双翼。在政策层面，市政府持续出台了一系列优惠政策和措施，鼓励物流与制造业的发展。例如，为了吸引和培育物流企业，杭州推出了物流园区建设、物流企业扶持等政策，为物流企业提供了土地、资金和税收的支持。同时，为了推动制造业的转型升级，杭州也为制造企业提供了技术创新、品牌建设和市场拓展的支持。

在企业层面，杭州的物流与制造企业充分认识到了互相合作的重要性。许多大型物流企业与制造企业建立了长期稳定的合作关系，共同探索供应链优化、智能物流等方面的创新。这种合作不仅帮助物流企业提高服务水平，还帮助制造企业降低成本、提高效率。

与此同时，市场也起到了关键的作用。随着消费者对产品质量和物流服务的要求日益提高，物流与制造企业都面临着更大的市场压力。但这也为两者带来了新的市场机遇。通过不断的市场调研和反馈，物流与制造企业可以更好地了解市场需求，调整战略，实现共赢。

为了进一步推动物流与制造业的协同创新，杭州市政府也采取了一系列措施。除上述的政策支持外，市政府还加大了对物流与制造业创新的投入，设立了专项基金，鼓励企业进行技术研发和模式创新。同时，市政府还加强了与企业的沟通和协调，定期召开座谈会，听取企业的意见和建议，为企业解决实际问题。

政府、企业与市场三者的互动与合作，为杭州物流与制造业的协同创新提供了有力的支持，也为其他城市提供了宝贵的经验和借鉴。

附 录

关于贵阳市物流业与制造业深度融合发展需求与环境分析的调研

尊敬的先生/女士：

您好！

我们是贵阳市物流业与制造业深度融合发展研究的课题组。为了深入了解贵阳市制造业物流现状及物流业与制造业融合的相关情况，加快推进贵阳市物流业与制造业深度融合发展，开展了此次问卷调查。

本次问卷调查不记名，对您提供的结果及意见、建议绝对保密，且仅用于科学发展研究。希望能够得到您的大力支持和协助，您的参与对课题研究工作至关重要，在此对您表示真挚的谢意！

1. 被调研企业基本情况

1.1 贵公司名称、所在地区？[填空题]*

_____

1.2 贵公司为哪一类企业？[单选题]*

○制造企业

○物流或供应链管理企业

1.3 当前中国境内成品零部件采购物流主要采用何种物流方式？[单选题]*

○自己委派物流供应商向零部件工厂取货

○零部件工厂送货上门

1.4 在开展境内零部件采购物流时，贵公司主要委派哪一类型的物流供应商？[单选题]*

○自有物流企业

○合同物流企业

○快递快运企业

○车队及个体司机

1.5 境内产成品分销物流需要用到何种物流方式？[多选题]*

□多城市节点分布式存储及配送

□工厂总仓，一件发全国

□出厂直接送货上门

□客户上门自提

□其他＿＿＿＿＿＿

1.6 开展境内产成品分销物流时，主要采用何种类型的物流服务商？［单选题］*

○自有物流企业

○合同物流企业

○快递快运企业

○车队及个体司机

1.7 产成品分销过程中，主要采用何种运输方式？［多选题］*

□海运

□长江内河运输

□公路运输

□空运

□境内铁路

□中欧班列

1.8 贵公司的供应链管理模式：［单选题］*

○推动式

○拉动式

○推拉结合式

1.9 贵公司目前所存在的供应链管理问题有哪些？［多选题］*

□整体采购周期长，且采购成本居高不下

□供应不及时，影响后续生产

□供应商较为强势，配合程度低，且暂无其他更合适的

□与供应商企业数据不互通

□整体供应链压力，导致生产效率出问题

□与下游需求有偏差，导致生产过剩

□其他＿＿＿＿＿＿*

1.10 贵公司认为供应链管理平台建设的重点为：［多选题］*

□服务系列化
□组织网络化
□高度电子化
□信息对称化、准确化
□信息及时化
□其他_____

1.11 您认为目前使用的供应链管理平台还可以做出哪方面的改善？［填空题］*

_____

1.12 贵公司在与物流或供应链管理企业合作期间，出现的主要问题是什么？［多选题］*
□网络功能不够全面
□双方信息系统协调成效一般
□服务价格高
□服务稳定性不够
□服务项目少
□紧急响应速度慢
□其他_____

1.13 您认为目前制约物流业与制造业协同发展的主要因素有哪些？［多选题］*
□政策支持力度有待提高
□物流基础设施建设不足
□制造企业观念滞后
□物流企业信息技术水平偏低
□物流业与制造业缺乏有效合作
□物流业与制造业标准不够统一
□创新驱动能力不足
□其他_____

1.14 贵公司希望政府在促进双业融合发展过程中可以提供哪些方面的支持？［填空题］*

_____

2. 与制造业相关的物流供应链管理业务概况

2.1 贵公司所服务的制造企业有哪些类型？[多选题]*

□机械设备行业

□电气设备行业

□电子设备行业

□汽车及其他交通运输设备制造业

□计算机行业

□造纸及纸制品行业

□医药制造业

□木制家具制造业

□烟草制造业

□化学制品制造业

□工艺品制造业

□其他_____

2.2 贵公司物流信息技术应用情况。[单选题]*

○建立了物流信息系统平台，实现了与客户企业的内外部物流数据互通

○建立了物流信息系统平台，实现了企业内部物流数据管理的高效化

○建立了物流信息系统平台，实行了基本的运营管理

○建立了物流信息系统平台，但未有效应用

○还未建立物流信息系统平台

2.3 贵公司发展智慧物流的互联网建设情况。[单选题]*

○实现了企业内外物流的在线化和数据化

○企业内部实现了互联互通，但企业外部互联有待优化

○云计算、大数据、物联网等基础设施建设有了一定规模

○企业互联网建设还处于起步阶段

2.4 贵公司目前所使用的供应链管理软件是否为自主研发或依赖境外企业、机构研发授权？[单选题]*

○企业自主研发

○国内企业、机构授权，请填写合作企业名称_____*

○境外其他企业、机构授权，请填写合作企业名称_____*

2.5　目前贵公司的订单交期满足率如何？[单选题]*

○订单交期满足率非常高，基本可以按时交货

○订单交期满足率尚可，偶尔会出现延期交货情况

○订单交期满足率非常低，延期交货情况非常严重

2.6　贵公司的供应链管理系统中的订单履行信息（如开工、生产进度等）是否满足业务需求？系统订单信息更新是否及时？[单选题]*

○满足且订单信息更新及时

○不满足但订单信息更新及时

○满足但订单信息更新较为缓慢

○不满足且订单信息不及时

2.7　当某一环的订单交付出现异常时（订单交货延迟），其他相关环节处多久能接收到异常信息反馈？[单选题]*

○实时接收信息的异常与更新

○<0.5天

○0.5—1天

○1—2天

○>2天

2.8　贵公司业务过程中是否存在明显的牛鞭效应？（牛鞭效应：供应链上的需求变异放大现象，致使信息流在传递时产生偏差并逐级放大，最终使需求信息出现大幅度波动）[单选题]*

○存在，并正在调整优化

○存在，但暂未进行调整优化

○不存在牛鞭效应

2.9　您认为贵公司近三年信息化、数字化建设的效果如何？[多选题]*

□降低了企业成本（如采购成本、加班成本）

□降低了原材料/再制品/产品库存

□缩短了生产周期和作业时间

□提高了按期交货能力

□扩大了产品销售收入

□提高了流动资金周转率

□在其他方面有所成效，请说明：_____*

□尚没有看出明显效果

□不仅没有好的效果，还给企业增加了一定负担_____*

2.10 您认为，在制造业供应链管理中主要存在哪些问题？［多选题］*

□缺乏专业的管理体系与完善的管理职能

□全局供应链意识偏弱，缺乏系统协调性

□KPI 指标量化程度低

□信息流不集成、不共享、不透明

□信息流不准确、不及时、不连续

□采用传统推动式模式，谈不上精细化管理与敏捷供应链

□信息孤岛、多套信息系统单独运营，业务无法连续运营

□对供应链管理重视程度不足，定位不明确

□客户服务响应时间长

□系统较为完善，但缺乏专业的管理人才

□其他_____*

2.11 您认为目前制约物流业与制造业协同发展的主要因素有哪些？［多选题］*

□政策支持力度有待提高

□物流基础设施建设不足

□制造企业观念滞后

□物流企业信息技术水平偏低

□物流业与制造业缺乏有效合作

□物流业与制造业标准不够统一

□创新驱动能力不足

□其他_____

2.12 就目前的主流供应链管理平台来看，您有哪些改善建议？［填空题］*

_____

2.13 您认为制造业物流供应链业务管理将有何趋势或前景、环境

将如何变化？［填空题］*

_____

2.14　您认为，物流、供应链管理企业对于促进物流业与制造业融合发展过程中可以发挥何种作用？需要政府部门做出何种举措予以支持与推动？［填空题］*

_____

贵阳市物流业与制造业深度融合发展研究调研清单

一　调研目的

为了深入了解贵阳市制造业物流现状及物流业与制造业融合的相关情况，加快推进贵阳市物流业与制造业深度融合发展，开展此次调研工作。主要了解贵阳市范围内制造业的物料类型、产量、物流运输模式、物流成本等与制造业物流现状相关的指标数据，及相关配套物流服务、管理及政策。通过走访调研的方式，为贵阳市物流业与制造业深度融合发展研究收集相关资料。

二　调研时间

2021年9月

三　拟调研单位

1. 贵阳发展改革委、贵阳市工业和信息化局、贵阳市大数据发展管理局、贵阳市统计局。

2. 贵阳市商务局、贵阳市财政局、贵阳市金融工作办公室。

3. 贵阳市交通委员会、贵州省贵阳公路管理局、贵州省地方海事管理局、贵州双龙航空港经济区管理委员会、贵州省赤水河航道管理局。

4. 制造企业（5个）

贵州磷化（集团）有限责任公司、中国贵州航空工业（集团）有限公司、贵州华锦铝业有限公司、中国振华电子集团有限公司、贵阳闽达钢铁有限公司。

5. 物流企业（5个）

贵州现代物流产业集团有限责任公司、贵州开磷物流管理有限责任公司、贵州京邦达供应链科技有限公司、贵州九州通达医药有限公司、贵州伊筑供应链管理有限公司。

四 调研材料清单（后附调研所需资料清单）

参编单位所需提供资料清单

说明："所需提供相关素材或统计资料"即提请各参编单位予以支持的调研材料，包括但不限于编写的相关文稿、相关统计数据表格、图片资料等。

一 政府部门及事业单位

政府部门及事业单位	资料清单
贵阳市发展改革委员会	1. 贵阳市物流发展计划相关资料，物流新基建与新兴制造产业园的协同、多式联运项目立项、投资情况等。 2. 有关加强物流业与制造业衔接的统筹、安排计划，吸引第三方物流进驻措施等。 3. 引导和规范物流业与制造业深度融合及创新的相关举措。 4. 促进物流业与制造业在信息资源融合共享的相关政策
贵阳市工业和信息化局	1. 产业链布局、规划情况，优势产业发展现状、发展环境和发展趋势。 2. 制造企业发展的现状与存在问题、产业园规划布局情况、产业供销网络布局情况、物流园区布局规划情况。 3. 产业数字化、自动化、智能化、绿色化等相关情况
贵阳市大数据发展管理局	1. 物流业与制造业相关的大数据中心布局建设、物联网、工业互联网、供应链管理平台等信息化基础设施建设、开放、应用、规划情况。 2. 大数据产业集群布局现状和规划。 3. 促进当地大制造企业数据与实体经济融合、物流业与制造业融合发展的重点项目及实施情况
贵阳市统计局	1. 贵阳市制造企业类型、数量及分布情况。 2. 贵阳市物流企业数量及分布，货运量及货运周转量。 3. 贵阳市地区生产总值、贵阳市进出口总额、制造业增加值、物流业增加值、物流业固定资产投资额等数据

续表

政府部门及事业单位	资料清单
贵阳市商务局	1. 贵阳市对外贸易情况、货种及其产销地，社会消费品零售情况、主要对外贸易企业及其分布情况。 2. 制造业相关商贸振兴政策和项目情况，促进制造业物流业融合相关措施和实施情况资料。 3. 电商产业园、物流园区、保税物流中心规划和建设情况
贵阳市财政局	1. 交通运输业、科学技术事业支出及比例。 2. 物流业和制造业设施设备相关税收情况。 3. 制造业、物流业相关重点支出及重大项目情况、财政补贴及奖项政策情况
贵阳市金融工作办公室	1. 2020年交通运输、物流金融制度、规则或相关规划。 2. 与物流金融相关的重要活动、重大事件、重点工程及热点事件等。 3. 促进物流业与制造业融合的相关金融服务措施
贵阳市交通委员会	1. 贵阳市综合交通运输网络及运输枢纽建设现状、问题、发展规划。 2. 制造业相关的运输补贴情况。 3. 有关多种运输方式一体化衔接方面的举措或计划。 4. 贵阳市物流业发展现状、现存问题、发展规划及相关促进政策措施等
贵州省贵阳公路管理局	1. 公路路网及相关基础设施情况。 2. 公路运营概况、运输保障措施、公路港与制造产业的区位发展情况、投资建设情况。 3. 贵阳市的公路运输与制造业的协同发展情况
贵州省地方海事局（航务管理、通航管理）	1. 贵阳市港航基础设施建设、交通运输网络建设情况、港口布局、新建项目推进情况。 2. 铁水联运、公水联运的运量规模、投资建设情况。 3. 交通运输服务保障措施及改革创新措施情况
中华人民共和国贵阳海关	1. 2020年促进物流业发展相关计划工作落实情况及2021年工作计划。 2. 贵阳海关监管区的制造业相关的进出口总额、进出口货运量等数据。 3. 国际贸易物流成本现状情况，促进跨境贸易营商环境、降低国际贸易物流成本的相关措施、计划

续表

政府部门及事业单位	资料清单
贵州省赤水河航道管理局	1. 包括航道现状、航道整治与维护情况、通航能力、通航设施管理概况等。 2. 通航信息发布平台建设、应用情况。 3. 贵阳市的水运与制造业的协同发展情况
贵州双龙航空港经济区管理委员会	1. 航空路线、相关基础设施情况及建设规划。 2. 航空港与制造产业的区位发展情况。 3. 贵阳市的航空运输与制造业的协同发展情况。 4. 重点航线上的主营制造企业与运营企业,其运输规模、航班数、运输频次等运营情况
铁路部门	1. 铁路网络、相关基础设施建设规划。 2. 铁路港与制造产业的区位发展、铁路运输与制造业的协同发展情况。 3. 使用铁路运输的主要制造企业,其车次、运输规模、运输货种、运输班数、运输频次等运营情况。 4. 近五年贵阳市铁路运输货物吞吐量、月度运量数据

二 制造企业、物流企业与供应链管理企业

制造企业、物流企业与供应链管理企业	资料清单
制造企业	1. 供应链运作模式,供应链平台建设情况及应用现状,企业供应链的数字化、智能化、绿色化等情况。 2. 近5年来物料类型、货源分布、采购频率、采购数量、供货方式、运输成本占订货总成本比例。 3. 销售和售后物流模式、运输结构、运输路线、运输频次、销售量及其流向、物流成本及其构成。 4. 与物流企业合作情况(合作企业数量、合作时间、合作体验、信息共享情况、软硬件设施设备建设情况等),与物流企业合作问题与建议等。 5. 制造企业发展现状及存在问题,近期供应链管理、平台等的发展规划及实施程度

续表

制造企业、物流企业与供应链管理企业	资料清单
港口企业	1. 近5年吞吐量及其构成（分进口、出口）、月度吞吐量数据资料、货种及其流向情况、装卸服务费用数据。 2. 港口基础设施设备建设、固定资产投资、多式联运服务体系建设、园区与临港产业、招商与对外交流等发展情况。 3. 政府补贴、政策支持情况、重点项目等情况
铁路运输企业、公路、航空运输企业	1. 近5年运力情况、载重吨位、载运工具数量、运输线数量站点及里程、班次数、货运流量及流向，运输货种结构、装载率、运输服务成本及其构成、多式联运情况、从业人员数量。 2. 与制造企业合作情况（合作企业数量、合作时间、合作运力及运量、信息共享情况、软硬件设施设备建设情况等），与制造企业合作问题与建议等资料。 3. 相关政府补贴、政策支持情况
物流企业	1. 主要服务制造企业、服务环节及提供的相应业务情况、服务运作流程、服务成本情况。 2. 近5年经营货种、覆盖范围、货种流量及流向、运输线盈亏情况等，以及物流成本、服务满意度等指标。 3. 物流/供应链管理平台建设及应用情况，现存问题，完善建议等。 4. 线上与线下物流/供应链业务现状、衔接情况、现存问题、发展环境、发展趋势与发展建议等。 5. 相关政府补贴、政策支持情况
供应链管理企业	1. 供应链管理模式、运作现状和发展建议。 2. 服务的制造企业数量、货种结构、货物流量及流向、企业货源及产销地分布、相应的运力、服务业务情况、服务成本、服务覆盖范围、服务水平等情况。 3. 供应链管理平台建设及应用现状、问题、建议及规划情况。 4. 线上和线下业务发展现状、发展环境、发展趋势。 5. 相关促进政策、补贴发放、申请项目及审批情况等

贵阳市磷铝产业链发展调查问卷

尊敬的先生/女士：

您好，我们是贵阳市物流业与制造业深度融合发展研究的课题组。

为深入了解贵阳市磷铝加工生产企业产业链供应链发展情况，加快推进贵阳市磷铝产业延长产业链、增强供应链、提升价值链，特开展此次问卷调查。本次问卷调查不记名，对您提供的结果及意见、建议绝对保密，且仅用于科学发展研究。希望能够得到您的大力支持和协助，您的参与对课题研究工作至关重要，在此对您表示真挚的谢意！

1. 贵公司属于哪一类产业？［单选题］*

○磷化工产业

○铝加工产业

○磷矿开采企业

○铝土矿开采企业

2. 贵公司在磷（铝）产业链中处于哪种具体位置？［多选题］*

□上游（原材料）

□中游（初步加工产成品）

□下游（最终加工产成品）

3. 贵公司采购的原材料、配料或半成品为：［填空题］*

_____

4. 贵公司每年购进磷（铝）原材料、配料或半成品的量为：（万吨/年）［填空题］*

_____

5. 贵公司磷（铝）产品原材料的采购商主要是：［单选题］*

○当地供货商

○外购

○其他_____*

6. 贵公司采购原材料时的物流方式为：［单选题］*

○委托社会销售企业代理采购物流方式

○委托第三方物流企业代理采购物流方式

○企业自供物流方式

○其他_____*

7. 贵公司经营的具体产品包括以下：［多选题］*

□铝土矿

□氧化铝

□高纯铝

□高纯氧化铝

□铝带、铝箔

□铝加工件

□电子铝箔

□其他_____*

8. 贵公司经营的具体产品包括以下：[多选题]*

□磷矿石

□高浓度磷肥

□磷酸

□洗涤剂、防腐剂

□食品、水处理剂

□牙膏

□除草剂

□电子产品

□工业产品

□其他_____*

9. 贵公司经营产品中包含以下哪几类精细化、高端化磷（铝）化工成品（包括但不限于选项中括号里的类型)？[多选题]*

□电子产品（3C 产品、集成电路基板、铝空气电池、磷酸铁锂电池等）

□工业产品（铝电解电容器、锂电隔膜、3D 打印件等）

□航空航天（航空航天类铝加工件等）

□汽车（汽车类铝加工件、铝带、铝箔等）

□建筑（建筑类铝加工件、磷系阻燃剂等）

□其他_____*

□无

10. 贵公司经营的精细化、高端化磷（铝）化工成品的年产量为：（万吨/年）[填空题]*

_____

11. 贵公司经营的精细化、高端化磷（铝）化工成品的年产值为：

（亿元/年）[填空题]*

_____

12. 贵公司的磷（铝）化工产品的年度营业收入总值为：（亿元/年）[填空题]*

_____

13. 请列出在贵公司的营业收入额中占比前三的产成品以及对应的营业收入比例（%）分别是：[多选题]*

☐（1）_____*

☐（2）_____*

☐（3）_____*

14. 贵公司一年销售的磷（铝）产品总量大概为（万吨/年）：[填空题]*

_____

15. 贵公司在产成品分销过程中，采用的运输方式及其占总运量的比例为（以年度为统计单位）：[单选题]*

○水路运输，占比（%）：_____*

○公路运输，占比（%）：_____*

○铁路运输，占比（%）：_____*

○航空运输，占比（%）：_____*

○多式联运请具体说明，占比（%）：_____*

16. 贵公司产成品销售地主要包括：[多选题]*

☐本地企业

☐省外国内企业

☐国外企业

17. 贵公司产成品分销物流需要用到何种物流方式？[单选题]*

○多城市节点分布式存储及配送

○工厂总仓，一件发全国

○出厂直接送货上门

○客户上门自提

○其他_____*

18. 贵公司物流成本占各类产品销售收入的比例大致为（%）：[填

空题]*

_____

19. 贵公司现有物流方式及能力等方面存在哪些问题？[填空题]*

_____

20. 贵公司是否搭建了供应链平台？[单选题]*

○是

○否

21. 贵公司搭建的供应链平台的具体的功能有哪些？[多选题]*

□智能采购系统

□库存管理系统

□分销管理系统

□物流配送管理系统

□客户关系管理系统

□财务管理系统

□其他_____*

□无

22. 贵公司是否开展过产业链发展计划？[单选题]*

○是

○否

23. 贵公司对产业链发展的投入程度（开发程度）是多少？[多选题]*

□投入一定比例资金

□有产业链发展相关人员配置

□建设产业链发展配套设施

□产业链发展相关政策

□其他_____*

24. 贵公司延长产业链、提升价值链的措施有哪些？[多选题]*

□建设新型信息基础设施

□进行企业数字化改造

□推进新一代信息技术和制造业融合应用

□提高公共平台服务水平

□其他_____*

25. 贵公司发展产业链延长的限制具体在哪个方面？［填空题］*

_____

26. 若延长产业链，贵公司还需要哪一个外界条件支持？［单选题］*

○政府支持力度

○物流基础设施建设

○物流信息技术水平

○人才创新驱动力

○物流业与制造业融合发展

○其他_____

27. 贵公司希望政府在促进磷铝产业链发展中可以提供哪些方面的支持？［填空题］*

_____

28. 贵公司与物流供应链融合存在哪些问题？［多选题］*

□网络功能不够全面

□双方信息系统协调成效一般

□服务价格高

□服务稳定性不够

□服务项目少

□紧急响应速度慢

□其他_____*

29. 贵公司希望物流企业在产业链延长方面如何协助制造业发展？［填空题］*

_____

30. 贵企业未来的发展方向定位为：［单选题］*

○企业产品转型精细化发展

○自主开发科技含量高、附加值高的新产品

○缩小初级产品经营比重，扩大经营配套深加工产品

○保持现有经营范围

○其他_____

31. 贵公司对磷、铝产业链延长整体持哪一种态度？［单选题］*
○积极态度
○消极态度
○保持中立

32. 贵公司对本产业的各类产业园及物流园区规划布局与运营模式有哪些建议？［填空题］*

_____

33. 贵公司对政府支持企业延长产业链、强化供应链、提升价值链有何意见建议？［填空题］*

_____

贵阳市磷铝产业链发展补充调研清单

为深入了解贵阳市磷铝加工生产企业产业链供应链发展情况，加快推进贵阳市磷铝产业延长产业链、增强供应链、提升价值链，特开展此次补充调研，以下为调研清单。

1. 贵阳市各代表磷铝企业在磷（铝）产业链中的具体位置，经营的具体产品种类。

2. 贵阳市各代表磷铝企业采购的原材料、配料或半成品有哪些，年购进规模有多少（万吨/年），采购商主要来自什么地区，采购的物流方式（委托、自营等），采购物流所使用的运输方式。

3. 贵阳市各代表磷铝企业经营的精细化、高端化磷（铝）化工成品的年产量（万吨/年），年产值（亿元/年），生产产品的比例。

4. 贵阳市各代表磷铝企业的年销售总量（万吨/年），年度营业收入（亿元/年），营业收入额中的产品占比。

5. 贵阳市各代表磷铝企业产品分销的主要地区，分销物流方式（多城市节点仓储配送、客户自提等），分销过程中的运输方式及其占比，物流成本占各类产品销售收入的比例。

6. 贵阳市各代表磷铝企业现有物流方式及能力等方面存在的问题，是否搭建供应链平台，所搭建/使用平台的具体功能有哪些？

7. 贵阳市各代表磷铝企业认为企业自身在发展产业链延长时的限制有哪些？对本产业的各类产业园及物流园区规划布局与运营模式有哪

些建议？对政府支持企业延长产业链、强化供应链、提升价值链有何意见建议等。

贵阳市（清镇市、开阳县、息烽县）物流业与制造业深度融合发展研究调研清单

一 调研目的

为了深入了解贵阳市制造业物流现状及物流业与制造业融合的相关情况，加快推进贵阳市物流业与制造业深度融合发展，开展此次针对性调研工作。主要了解贵阳市清镇市、开阳县、息烽县范围内重点制造业的物料类型、产量、物流运输模式、物流成本等与重点制造业物流现状相关的指标数据，及相关配套物流服务、管理及政策。通过走访调研的方式，为贵阳市物流业与制造业深度融合发展研究收集相关资料。

二 调研时间

2021年11月

三 调研单位

1. 发展和改革局、工业和信息化局、统计局

2. 商务局、财政局

3. 交通运输局

4. 制造企业（4+7个）

面向铝产业链：贵州华锦铝业有限公司（清镇铝工业园区）、广铝铝业（清镇市）、贵州华仁新材料有限公司（清镇市）、清镇工投铝诚资源有限责任公司（清镇市）

面向磷产业链：贵州盘江民爆有限公司（清镇市）、贵州磷化（集团）有限责任公司（开阳县）、贵州安达科技能源股份有限公司（开阳县）、贵州路发实业有限公司（开阳县）、贵阳开磷化肥有限公司（息烽县）、贵州息烽磷矿（息烽县）、贵州西洋实业有限公司（息烽县）

5. 物流企业（6个）

清镇市三才物流有限公司（清镇市）、贵州晴空畅达物流有限公司（清镇市）、贵州中黔顺风物流有限公司（清镇市）、贵阳仁通运输有限公司（开阳县）、贵州开磷物流管理有限责任公司（息烽县）、开阳物流基地、息烽物流基地

四 调研材料清单：后附调研清单

参编单位所需提供资料清单

说明："所需提供相关素材或统计资料"即为提请各参编单位予以支持的调研材料，包括但不限于编写的相关文稿、相关统计数据表格、图片资料等。

一 政府部门及事业单位

附表1　政府部门及事业单位资料清单

政府部门及事业单位	资料清单
发展和改革局	1. 物流发展计划相关资料，物流新基建与新兴制造产业园的协同、多式联运项目立项、投资以及实施情况等。 2. 有关加强物流业与制造业衔接的统筹、安排计划，吸引第三方物流进驻措施等。 3. 引导、规范以及促进物流业与制造业深度融合及创新的相关举措。 4. 促进物流业与制造业在信息资源融合共享的相关政策。 5. 当地大数据与实体经济融合、物流业与制造业融合发展的重点项目及实施情况
工业和信息化局	1. 产业链布局、规划情况，优势产业发展现状、发展环境和发展趋势。 2. 制造企业发展的现状与存在问题，产业园、产业供销网络、物流园区布局规划及运营情况。 3. 产业数字化、自动化、智能化、绿色化等相关情况。 4. 物流业、制造业相关的大数据中心布局建设、物联网、工业互联网、供应链管理平台等信息化基础设施建设、开放、应用、规划情况
统计局	1. 重点制造企业类型、数量及分布情况。 2. 重点物流企业数量及分布，货运量及货运周转量。 3. 地区生产总值、进出口总额、制造业增加值、物流业增加值、物流业固定资产投资额等数据
商务局	1. 地方对外贸易情况、货种及其产销地，社会消费品零售情况、主要对外贸易企业及其分布情况。 2. 制造业相关商贸振兴政策和项目情况，促进制造业物流业融合相关措施和实施情况资料。 3. 电商产业园、物流园区、保税物流中心规划和建设情况
财政局	1. 交通运输业、科学技术业支出及比例。 2. 物流业和制造业设施设备相关税收情况。 3. 制造业、物流业相关重点支出及重大项目情况、财政补贴及奖项政策情况

续表

政府部门及事业单位	资料清单
交通运输局	1. 综合交通运输网络及运输枢纽建设现状、问题、发展规划与运营情况。 2. 制造业相关的运输补贴情况。 3. 有关多种运输方式一体化衔接方面的举措或进一步计划。 4. 物流业发展现状、现存问题、发展规划及相关促进政策措施等

二 制造企业、物流企业与供应链管理企业

附表2　制造企业、物流企业与供应链管理企业资料清单

制造企业、物流企业与供应链管理企业	资料清单
制造业企业	1. 供应链运作模式，供应链平台建设情况及应用现状，企业供应链的数字化、智能化、绿色化等情况。 2. 近5年来原材料类型、货源分布、采购频率、采购数量（万吨/年）、供货及运输方式、运输价格、运输成本占订货总成本比例。 3. 企业经营的精细化、高端化磷（铝）化工成品的年产量（万吨/年）、年产值（亿元/年）、生产产品的比例。 4. 企业的年销售总量（万吨/年）、年度营业收入（亿元/年）、营业收入额中的产品占比。 5. 企业产品分销的主要地区，分销物流方式（多城市节点仓储配送、客户自提等），分销过程中的运输方式及其占比，运输价格，物流成本占各类产品销售收入的比例。 6. 与物流企业合作情况（合作企业数量、合作时间、合作体验、信息共享情况、软硬件设施设备建设情况等），与物流企业合作问题与建议等。 7. 企业自身在发展产业链延长时的限制有哪些，对本产业的各类产业园及物流园区规划布局与运营模式有哪些建议，对政府支持企业延长产业链、强化供应链、提升价值链有何意见建议等。 8. 现有物流方式及能力等方面存在的问题，是否搭建供应链平台，所搭建/使用平台的具体功能有哪些
物流、供应链管理企业	1. 主要服务的制造企业、服务环节及提供的相应业务情况，服务运作流程，服务成本情况。 2. 近5年经营货种、覆盖范围、货物流量及流向、运输线盈亏情况等，以及物流成本、服务满意度等指标。 3. 物流/供应链管理平台建设及应用情况，现存问题，完善建议等。 4. 线上与线下物流/供应链业务现状、衔接情况、现存问题、发展环境、发展趋势与发展建议等。 5. 相关政府补贴、政策支持情况

贵阳市制造业与物流业对外招商引资情况

2022年10月16日，中国共产党第二十次全国代表大会在人民大会堂开幕。习近平总书记代表十九届中央委员会向大会作报告。聚焦党的二十大报告，中国制造业取得了斐然成绩。报告中提出的加快建设制造强国、优化重大生产力布局、加快建设贸易强国、加快实施创新驱动发展战略、实施重大文化产业项目带动战略、加快建设体育强国、发展绿色低碳产业等思想内容与制造业的未来命运息息相关，为制造业的高质量发展提供了充沛的能量。

近年来，贵阳市在落实党中央"制造强国"战略的过程中，全面部署、深入谋划，采用多种方式，全面促进制造业和物流业的联动发展，除向内求，更积极向外求，广泛招商引资，推动着贵阳市物流与制造业的发展。

一 磷酸产业对外招商引资现状与规划

贵阳市电子级磷酸产业链外资企业数量为4家，从资金来源看主要来自法国，有2家。其余中国香港和韩国各有1家。从行业分布看，外资企业主要从事化肥和电子化学品生产。电子化学领域方向，从区县分布看，外资企业主要集中在观山湖区、云岩区和白云区。这些磷酸产业链外资企业也同样存在实际的物流运输需求。

下一步，将依托贵阳市磷矿、黄磷、磷酸等原料资源优势，通过内培外引加快发展磷化工产业，实现磷化工产品就地加工，就地转化，就地增值，打造全国知名精细磷化工产业集群。加快磷化工产业向高端化、精细化转型，大力发展磷系电子级产品、磷系助剂、磷系材料、磷系药类领域产品，提高磷化工产品附加值，不断壮大贵阳市精细磷化工产业；积极关注磷系材料、磷系药类生产企业，提升磷矿共伴生资源综合回收利用率，拓展磷化工产业精细化产品体系；在条件成熟时，适时利用贵阳市锂电池材料及锂电池的产业基础，强化与国外锂化合物龙头企业深度合作。

二 铝加工产业对外招商引资现状与规划

贵阳市铝加工行业外商投资主要集中在氧化铝领域。从氧化铝及铝精深加工产业外商投资来源看，4家企业来自法国、中国香港和奥地利，其中港资企业占比最高。从行业细分领域看，氧化铝是外商投资的主要领域，有2家企业，另外两个细分领域是建筑铝型材和铝土矿熟料。

2022年开始，贵阳市依托清镇市、白云区的铝资源优势和现有的产业基础，围绕产业关键环节强链补链，通过招引新能源汽车、锂电池、新能源、先进装备、包装材料领域的铝材企业，重点发展中高端铝制品，着力提升铝精深加工能力，构建集铝矿开采、氧化铝、电解铝、铝精深加工于一体的完整产业链条。

其具体方向如下。

（1）新能源汽车铝材。围绕汽车轻量化趋势，利用贵阳市铝型材加工的产业资源与优势，瞄准新能源汽车零部件、汽车底盘等领域，大力引进汽车铝合金精密压铸、挤压、轧制、锻造等零部件企业，形成汽车车身、托盘、铝合金轮毂、发动机缸体/缸盖等配套能力。

（2）锂电池铝材。电池铝箔是生产新能源电池中的重要原材料之一，铝箔在动力电池中市场价格为5—6元/千瓦时，产品附加值较高。按照1吉瓦时锂电池用铝箔600—800吨，未来按照锂电池50吉瓦时生产规模布局，配套铝箔需求量预计3万—4万吨。铝塑膜、PACK铝结构件、电池托盘等也是制造锂电池的重要材料。贵阳市应引进铝箔、铝塑膜、PACK铝结构件、电池托盘等领域的外资龙头企业，提升贵阳市锂电池及材料产业的配套能力。

（3）新能源铝材。每个光伏组件所需铝型材重量在6500吨左右，按年均新增70—90吉瓦新增装机容量测算，全国光伏组件配套需求铝合金光伏支架、光伏边框等需求量将在45万—60万吨。贵阳市应引进光伏用铝等新能源铝材领域的外资龙头企业，生产铝合金光伏支架、光伏边框、光伏组件等光伏配套产品，支持贵阳市新能源产业的发展。

（4）先进装备铝材。立足航空航天、工程机械等龙头企业铝材配套需求，贵阳市应招引航空铝材、工程机械铝材等先进装备铝材领域的外资龙头企业，布局高端铝加工制品，提升贵阳市先进装备用铝材配套能力。

（5）包装铝材。食品、医药包装铝箔是包装用铝的重要应用领域之一，贵阳市应依托本地铝箔材料基础，大力招引食品饮料、药品金属包装铝材领域的外资龙头企业，提升特色食品、医药制造等产业包装材料的本地配套率。

三 电子元器件产业对外招商引资现状与规划

贵阳市电子元器件产业链外资企业数量11家，其中贵安新区分布有5家，白云区分布有4家，观山湖区和开阳县各1家。从资金来源看主要来自中国香港，有5家。从主营业务来看，外资企业主要从事电子元器件产业中游的加工制造，有8家。这些外资电子元器件企业对本地物流需求相当集中。目前，贵阳市已将贵阳高新区新型电子元器件制造产业园项目、贵阳高新区集成电路示范产业园项目等列入招商项目库，这意味着该细分行业将在当地进一步得到政策扶持引导的良机。

四 物流业对外招商引资现状与规划

积极招商引资，扩大对外合作路径。贵阳市正加快招引物流领域的龙头外资企业，提高贵阳本地的物流服务能力，改变当前物流业普遍存在的散、乱、小、微等问题，做大做优物流产业，使贵阳市物流业向集约化、智能化、标准化方向发展。

附表1　　　　　贵阳市物流业外资招商潜在企业

招商方向	目标企业
物流	日通国际物流（中国）有限公司、联合包裹物流上海有限公司、日立物流（中国）有限公司、普洛斯投资（上海）有限公司、马士基（中国）有限公司、路凯深圳投资控股有限公司、潘世奇（上海）物流有限公司、嘉里物流（中国）投资有限公司、乔达国际货运（中国）有限公司、飞格国际物流（上海）有限公司

目前，贵阳市物流企业规模小，盈利能力和竞争能力不强，且缺乏占主导统筹地位的第三方物流公司，同样也缺乏具有国际先进技术和服务水准的外资物流企业。由此造成的物流专业人才资源缺乏等问题，制约了物流产业和制造产业的联动发展。

通过明确贵阳市与物流业紧密相关的各主要制造业领域对外招商引

资现状与规划，贵阳市将进一步认准目标、提振精神，加快利用对外引进资本和技术的步伐，建设制造业与物流业的联动体系。同时，在企业、政府和全社会力量的参与下，贵阳市还将紧紧围绕建设国家物流枢纽承载城市和西部陆海新通道重要节点城市，按照"建链、强链、补链、延链"的招商思路，加快引进物流领域的外资企业，构建大开放的全新格局。

在充分利用外资的基础上，贵阳市将继续按照"畅通大通道、建设大枢纽、形成大集散、发展大贸易、做强大产业"的思路，构建物流运输网络体系、提高物流服务主体水平、增强物流发展内生动力、优化物流发展营商环境五大板块，着力构建科学合理、功能完备、开放共享、智慧高效、绿色安全的物流体系，推动物流业高质量发展。预计到2025年，贵阳市物流业增加值将突破700亿元。

参考文献

白平、陈菊红：《我国第三方物流研究进展分析》，《科技管理研究》2010年第18期。

卞璐：《物流业与制造业的良性融合及互动发展分析》，《中国物流与采购》2021年第20期。

曹旭光：《互联网思维视角下物流商业模式发展探究》，《物流技术》2015年第10期。

陈劲、李飞宇：《社会资本：对技术创新的社会学诠释》，《科学学研究》2001年第3期。

陈鹏宇：《物流业与制造业联动发展研究综述》，《现代经济信息》2017年第11期。

陈婷：《我国制造企业物流成本核算方法探析》，《商场现代化》2009年第32期。

陈宪、黄建锋：《分工、互动与融合：服务业与制造业关系演进的实证研究》，《中国软科学》2004年第10期。

戴建平、骆温平：《供应链异质性资源、能力与绩效关系研究——基于物流企业与供应链成员间多边合作的视角》，《企业经济》2016年第12期。

戴建平、骆温平：《物流企业与供应链成员多边合作价值创造机理研究》，《商业研究》2015年第7期。

丁俊发：《中国物流业首先从制造业突破》，《中国流通经济》2008年第5期。

董千里：《高级物流学》（第三版），人民交通出版社股份有限公司

2015年版。

洑建红、汪标：《物流业与制造业联动发展研究综述》，《生产力研究》2012年第2期。

高峰：《全球价值链视角下制造业与服务业的互动》，《现代管理科学》2007年第1期。

高觉民、李晓慧：《生产性服务业与制造业的互动机理：理论与实证》，《中国工业经济》2011年第6期。

高巍等：《基于供应链联盟的知识整合研究》，《管理工程学报》2005年第3期。

弓宪文：《物流业与制造业的产业融合及协调发展》，光明日报出版社2021年版。

郭淑娟、董千里：《基于制造业与物流业联动发展的合作模式研究》，《物流技术》2010年第13期。

国家发展和改革委员会经济贸易司、中国物流与采购联合会：《物流业制造业深度融合创新发展典型案例（2021）》，中国财富出版社2021年版。

江小涓、李辉：《服务业与中国经济：相关性和加快增长的潜力》，《经济研究》2004年第1期。

李肖钢、赵莉：《宁波市物流业与制造业集群联动发展模式研究》，《价格月刊》2010年第7期。

李正锋：《制造业与物流业动态联动发展研究》，《物流工程与管理》2017年第11期。

李正锋：《制造业与物流业联动发展信任关键影响因素研究》，《物流工程与管理》2018年第1期。

刘雷丽：《物流管理专业人才培养的几点思考——基于企业调研与毕业生问卷调查》，《物流工程与管理》2019年第9期。

刘明宇等：《生产性服务价值链嵌入与制造业升级的协同演进关系研究》，《中国工业经济》2010年第8期。

刘宁：《基于CiteSpace物流业人力资源管理模式研究可视化分析》，《物流科技》2022年第19期。

刘伟、高志军：《物流服务供应链：理论架构与研究范式》，《商业经济与管理》2012 年第 4 期。

刘小明：《以"互联网+"促进运输服务业转型升级》，《宏观经济管理》2015 年第 10 期。

刘艳锐等：《基于效益最优的企业物流外包决策的量化研究》，《数学的实践与认知》2010 年第 10 期。

吕政等：《中国生产性服务业发展的战略选择：基于产业互动的研究视角》，《中国工业经济》2006 年第 8 期。

骆温平：《第三方物流与供应链管理互动研究》，中国发展出版社 2007 年版。

骆温平：《基于制造业与物流业联动分析的物流产业划分》，《企业经济》2015 年第 5 期。

骆温平、戴建平：《物流企业与供应链成员多边合作价值创造机理及实现：基于组织间学习效应视角》，《吉首大学学报》（社会科学版），2016 年第 6 期。

骆温平等：《制造业与物流业联动的物流服务创新研究》，经济科学出版社 2019 年版。

马朋飞：《物流业与制造业产业关联研究》，《物流技术》2020 年第 3 期。

彭本红：《现代物流业与先进制造业的协同演化研究》，《中国软科学》2009 年第 S1 期。

邱灵等：《国内外生产性服务业与制造业互动发展的研究进展》，《世界地理研究》2007 年第 3 期。

司丹阳等：《基于 CiteSpace 物流业人力资源管理模式研究可视化分析》，《物流科技》，2022 年第 19 期。

施剑辉、丁培荣：《制造业与生产性服务业互动发展关系——基于阶段论分析范式》，《北方经贸》2008 年第 11 期。

苏秦、张艳：《制造业与物流业联动现状分析及国际比较》，《中国软科学》2011 年第 5 期。

唐强荣、徐学军：《基于共生理论的生产性服务企业与制造企业合作关系的实证研究》，《工业技术经济》2008 年第 12 期。

唐强荣等：《生产性服务业与制造业共生发展模型及实证研究》，

《南开管理评论》2009 年第 3 期。

万伦来、达庆利：《企业柔性的本质及其构建策略》，《管理科学学报》2003 年第 2 期。

汪标：《SCM 环境下制造业与物流业联动发展物流战略联盟模式探析》，《物流工程与管理》2010 年第 10 期。

汪鸣、张潜：《我国物流发展的宏观问题分析》，《北京交通大学学报》（社会科学版）2007 年第 1 期。

王道勇：《产业集群内物流业与制造业互动发展研究》，《物流科技》2016 年第 10 期。

王健：《现代物流概念的比较研究》，《发展研究》2005 年第 1 期。

王雎：《跨组织资源与企业合作：基于关系的视角》，《中国工业经济》2006 年第 4 期。

王茂林：《我国制造业与物流业联动发展研究》，中国财富出版社 2015 年版。

王茂林、刘秉镰：《制造业与物流业联动发展中存在的问题与趋势》，《现代管理科学》2009 年第 3 期。

王晓艳、李道芳：《安徽省制造业与物流业联动发展研究》，《华东经济管理》2009 年第 10 期。

王珍珍：《我国制造业与物流业联动发展的时空分异探析——基于灰色关联模型的实证研究》，《福建师范大学学报》（哲学社会科学版）2012 年第 3 期。

王之泰：《新编现代物流学》，首都经济贸易大学出版社 2005 年版。

王自勤：《制造业与物流业联动发展内涵与理想模式研究》，《物流技术》2012 年第 15 期。

魏作磊、邝彬：《制造业对服务业的产业依赖及其对促进我国就业增长的启示———项基于投入产出表的比较分析》，《经济学家》2009 年第 11 期。

文俊：《"互联网+"物流业与制造业联动融合研究》，《现代营销（下旬刊）》2017 年第 7 期。

吴群：《制造业与物流业联动共生模式及相关对策研究》，《经济问题探索》2011 年第 1 期。

吴旭：《推动物流业制造业深度融合助力供应链实现自主可控》，《浙江经济》2021 年第 2 期。

肖文、樊文静：《产业关联下的生产性服务业发展——基于需求规模和需求结构的研究》，《经济学家》2011 年第 6 期。

谢莉娟：《互联网时代的流通组织重构——供应链逆向整合视角》，《中国工业经济》2015 年第 4 期。

鄢飞：《物流业与制造业协同集聚的空间关联与影响因素》，《统计与决策》2021 年第 7 期。

闫秀霞、孙林岩：《物流服务供需联盟激励机制设计》，《计算机集成制造系统》2008 年第 9 期。

阎冰：《物流业与制造业协同联动的新型服务模式构建》，《经济研究导刊》2017 年第 12 期。

杨申燕：《物联网环境下物流服务的创新与定价策略研究》，博士学位论文，华中科技大学，2014 年。

叶飞、薛运普：《供应链伙伴间信息共享对运营绩效的间接作用机理研究——以关系资本为中间变量》，《中国管理科学》2011 年第 6 期。

于渝飞：《基于供应驱动的供应链协同研究》，《统计与管理》2016 年第 4 期。

原毅军、刘浩：《中国制造业服务外包与服务业劳动生产率的提升》，《中国工业经济》2009 年第 5 期。

张欢欢：《"互联网+"驱动物流业与制造业联动价值创造机理研究》，《物流科技》2017 年第 3 期。

张蕾蕾：《制造业与物流业联动发展研究综述》，《时代金融》2016 年第 14 期。

张沛东：《区域制造业与生产性服务业耦合协调度分析——基于中国 29 个省级区域的实证研究》，《开发研究》2010 年第 2 期。

张晓涛、李芳芳：《生产性服务业与制造业的互动关系研究——基于 MS-VAR 模型的动态分析》，《吉林大学社会科学学报》2012 年第 3 期。

张艳：《中国制造业与物流业联动关系区域差异研究》，中国经济出版社 2017 年版。

章文燕:《现代物流业与制造业协同发展研究》,《中国商论》2016 年第 33 期。

赵英霞:《制造企业物流外包供应商评价指标体系的构建》,《对外经贸实务》2012 年第 9 期。

郑飞、李逢玲:《制造业与物流业协调发展指数模型研究:以佛山市为例》,《物流工程与管理》2017 年第 2 期。

郑晓慧等:《制造业物流管理模式对比研究》,《纳税》2017 年第 15 期。

Adams, R., et al., "Innovation Management Urement: A Review", *International Journal of Management Reviews*, 2006.

Agarwal R., Selen W., *An Integrated View of Service Innovation in Service Networks*, Service Systems Implementation, Springer US, 2011.

Agarwal R., Selen W. "Dynamic Capability Building in Service Value Networks for Achieving Service Innovation", *Decision Sciences*, 2009.

Alam I., Perry C., "A Customer-oriented New Service Development Process", *Journal of Services Marketing*, 2002.

Anand V. H., et al., "Capital Social: Explorando a Rede de Rela^oes da Empresa", *Revista De Administragao De Empresas*, 2002.

Anderson E., Jap S. D., "The Dark Side of Close Relationships", *Mit Sloan Management Review*, 2005.

Anderson J. C., Nanis J. A. "A Model of Distributor Firm and Manufacturer Firm Working Partnerships", *Journal of Marketing*, 1990.

Bhatnagar R., Viswanathan S., "Re-engineering Global Supply Chains:Alliances between Manufacturing Firms and Global Logistics Services Providers", *International Journal of Physical Distribution & Logistics Management*, 2000.

Bo E., et al., "Expanding Understanding of Service Exchange and Value Co-creation:A Social Construction Approach", *Journal of the Academy of Marketing Science*, 2011.

Busse C., Wallenburg C. M., "Innovation Management of Logistics

Service Providers: Foundations, Review, and Research Agenda", *International Journal of Physical Distribution & Logistics Management*, 2011.

Busse C., "A Procedure for Secondary Data Analysis: Innovation by Logistics Service Providers", *Journal of Supply Chain Management*, 2010.

Busse, Christian et al., "Firm-level Innovation Management at Logistics Service Providers: An Exploration", *International Journal of Logistics: Research & Applications*, 2014.

Calantone R. J., et al., "Learning Orientation, Firm Innovation Capability, and Firm Performance", *Industrial Marketing Management*, 2002.

Chapman, R. L., et al., "Innovation in Logistic Services and the New Business Model-a Conceptual Framework", *International Journal of Physical Distribution & Logistics Management*, 2003.

Chatain O., "Value Creation, Competition, and Performance in Buyer-supplier Relationships", *Strategic Management Journal*, 2011.

Chen I. J., et al., "Strategic Purchasing, Supply Management, and Firm Performance", *Journal of Operations Management*, 2004.

Chesbrough H., "Bringing Open Innovation to Services", *Mit Sloan Management Review*, 2011.

Chesbrough, H., "Open Innovation: Whwere been and Where Were Going", *Research Technology Management*, 2012.

Chieh-Yu Lin et al., "Influencing Factors on the Innovation in Logistics Technologies for Logistics Service Providers in Taiwan", *Journal of American Academy of Business*, 2006.

Christian Busse, Carl Marcus Wallenburg, "Innovation Management of Logistics Service Providers Foundations, Review, and Research Agenda", *International Journal of Physical Distribution & Logistics Management*, 2010.

Closs D. J., Savitskie K., "Internal and External Logistics Information Technology Integration", *The International Journal of Logistics Management*, 2003.

Cousins P. D., Menguc B., "The Implications of Socialization and Integration in Supply Chain Management", *Journal of Operations Management*,

2006.

Cui L., et al., "Logistics Innovation in China", *Transportation Journal*, 2012.

Daniel J. Flint, et al., "Exploring Processes for Customer Value Insights, Supply Chain Learning and Innovation: An International Study", *Journal of Business Logistics*, 2008.

Daniel J. Flint, et al., "Logistics Innovation: a Customer Value-oriented Social Process", *Journal of Business Logistics*, 2005.

Daugherty P. J, et al., "Organizational Structure and Logistics Service Innovation", *The International Journal of Logistics Management*, 2011.

Daugherty P. J., et al., "The Relationship between Strategic Orientation, Service Innovation, and Performance", *International Journal of Physical Distribution & Logistics Management*, 2009.

De Carolis D. M., Saparito P., "Social Capital, Cognition, and Entrepreneurial Opportunities: A Theoretical Framework", *Entrepreneurship Theory and Practice*, 2006.

Deepen J. M., et al., "Beyond Expectations: An Examination of Logistics Outsourcing Goal Achievement and Goal Exceedance", *Journal of Business Logistics*, 2008.

Dhanaraj, C. and Parkhe, A., "Orchestrating Innovation Networks", *Academy of Management Review*, 2006.

Ende J. V. D., et al., "Involvement of System Firms in the Development of Complementary Products: The Influence of Novelty", *Technovation*, 2008.

Ende J. V. D., "Modes of Governance of New Service Development for Mobile Networks-A Life Cycle Perspective", *Research Policy*, 2003.

Ernst, H., "Success Factors of New Product Development: A Review of the Empirical Literature", *International Journal of Management Reviews*, 2002.

Ettlie J. E., Rosenthal S. R., "Service Innovation in Manufacturing", *Journal of Service Management*, 2012.

Evangelista, P. and Sweeney, E., "Technology Usage in the Supply

Chain: the Case of Small 3PLs", *International Journal of Logistics Management*, 2006.

Flint D. J., et al., "Exploring Processes for Customer Value Insights, Supply Chain Learning and Innovation: An International Study", *Journal of Business Logistics*, 2008.

Flint D. J., et al., "Logistics Innovation: A Customer Value-oriented Social Process", *Journal of Business Logistics*, 2005.